Christina Maslach
Michael P. Leiter

Die Wahrheit über Burnout

Stress am Arbeitsplatz und was Sie dagegen tun können

SpringerWienNewYork

Prof. Dr. Christina Maslach
Universität von Kalifornien, Berkeley, Kalifornien

Prof. Dr. Michael P. Leiter
Acadia Universität, Nova Scotia, Kanada

Titel der englischen Originalausgabe:
„The Truth about Burnout"
Published by Jossey-Bass Inc., San Francisco

Übersetzt: Mag. Barbara Lidauer

ISBN-13: 978-3-211-83572-2 e-ISBN-13: 978-3-7091-6748-9
DOI: 10.1007/978-3-7091-6748-9

Satz: Composition & Design Services, Minsk, Belarus
Druck und Bindearbeiten: Druckerei Theiss GmbH, A-9400 Wolfsberg

Umschlagbild: Alfons Schilling, Ohne Titel, autobinäres Stereobild, 1991
Reproduktion mit freundlicher Genehmigung

Gedruckt auf säurefreiem, chlorfrei gebleichtem Papier – TCF

SPIN: 10786129

Mit 4 Abbildungen

Die Deutsche Bibliothek – CIP-Einheitsaufhahme
Ein Titeldatensatz für diese Publikation ist bei Der Deutschen Bibliothek erhältlich

ISBN 978-3-211-83572-2 Springer-Verlag Wien New York

Den ganz besonderen Menschen in unserem Leben gewidmet,
dank derer unser Engagement groß ist und unsere
Burnout-Anzeichen gering sind.

Phil, Zara und Tanya
Fran, Nicola und Sasha

Vorwort

Die Entstehungsgeschichte dieses Buches begann vor vielen Jahren mit einem zufälligen Telefonanruf. Michael wollte seinen Studienurlaub in Kalifornien verbringen und neue Überlegungen zum Phänomen Burnout anstellen. Christina forschte gerade im Bereich Burnout und war zu jener Zeit ebenfalls in Kalifornien. So kam es zu dem Telefonat, ein Termin für ein Treffen wurde fixiert und eine schöne Freundschaft und berufliche Zusammenarbeit begannen.

Während des ersten Jahres führten wir die Forschungsarbeiten mit dem Pflegepersonal in einem HMO (Anm.: eine HMO – Health Maintenance Organization – ist eine Art Krankenkasse. Wenn man Mitglied ist, kann man jede Art von medizinischer Hilfe, im Krankenhaus oder bei einem Arzt, der einen Vertrag mit der jeweiligen HMO hat, in Anspruch nehmen. Das Honorar ist niedriger, weil von der HMO eine bestimmte Gebühr pro Patient für die Behandlung an das Krankenhaus oder den Arzt bezahlt wird) durch und überarbeiteten das Maslach Burnout Inventory, ein Instrument, das wir und andere Wissenschaftler in späteren Studien über Burnout in der Arbeitswelt angewandt haben. Nach diesem Jahr jedoch wurden unsere Arbeiten in verschiedenen Staaten an den gegenüberliegenden Enden des nordamerikanischen Kontinents fortgesetzt. Wir blieben aber in Kontakt, tauschten Unterlagen aus und trafen uns gelegentlich bei Fachtagungen, wo wir unsere neuesten Erkenntnisse über Burnout austauschten.

Bei einer dieser Konferenzen taten wir jedoch mehr als bloß unseren Wissensstand zu aktualisieren – wir begannen unsere Zusammenarbeit. Unsere gemeinsame Arbeit am Thema Burnout ließ uns in Theorie, Forschung und Praxis eine neue Richtung einschlagen. Während unserer Zusammenarbeit begannen wir auch über die Möglichkeit nachzudenken, eines Tages ein Buch darüber zu schreiben.

Dann hatte wieder der Zufall seine Hand im Spiel, diesmal in Gestalt von Alan Rinzler von Jossey-Bass, der uns sagte, dass wir tatsächlich erwägen sollten, ein Buch zu schreiben, und dass wir es *jetzt* tun sollten. Und mit seiner Unterstützung haben wir genau das gemacht.

Das Buch hat einen aktuellen Zeitbezug – es ist nicht das Buch, das wir noch vor einigen Jahren geschrieben hätten. Damals hätten wir uns auf den Bereich des Krankenhauspersonals konzentriert, in dem Burnout schon immer ein ernst zu nehmendes Problem war. Heutzutage hat sich Burnout aufgrund der veränderten wirtschaftlichen Gegebenheiten zu einem Phänomen entwickelt, das weitaus weiter verbreitet ist und einen zentralen Faktor in mehreren Berufsgruppen darstellt. Deshalb haben wir unseren Untersuchungsschwerpunkt und die Analyse des Phänomens entsprechend erweitert. Noch vor einigen Jahren hätten wir viel mehr Zeit aufwenden müssen, um dieses Buch gemeinsam zu schreiben, da die räumliche Entfernung uns dazu gezwungen hätte, uns auf die „Schneckenpost" und zeitlich begrenzte Telefongespräche zu verlassen. Jetzt hat die Technologie des Internets es uns ermöglicht, kontinuierliche Diskussionen zu führen und die Entwürfe des anderen täglich zu überarbeiten. Wir hatten einige äußerst produktive Treffen in Kalifornien und Kanada, aber der Großteil unserer Zusammenarbeit erfolgte über den Computerbildschirm.

Wir wussten zwar, dass das Schreiben eines Buches viel harte Arbeit bedeuten würde, aber wir ahnten nicht, wie viel Spaß es auch mit sich bringen würde. Der Prozess, ein neues Rahmenmodell für das Verständnis von Burnout und eine neue Art und Weise für dessen Vermittlung zu entwickeln, wurde für uns beide zu einer schönen und lohnenden Aufgabe. Genau genommen haben wir erfolgreich unseren eigenen Ratschlag befolgt und sind mit viel Engagement an unsere Arbeit herangegangen.

Im Gegensatz zu unseren anderen Projekten, bei denen wir immer ein unterstützendes Team bestehend aus Arbeitskollegen, Studenten und Forschungsteilnehmern hatten, waren an diesem besonderen Projekt nur wir beide beteiligt. Dennoch wurde unsere Arbeit über die Jahre hinweg von den Beiträgen vieler Kollegen beeinflusst, im Besonderen von Wilmar Schaufeli von der Universität Utrecht in den Niederlanden und Susan Jackson von der New York University. Wir sind ihnen dankbar für ihre regelmäßige Beratung, ihre guten Ratschläge und ihre Freundschaft. Michael bedankt sich auch für die Unterstützung, die er seit 1982 vom Social

Sciences and Humanities Research Council of Canada für seine Arbeit über Burnout erhalten hat.

Aber derjenige, der für die Realisierung dieses Projektes am meisten verantwortlich zeichnete, war Alan Rinzler, unser Herausgeber (Verlag). Seine regelmäßigen Ermutigungen, seine gute Laune und erstaunlich rasches Feedback auf alles, was wir schrieben, hat uns immer weitergebracht. Wir haben viel gelernt und haben mehr vollbracht, als wir erwartet hatten, und wir danken ihm dafür. Alan, es war eine Freude, mit dir zu arbeiten!

August 1997

Christina Maslach
San Francisco, Kalifornien

Michael P. Leiter
Wolfville, Nova Scotia

Danksagung

Hinter der deutschen Übersetzung unseres Buches verbirgt sich eine eigene Geschichte. Bereits 1998 stellte Stefan Geyerhofer von der Webster University in Wien eine Verbindung zwischen Psychologen in Österreich und Kalifornien her. Er organisierte auch eine Studienreise für österreichische Psychologen an die jeweiligen Fakultäten der University of California, Berkley und Stanford. Ergebnis dieses ersten Kontaktes war, dass wir nach Wien reisten, um über unsere neuesten Forschungsergebnisse über Burnout zu referieren. Der Vorschlag, unser Buch ins Deutsche zu übersetzen, stieß auf großes Interesse. Aber der Anstoß für die Übersetzung kam letztendlich erst bei der zweiten Studienreise nach Kalifornien, an der Frau Dr. Brigitta Beghella aus Salzburg teilnahm. Frau Dr. Beghella lud Frau Dr. Christina Maslach ein, zusätzliche Vorträge in Österreich zu halten. In der Folge konnte sie den Springer Verlag gewinnen, unser Buch herauszubringen. Sie kann daher wahrhaftig als die „Patin" dieser Publikation gesehen werden und wir möchten uns sehr herzlich bei ihr bedanken, dass sie es uns ermöglicht hat, dass unser Buch auf Deutsch publiziert wird.

Inhaltsverzeichnis

1

Die derzeitige Krise

Heutzutage nimmt Burnout unter den Arbeitskräften Nordamerikas fast seuchenartige Ausmaße an. Dies liegt nicht so sehr daran, dass mit uns etwas nicht mehr stimmt, sondern eher daran, dass es fundamentale Veränderungen am Arbeitsplatz und an der Art unserer Berufe gegeben hat. Der heutige Arbeitsplatz ist meist ein kaltes, abweisendes, forderndes Umfeld, sowohl in wirtschaftlicher als auch in psychologischer Hinsicht. Die Menschen sind emotionell, physisch und geistig erschöpft. Die täglichen Anforderungen des Berufes, der Familie und alles, was damit zusammenhängt, schwächen ihre Energie und ihren Enthusiasmus. Die Freude am Erfolg und das Hochgefühl über die Erreichung eines Zieles sind immer schwerer zu wekken. Begeisterung und Einsatzbereitschaft in der Arbeit schwinden. Die Menschen werden zynisch, bleiben auf Distanz, versuchen, sich nicht zu sehr einzulassen.

Dieses Phänomen stellt im Bestreben nach einer besseren Gestaltung des Arbeitslebens das Haupthindernis dar. Innerhalb der vergangenen eineinhalb Jahrhunderte hat sich das Arbeitsumfeld weg von der schmählichen Ausbeutung in den Fabriken und Minen zur Zeit der Industriellen Revolution in Richtung eines Idealbildes in der Gemeinschaft verbessert. In den Fabriken des 19. Jahrhunderts wurden die Arbeiter als Rädchen im Getriebe angesehen, die man beliebig austauschen konnte. Sie arbeiteten sich in einen frühen Tod. Beträchtliche Anstrengungen waren notwendig, um den ausbeuterischen Arbeitspraktiken ein Ende zu setzen und um Arbeitsplätze, an denen die Arbeitnehmer zumindest etwas Befriedigung durch ihre Arbeit erwarten konnten, zu schaffen.

Die Erfolge dieser Anstrengungen sind jetzt in Gefahr. Die Sichtweise des Arbeitsplatzes als effiziente Maschinerie ist erneut dabei, das Idealbild des Arbeitsplatzes als sicheren und gesunden Bereich, in dem die Menschen durch an sich lohnende Arbeit, für die sie eine faire Entschädigung erhalten, ihr Potential entfalten können, zu untergraben.

Wie sich das Arbeitsumfeld verändert hat

Wodurch wurde diese Krise ausgelöst? Weshalb wird Burnout ein immer gängigerer Begriff unseres beruflichen Vokabulars? Warum sind durchaus motivierte Arbeiter, Manager und Führungspersonen im Gemeinschaftsleben unfähig, dagegen etwas zu unternehmen? Die Wurzeln des Problems liegen in den wirtschaftlichen Trends, der Technologie und der Management-Philosophie.

Weniger Eigenwert

Für die Rahmenbedingungen des Arbeitsplatzes ist besonders negativ, dass Unternehmen ihren Eigenwert in Geld ausdrücken. Anstatt eine Basis für Forschung und langfristiges Wachstum zu schaffen, investieren Unternehmen ihre Gewinne, um kurzzeitige Aktiengewinne zu erzielen. Geliehenes Geld heizt das ohnehin schon rasante Tempo bei Fusionen und Übernahmen zwischen den internationalen Unternehmen an. Das Ausmaß dieser Aktivitäten bewirkt, dass die betroffenen Unternehmen überdimensional aufgeblasen und überschuldet sind. Aufgrund des enormen und anhaltenden Drucks ist es die oberste Priorität dieser Unternehmen, den Cash Flow zu erhöhen, um die Schulden zurückzahlen zu können, und nicht, um ausgezeichnete Produkte herzustellen oder eine stärkere Gemeinschaft aufzubauen. Die Stärkung der Gemeinschaft steht im Mittelpunkt des Interesses der Menschen innerhalb dieses Unternehmens, während die Belange des übergeordneten Systems auf das Finanzmanagement abzielen.

Die mangelnde Auseinandersetzung mit dem Produkt oder den Menschen dreht das Verständnis für eine Unternehmensphilosophie ins Gegenteil um. Das Unternehmen existiert nicht, um die Fähigkeit der Menschen, ihren Lebensunterhalt zu verdienen, zu vergrößern oder um entsprechende Ziele zu erreichen, eher sind die Menschen gezwungen, ihren Lebensunterhalt und ihren Einsatz für das Wohl des Unternehmens zu opfern. Die Arbeit wird mehr zu einer Verpflichtung als zu einer Ressource. Die Werte, welche die Qualität des Zusammenlebens in einem Unternehmen ausmachen, sind nicht die einer kohäsiven Arbeitsgruppe, die versucht, ausgezeichnete Produkte herzustellen oder Dienstleistungen zu erbringen, sondern die eines profitorientierten Managements in einem Umfeld, dessen oberste Priorität die Vermehrung von Cash Flow ist. Noch problematischer ist, dass große Unternehmen außerhalb der Kontrollmöglichkeit durch örtliche Behörden liegen. Ihr beträchtlicher wirtschaftlicher und politischer Einfluss dominiert alles, was innerhalb einer Gemeinschaft geschehen könnte.

Globale Wirtschaft

Die Produktion von Gütern wird zunehmend aus den Unternehmen und ins Ausland verlagert. Mittels schneller Transport- und Kommunikationsmöglichkeiten kann Arbeit überall hingeschickt werden und so wird Arbeit dorthin verlagert, wo die Produktionskosten niedriger sind. Die Regierungen der Industriestaaten haben die Handelsbarrieren, die ihre hochpreisigeren örtlichen Industriebetriebe geschützt hatten, teilweise aufgrund des Drucks der mächtigen multinationalen Unternehmen und teilweise weil traditionelle protektionistische Vorgehensweisen nicht mehr greifen, abgebaut. Folglich stehen nun Arbeiter in den USA, Australien und Europa in Konkurrenz mit den Arbeitern in den Entwicklungsländern.

Diese Konkurrenz betrifft einen immer größer werdenden Bereich der Wirtschaft. Zuerst konnten nur einfache Arbeiten in die Entwicklungsländer ausgelagert werden. Die Arbeiter dort hatten nicht die Fertigkeiten, die für komplexe Tätigkeiten im Produktionsbereich erforderlich waren; ihre industrielle Infrastruktur – Straßen, Telefone, elektrischer Strom – waren für die großen Industriebetriebe ungeeignet. Jetzt ändert sich das alles. Die Arbeiter in Entwicklungsländern können nun auch für komplexere Tätigkeiten eingesetzt werden, da sie eine bessere Ausbildung erhalten. Gleichzeitig vereinfacht der technologische Fortschritt im Produktionsbereich den Herstellungsprozess, so dass weniger technisches Know-how erforderlich ist. Auch die industriellen Zuliefersysteme werden verbessert, besonders in Grenz- und Hafennähe. Durch ein Annähern dieser Trends ist es immer mehr Entwicklungsländern möglich, die Arbeitskräfte, die für die jeweilige Produktion benötigt werden, zur Verfügung zu stellen. Obwohl die Arbeitskraft billiger bleibt, können die Arbeiter eine breitere Palette von Tätigkeiten ausführen.

Als eine Folge dieser Entwicklung sind ganze Industriezweige aus Industrienationen verschwunden. Welche sind das? Einfach alle, inklusive jener, die Krimskrams herstellen. 1995 hat Pfister Faucets, der größte Wasserhahnproduzent der USA, den Betrieb in seinem Werk in Pacoima, Kalifornien, eingestellt und 550 Arbeiter gekündigt, während gleichzeitig ein Werk in Mexiko eröffnet wurde.[1] Hunderttausend andere Arbeitsplätze im Produktionsbereich – von der Schuh-, Bekleidungs-, Spielwaren- bis zur Computerindustrie – sind auch ins Ausland ausgelagert worden. 1970 beschäftigte die Textilindustrie von South Carolina 148.800 Arbeitskräfte, 1995[2] waren es nur noch 90.800. Im Computerbereich haben sich die Arbeitsplätze nicht so sehr ins Ausland verlagert, sondern sich bedingt durch das explosionsartige Wachstum dieses Industriezweiges während der letzten zwei Jahrzehnte direkt im Ausland entwickelt.

Die Möglichkeit, Arbeitsplätze ins Ausland zu verlagern, setzt diejenigen, die im Inland bleiben, unter Druck. Nach einem Bericht des Brookings Institute hat eine ganze Reihe von US-amerikanischen Unternehmen ihre Vermögenswerte ins Ausland verlagert: Gillette (66%), Mobil (63%), IBM (55%), Bankers Trust (52%) und Citicorp (51%). 1995 arbeiteten bereits die Hälfte der circa hunderttausend Angestellten von Xerox außerhalb der USA. Edith Holleman, ehemalige Beraterin des House Science, Space and Technology Committee und des Investigation and Oversight Subcommittee, sagte in einer Rede bei einer wichtigen technischen Konferenz: „Nissan, Texas Instruments und Xerox haben Anlagen in Aguascalientes, Mexiko, die dem letzten Stand der Technik entsprechen. Dort beschäftigen sie zehntausende Mexikaner. Aber diese Firmen teilen den Profit aus deren Arbeit nicht mit ihnen. Der Großteil der Mexikaner lebt in Slums mit zwei Telefonen für zwanzigtausend Menschen.“ 1994 äußerte sich Tom Abbott, ein Sprecher von Xerox, zu einem Zwischenfall, bei dem jemand eine Bombe durch das interne Büro-Postsystem von Xerox schickte: „Die Angestellten von Xerox stehen aufgrund des Arbeitskräfteabbaus unter unglaublichem Stress und Druck. Sie verlieren ihre Freunde und Mitarbeiter und wissen, dass sie mit weniger Leuten mehr Arbeit bewältigen müssen. Drücken wir es einmal so aus: Wir sind alle sehr vorsichtig.“[3]

[1] *Los Angeles Times*, 24. Sept. 1996

[2] *Herald-Journal* (Spartanburg, South Carolina), 10. Feb. 1996

[3] *San Francisco Examiner*, 2. Feb. 1994

Die Lohneinsparungen, die durch diese Betriebsverlegungen erreicht werden, sind beträchtlich. Die Kirkwood Company erzeugt elektronische Bauteile für verschiedene Hersteller von Haushaltsgeräten wie Philips, Braun und Sunbeam in einem mexikanischen Werk, in dem sich die Löhne zwischen $ 2,23 und $ 6,15 bewegen; diese Arbeiten müssten in den Vereinigten Staaten mit über $ 10 pro Stunde bezahlt werden. Inzwischen hat sich in den USA der durchschnittliche Stundenlohn von Arbeitern, die nicht in Aufsichtsfunktionen eingesetzt sind, zwischen 1978 und 1995 um 11%, also auf $ 11,46 verringert; und das trotz steigender Produktivitätszahlen.

Lohnzugeständnisse sind aber nur ein Teil des Problems. Eine weitaus größere Auswirkung hat dieser Prozess auf die Qualität des Arbeitslebens an sich. Arbeitskräfte investieren mehr Zeit in die Arbeit. Oftmals arbeiten sie länger. Sie nehmen Arbeit mit nach Hause, die sie häufig auf Computern erledigen, die sie sich selbst gekauft haben. Sie investieren mehr Zeit in Arbeiten, die für sie persönlich nicht lohnend sind, die also keine Freude machen und sie in ihrer Karriere nicht weiterbringen. Sie verzichten sogar auf lange als wichtig betrachtete Leistungen wie eine vollständig bezahlte Krankenversicherung und Pensionsvorsorge, die vom Unternehmen finanziert werden.

Die Globalisierung streicht die Schwachstellen in den Wirtschaftssystemen der Industrienationen heraus, indem sie den Wettbewerbsdruck verstärkt. Im Gegensatz dazu können große Unternehmen und Regierungen bei Fehlen des Wettbewerbsdrucks anstehende Projekte, die entweder nicht oder unzureichend funktionieren, aufschieben. Der Wettbewerbsdruck macht diesen Praktiken ein Ende, verbessert aber die Situation nicht unbedingt. Mit der Forderung nach Effizienz macht der Wettbewerbsdruck Unternehmen kurzsichtig. Es kommt kurzfristig zu einer Senkung der Ausgaben zu Lasten von Programmen und Projekten, die langfristig sinnvoll wären.

Technologie

Wie bewältigen Unternehmen die Arbeit mit weniger Menschen, die nun noch mehr verunsichert sind und weniger verdienen? Die zwei allgemeinen produktivitätssteigernden Strategien sind der Einsatz einer hoch entwickelten Technologie und eines straffen Human-Resource-Managements.

Hoch entwickelte Technologien können Arbeitsplätze vollkommen ersetzen. Aufzüge und Telefonzentralen wurden früher von Menschen bedient, jetzt sind sie automatisiert. Geldautomaten reduzieren weltweit den Bedarf an Bankangestellten. Roboter ersetzen Arbeiter, die Maschinenteile zusammensetzen, da Maschinen einige Arbeitsgänge viel schneller und genauer als Menschen erledigen können.

Diese Auswirkungen der Technologie sind nicht nur im technischen Bereich und im Sektor der Gütererzeugung spürbar. Die Automatisierung hält zunehmend auch im Informationssektor Einzug. Die Regierung ersetzt Arbeitsberater zunehmend durch interaktive Informationskioske. Fernlehrzentren, wie jenes an der Arizona State University, veröffentlichen Universitäts- und High-School-Kurse auf CD-ROMs. Man kann daher Beratungs- und Ausbildungsdienste abfragen, ohne in direkten Kontakt zu Menschen zu treten. Der Trend zum „Gesundschrumpfen" hat auch die menschlichen Aspekte dieser Dienstleistungen gemindert. Viele Leute ziehen es vor, mit einem Computer zu kommunizieren, anstatt lange auf das Gespräch mit einem überarbeiteten Berufsberater zu warten. Tatsächlich geben Studenten an, dass ein Fernstudium genauso viel, wenn nicht mehr persönlichen Kontakt mit einem Professor bietet als Vorlesungen in einem überfüllten Hörsaal.

Maschinen führen oft Tätigkeiten aus, die nicht besonders attraktiv sind. Das Problem ist, dass der Arbeitnehmer, der von diesen Anforderungen befreit ist, gleichzeitig aber auch seine Arbeit los ist. Darüber hinaus ändern sich die Technologien schneller als Menschen neue Fertigkeiten erlernen können. Wenn also das Unternehmen neue Maschinen einsetzt, kann es zwar die Produktivität steigern, aber viele Mitarbeiter verlieren ihr Einkommen, ihre Positionen und die Gelegenheit, Fertigkeiten zu erwerben.

Für diejenigen, die weiter arbeiten, bringt die Technologie neue Anforderungen mit sich. Überlegen Sie sich diesen Aspekt einen Moment. Wie viele Passwörter müssen Sie sich merken? Wie oft wird Ihre Arbeit durch Computerpannen unterbrochen? Wie viel Zeit verbringen Sie damit, Ihre Arbeit zu sichern? Wie oft hätten Sie Ihre Arbeit lieber noch einmal gesichert? Wie viel Zeit verbringen Sie damit, Ihre eingegangen E-Mails zu bearbeiten? Wie groß ist der Anteil des Budgets, das an Ihrem Arbeitsplatz für den Kauf von Computern, Software und Instandhaltung ausgegeben wird? Die Macht der Technologie wird sowohl mit Zeit als auch mit Geld bezahlt. Es gibt Tage, an denen man daran zweifelt, ob die Informationstechnologien wirklich die Produktivität steigern können oder ob nur die Art und Weise, wie die Zeit verbracht wird, verändert wird.

Neuverteilung der Macht

Die zweite Strategie zur Produktivitätssteigerung ist ein straffes Management der Human Resources.

Die Macht der Gewerkschaften nimmt ab. Die Mitglieder sind nicht mehr in gleichem Maße bereit, ihre Arbeit aufs Spiel zu setzen, da sie das Vertrauen verlieren, bessere Löhne und mehr Arbeitsplatzsicherheit zu bekommen. Zwischen 1980 und 1990 ist die Zahl der Arbeitsplätze in Produktionsbetrieben in den Vereinigten Staaten um 5% gefallen; dies entspricht ungefähr einer Million Arbeitsplätzen.[4] Noch gravierender ist, dass sogar Arbeitsverhältnisse mit hohem fachlichen Anspruch und gewerkschaftlicher Bindung in beträchtlichem Maße abgebaut und durch Arbeitsverhältnisse mit geringem fachlichen Anspruch, Mindestlohn und keiner gewerkschaftlichen Bindung ersetzt wurden. Die Gewerkschaften, die in den 1970er und 1980er Jahren professionelle Vereinigungen für Lehrer, Krankenschwestern und Universitätsprofessoren ersetzten, haben ebenfalls an Einfluss verloren. Diese Gewerkschaften werden für das verlangsamte Reagieren der Unternehmen auf den Druck von außen verantwortlich gemacht. Nicht fähig, mit dieser Art von Druck umzugehen, wird die traditionelle Gewerkschaftsbasis unterminiert.

Gleichzeitig ist ein straffes Management der Human Resources – oder Mikromanagement – zum obersten Gebot geworden, mit Richtlinien für Angestellte am unteren Ende der Stufenleiter. Aber die Angestellten, insbesondere diejenigen, die über einen Hochschulabschluss oder eine Fachausbildung verfügen, setzen andere Prioritäten. Das Krankenpflegepersonal in HMOs ist frustriert, da die Behandlungsweisen durch Richtlinien vorgeschrieben werden. Lehrpersonen fühlen sich durch gesetzlich festgelegte Lehrplanstandards eingeengt. (Ein Beispiel dafür ist etwa Goals 2000 in den USA; eine Vorschrift, die festlegt, in welchem Ausmaß Lehrer, Eltern, Schüler und im Verwaltungsbereich tätige Personen das Ausbildungssystem kontrollieren.) Manager der mittleren Führungsebene fühlen sich durch die von Zentralmanagement und Aufsichtsbehörden angeordneten Vorgaben abhängig.

Bei allen diesen Beispielen beschneidet die Zentralverwaltung innerhalb der Organisation die Vorrechte von Fachkräften und Managern, wodurch diese weniger auf die jeweils vorherrschenden örtlichen

---

[4] Phillips, K. *Boiling Point: Democrats, Republicans, and the Decline of Middle-Class Prosperity.* New York: Random House, 1993, S. 196

Gegebenheiten reagieren können. Diese Beschränkungen wirken sich ebenfalls auf das Effizienzdenken dieser Menschen aus, da sie deren Fähigkeit, die in ihrer Arbeit auftretenden Probleme zu kontrollieren, vermindert. Trotz der Vielzahl an Büchern und Seminaren zum Thema Management, die Empowerment, also das Propagieren von eigenverantwortlichem, selbständigem Handeln der Arbeitnehmer als neuen Trend bezeichnen, fühlen sich Menschen in Unternehmen zunehmend eingeengt. In der Praxis werden die Probleme delegiert, nicht aber die Zuständigkeit, sich mit diesen zu befassen.

Das Scheitern der Firmenzugehörigkeit

Mit dem Verfall des Grundsatzes der Firmenzugehörigkeit fällt es den Menschen zunehmend schwerer, sich mit den Organisationen, in denen sie arbeiten, ideologisch zu identifizieren. Während Arbeitnehmer mit Kundenkontakt, die das Unternehmen nach außen vertreten, in unwichtigeren Positionen härter für weniger Lohn arbeiten, geht es dem gehobenen Management sehr gut. Eine Schrumpfung des Betriebs führt zwar zu einem kurzzeitigen Anstieg der Aktienpreise, was wiederum die CEOs betrifft, indirekt durch ihr Gehalt und direkt durch den Aktienbesitz, der einen immer größeren Anteil am Entlohnungssystem in den USA ausmacht. Einige krasse Beispiele dafür sind die folgenden.

Aufgrund des Zusammenschlusses mit Kimberly-Clark im Jahre 1995 verließ Al Dunlap nach 20 Monaten seine Position als CEO von Scott Paper. Er erhielt eine Abfindung in der Höhe von 100 Millionen US-Dollar; jeder seiner drei Topstellvertreter erhielt je mehr als 15 Millionen US-Dollar. Dunlaps Beitrag zum Unternehmen war die Halbierung der Forschungsausgaben, die Abschaffung der Schulungsprogramme für die Belegschaft und die Entlassung eines Drittels seiner 33.000 Angestellten. Ein Kommentator sagte: „Dunlap hat keinen Wert geschaffen. Er hat das Einkommen der Angestellten und der Gemeinschaft zu den Aktienbesitzern hin umverteilt.“[5]

Die Verlagerung von Arbeitsplätzen von den Vereinigten Staaten nach Mexiko trägt zu dieser Entwicklung bei. Ein kürzlich vom Institute for Policy Studies erstellter Bericht besagt, dass 1994, zu einer Zeit, in der die US-Löhne konstant blieben und die mexikani-

[5] Gephardt, R., und Obey, D. „Downsizing the American Dream: A Staff Report of the House Democratic Policy Committee.“ (http://www.house.gove/democrats/research/downsize.html). 11. März 1996

schen Löhne aufgrund der Abwertung des Pesos fielen, CEOs sich selbst Lohnerhöhungen um durchschnittlich 30 Prozent gewährten. So erhielt beispielsweise Lawrence Bossidy, CEO von Allied Signal, ein Gehalt von 12,4 Millionen US-Dollar – dies entspricht beinahe dem Doppelten aller Jahreslöhne seiner 3.800 mexikanischen Arbeiter.[6]

Es ist aber durchaus nicht der Fall, dass diese Unternehmen unter der Leitung dieser CEOs eine besonders gute Leistung erbringen. William Agee von der Morrison Knudsen Corporation trat 1995 von seiner Funktion zurück, am Ende eines Jahres, in dem das Unternehmen 114 Millionen US-Dollar verloren hatte und 277 Arbeiter gekündigt worden waren. Agee erhielt 3,5 Millionen US-Dollar für seine Leistungen während dieses Jahres.

Genauso hat Robert Allen, CEO von AT&T, 5,2 Millionen US-Dollar in dem Jahr erhalten, in dem er die Kündigung von 40.000 Angestellten ankündigte und AT&T fast ohne Gewinn abschloss. Die negative Presse, die er daraufhin bekam, veranlasste ihn dazu, allen Angestellten von AT&T einen offenen Brief zu schreiben, in dem sein Gehalt (das er mit 2,7 Millionen US-Dollar bezifferte) im Hinblick auf seine Verantwortung als bescheidene Kompensation und die geringen Gewinne als Folge der großen Kapitalinvestitionen rechtfertigte, die AT&T global konkurrenzfähig halten sollten. Von diesem Betrag zog er den Wert aller seiner Aktienbezugsrechte in vollem Umfang ab, mit der Begründung, dass diese wertlos wären, wenn die AT&T-Aktien nicht bis 1999[7] das gesetzte ehrgeizige Ziel erreichen würden.

Dieser letzte Punkt gibt keinen Anlass zur Zuversicht. Wenn die Leistung eines CEOs an ein rasches Wachstum der Aktienwerte gekoppelt wird, kann ein Unternehmen sich selbst langfristige die Möglichkeit nehmen, zu wachsen und so auch Auswirkungen auf die Gesellschaft zu haben. Derartige Verbindungen ermutigen CEOs, den Eigenwert von Unternehmen für persönlichen Gewinn auszunutzen. Die Situation, in der sich die Unternehmen der USA derzeit befin-

---

[6] Anderson, S., und Cavanaugh, J. „CEOs Win, Workers Lose: How Wall Street Rewards Job Destroyers." *The Institute for Policy Studies' Third Annual Analysis of Executive Compensation.* Washington, D.C.: The Institute for Policy Studies, 1996

[7] Appelbaum, E., Berg, P., und Baker, D. „The Economic Case for Corporate Responsibility to Workers." Economic Policy Institute Issue Brief no. 111. Cambridge, Mass.: The Electronic Policy Network, 1996

den, zeigt Parallelen zu der Vorherrschaft der Sowjetunion nach dem Zweiten Weltkrieg in Mitteleuropa auf, als die UdSSR den Wohlstand dieser Staaten ausbeutete, um ein nicht lebensfähiges Wirtschaftssystem aufrecht zu erhalten. Heutzutage werden die CEOs eher dafür belohnt, Kapital aus bestehenden Werten eines Unternehmens zu schlagen, als neue Werte zu schaffen.

Dieses Problem zeigt sich am deutlichsten in den Vereinigten Staaten, wo die durchschnittliche Bezahlung von CEOs ungefähr das Doppelte dessen ausmacht, was ein entsprechender Manager in Europa oder Japan erhält. Im Jahre 1974 bezogen Top-US-CEOs einen circa 35-mal höheren Durchschnittslohn als ein Industriearbeiter; im Jahre 1994 hatte sich dieser Wert auf 187 vergrößert. In Europa entspricht dieses Verhältnis weniger als zwanzig zu eins.[8] Außerdem ist dieser Gegensatz nicht nur unter den höchstbezahlten CEOs klar ersichtlich. Ein normaler CEO in den USA verdient rund 24-mal mehr als der durchschnittliche Lohn eines Industriearbeiters ausmacht; in Kanada entspricht dieses Verhältnis zwölf zu eins, und in Nordeuropa ist es allgemein weniger als zehn zu eins. Diese extrem hohen Einkommen der CEOs scheinen nicht nur die gerechte Entlohnung für eine herausragende Leistung zu sein. Es gibt wenig Beweise, dass CEOs aufgrund von zu geringer Entlohnung aussteigen, infolgedessen scheint es unwahrscheinlich, dass solche extrem hohen Löhne notwendig sind, um sie in ihrer Position zu halten. Wie kann man es Angestellten in einem derartigen Arbeitsklima verdenken, dass sie Unternehmen zunehmend weniger als faire, rücksichtsvolle Gemeinschaften ansehen?

Weshalb Burnout so weit verbreitet ist

In unserer heutigen Zeit ist Burnout am Arbeitsplatz weit verbreitet. Das Auftreten von Burnout ist um so wahrscheinlicher, wenn es eine große Diskrepanz zwischen den Merkmalen des Berufes und der Person, die diesen ausübt, gibt. Wir arbeiten zunehmend in einer Arbeitsumgebung, in der menschliche Werte immer mehr hinter wirtschaftlichen Werten gereiht werden. Die Faktoren, die uns in Schwung halten, die uns dazu anhalten, nicht nur gut, sondern auch hart zu arbeiten, werden ignoriert oder heruntergespielt. Es wird von uns erwartet, dass wir uns nach den Anforderungen dieser „schönen neuen

[8] Crystal, G. C. *In Search of Excess: The Overcompensation of American Executives*. New York: Norton, 1992

Welt" richten und herausfinden, wie man darin überlebt. Aber wenn die Kluft zwischen den Menschen und den Anforderungen des Arbeitsplatzes zu groß ist, ist der menschliche Preis, der für diesen Fortschritt zu zahlen ist, sehr groß. Wir finden diese Diskrepanz in verschiedenen Bereichen eines Unternehmensleben.

Wir fühlen uns überlastet

Eleanor arbeitet in einer Versicherungsgesellschaft, die versucht hatte, Budgeteinsparungen vorzunehmen, indem in erster Linie durch einen natürlichen Abbau die Angestelltenzahlen gesenkt werden sollten. Eleanor hatte sich einmal selbst in der unangenehmen Situation befunden, einen ihrer eigenen Mitarbeiter kündigen zu müssen. Für die verbliebenen Angestellten hat sich das Arbeitsvolumen vergrößert, und dies bis zu einem Ausmaß, bei dem sie ihre Kunden nicht mehr effizient bedienen oder Reklamationen nicht angemessen behandeln konnten.
„Ich versuche, der Belegschaft gegenüber verständnisvoll zu sein, wenn diese darüber spricht, dass es unmöglich sei, mit dieser Arbeitsmenge fertig zu werden, aber ich habe einfach keinen Spielraum, etwas zu verändern. Ich sage ihnen: 'Ich weiß, dass dies furchtbar lausige Arbeitsbedingungen sind, aber wir müssen uns alle anstrengen und produktiv sein oder unsere Abteilung wird geschlossen werden.' Ich bin davon überzeugt, dass ich die Nächste in der Reihe von Angestellten sein werde, die ihren Job verliert, wenn ich das nächste Kosteneinsparungsziel nicht erreiche oder keine zusätzlichen Überstunden mache. So bin ich immer unsicher, angespannt und gereizt. Und ich bin dauernd erschöpft – sogar wenn ich die Kinder in die Schule bringe, bevor ich zur Arbeit fahre. Und ich fühle mich schuldig, weil ich so wenig Zeit mit meiner Familie verbringe – zweimal habe ich schon unseren Urlaub verschoben. Ich glaube, dass ich dieses Tempo nicht ewig beibehalten kann, aber jetzt im Moment sehe ich keinen anderen Weg."

Arbeitsüberlastung ist vielleicht das augenscheinlichste Anzeichen für eine Diskrepanz zwischen Arbeitnehmer und Arbeit. Wir müssen zu viel in zu wenig Zeit erledigen und haben dafür zu wenig Mittel zur Verfügung. Es geht nicht darum, sich anzustrengen, um neue Herausforderungen zu bewältigen, sondern darum, dass weit über die Grenzen der menschlichen Leistungsfähigkeit hinausgegangen wird. Das Schrumpfen eines Unternehmens bringt selten eine Reduzierung des Arbeitsvolumens mit sich; das heißt also, dass weniger Menschen in weniger Zeit die gleiche Arbeitsmenge bewältigen müssen.

Dieser Prozess beschleunigt sich noch, wenn ein zweites Arbeitsverhältnis eingegangen oder nebenher schwarz gearbeitet wird, um so dem finanziellen Druck standzuhalten und die Berufschancen weiterhin offen zu halten.

Die Arbeitsüberlastung nimmt mit dem Arbeitstempo zu. Das schnellere Tempo mindert die Qualität, zerstört Freundschaften unter Arbeitskollegen, bedeutet das Ende von Innovationen – und führt zu Burnout.

Wir haben nicht genug Kontrolle über das, was wir tun

Stan ist ein Psychologe, der seine Karriere als einsatzfreudiger, offener, umsichtiger Mensch, der anderen helfen wollte, begonnen hatte. Er war der Therapeut, den sich die meisten Leute wünschen würden, wenn sie mit Problemen zu kämpfen hätten. Aber im Laufe der Zeit ist Stan zynisch und frustriert geworden; er hat den Eindruck, dass er die Kontrolle über seine Tätigkeit verliert – finanziell, professionell und ethisch – und er erwägt, auszusteigen.
„Ich empfinde keine Freude mehr dabei. Ich hasse meine Arbeit. Nach einem Arbeitstag, an dem ich mich mit den Leiden meiner Patienten auseinander gesetzt habe, bin ich erschöpft und will einfach nicht mehr in Gesellschaft sein. Die Patienten erwarten von mir, dass ich 24 Stunden am Tag für sie da bin und beschweren sich, wenn sich statt dessen ein Anrufbeantworter meldet. Und die Vorgaben des staatlichen Gesundheitsplans verschlimmern die Situation nur noch. Ich habe keine Kontrolle mehr über die Art und Qualität der Behandlung, die ich biete – irgendein Verantwortlicher in irgendeinem Unternehmen, der den Patienten nicht kennt und der eine geringere fachliche Ausbildung als ich hat, entscheidet über die Anzahl der Sitzungen. Alles, was zählt, ist, die Kosten niedrig zu halten und nicht das zu tun, was gut für den Patienten ist, und das ist wirklich schwer zu ertragen. Manchmal lüge ich, damit ich mehr Sitzungen bewilligt bekomme, aber das ist auch nur schwer zu ertragen. Und obwohl ich mehr arbeite als jemals zuvor, bekomme ich weniger bezahlt. Ist das ein Leben?"

Mangel an Kontrolle über die eigene Arbeit ist ein weiterer wichtiger Indikator dafür, dass Arbeitnehmer und Beruf in einem Missverhältnis zueinander stehen. Jeder will die Gelegenheit haben, eine Auswahl oder eine Entscheidung treffen zu können, die Fähigkeit einzusetzen, zu denken und Probleme zu lösen, und auch an der Erreichung von Zielen teilhaben zu können, für deren Ergebnisse man dann auch verantwortlich ist. Es liegen Welten zwischen der Möglichkeit, verantwortlich zu sein und zwischen der Einschränkung durch unumstößliche Richtlinien und straffe Überwachung.

Vorschriften, die durch einen starren, inflexiblen Ansatz, der für jedes Problem die gleiche Einheitslösung vorgibt, gekennzeichnet sind, geben den Menschen nicht genügend Raum, Verbesserungen vorzunehmen oder innovativ zu sein, und folglich fühlen sich diese weniger und nicht mehr für die Resultate verantwortlich. Inflexibles Management führt zu starrer Arbeitsleistung. Der Aufwand für eine strenge Überwachung der Leistungen der Belegschaft übersteigt das Maß an Zeit und Energie des Inspektors und schwächt die Fähigkeit der Belegschaft, sich anzupassen und die Initiative zu ergreifen. Diese Art von Kontrolle vermittelt den Eindruck, dass „man Ihnen nicht trauen kann, Ihre Meinung nicht ernst genommen wird, Sie nicht besonders klug sind und Sie nicht fähig sind, diese Arbeit allein zu erledigen". Diese Botschaft sollte nie kleinen Kindern übermittelt werden und selbst wenn sie Erwachsenen übermittelt wird, ist sie genau so erniedrigend.

Wir werden für unsere Arbeit nicht belohnt

John arbeitet als Lehrer an einer öffentlichen Schule und steht vor der Herausforderung, Klassen mit 35 bis 40 lärmenden 13-Jährigen Geschichte näher zu bringen.

„Unterrichten erfordert viel Energie, und man muss immer bei der Sache sein – man hat also keine Zeit, sich hinzusetzen oder etwas zu essen, weil man immer noch mit den Kindern arbeitet, die zusätzliche Aufmerksamkeit und Zeit brauchen, man kann nicht auf die Toilette gehen, wenn man muss – man ist ständig in einem Wahnsinnsstress. Man sollte also glauben, wir Lehrer hätten das Recht auf ‚Kampfgeldzulage'. Statt dessen erhalten wir eine miserable Bezahlung für einen Acht-Stunden-Tag – was ein Witz ist angesichts der Tatsache, wie viele unbezahlte Stunden ich nach der Schule mit Eltern verbringen oder bei Konferenzen anwesend sein muss oder außerschulische Aktivitäten zu überwachen habe, und dann kommen da noch die Abende und Wochenenden dazu, an denen ich die Hausaufgaben korrigiere und den Unterricht vorbereite.

Wenn die Leute hören, dass ich ein Lehrer bin, sagen sie Dinge wie ‚Mein Beileid!' oder ‚Wie können Sie nur den ganzen Tag mit Jugendlichen verbringen wollen?' Sogar die Schüler selber sprechen mich darauf an. ‚Wieso sind Sie Lehrer, wenn Sie nicht ebenso viel Geld verdienen wie mein Dad?'. Ich glaube immer noch, dass der Lehrberuf wichtig ist, aber er wird zur Qual, wenn die Schüler nicht lernen wollen oder die Hausübung nicht machen, und wenn die

Eltern sich unablässig darüber beklagen, dass man *ihrem* Kind nicht die Aufmerksamkeit zukommen lässt, die es nötig hätte oder dass das schulische Versagen des Kindes ganz klar meine Schuld sei und nicht ihre."

Mangel an Belohnung für Engagement im Beruf ist das dritte Missverhältnis zwischen Person und Beruf. Wenn wir keine Anerkennung bekommen, werden sowohl die Arbeit, die wir erledigen, als auch wir selbst als Arbeitnehmer abgewertet. Obwohl jeder weiß, dass Belohnungen wichtig sind, wird dieses Wissen nicht unbedingt in der Realität umgesetzt. Monetäre Belohnungen sind einfach auszuhändigen und allgemein gern gesehen, aber das Geld ist heutzutage knapp (mit Ausnahme für Angestellte in Führungspositionen, wie wir oben bereits gesehen haben). Anstatt finanziell lohnende Karrieren anzustreben, nehmen Menschen die negativen Auswirkungen von Lohnstopps in Kauf, die Unsicherheit einer befristeten Anstellung und die schleppende Entlohnung bei Akkordarbeit. Manager sind genauso viel beschäftigt wie die Menschen, die sie managen. Da umfassendere Verpflichtungen das Resultat einer verstärkten Ausbeutung des Mittelbau-Managements sind, haben Manager mehr Mitarbeiter unter sich, aber weniger Zeit, deren Arbeit zu kontrollieren. Das Schlimmste für einen Arbeitnehmer ist jedoch der Verlust der inneren Belohnung, die aufkommt, wenn jemand stolz darauf ist, eine für andere wichtige und wertvolle Arbeit zu leisten und diese Arbeit gut zu erledigen.

Wir erleben einen Zusammenbruch der Gemeinschaft

Martha arbeitet als medizinisch-technische Assistentin in einem Krankenhaus. War das Krankenhaus vor einigen Jahren noch eine dynamische und lebendige Institution, so ist es jetzt der Spielball endloser politischer Intrigen, die das Ergebnis von Einsparungsmaßnahmen im Personalbereich und Gerüchten bezüglich einer endgültigen Schließung sind. Obwohl Martha über beeindruckende Fertigkeiten und Erfahrungen verfügt, hat sie Probleme mit dem Management und fühlt sich von ihrem Beruf entfremdet. Sie würde am liebsten ganz aussteigen, aber es fehlt an anderen viel versprechenden Gelegenheiten und so bleibt sie auf Distanz zur Arbeit und jedem um sie herum.

„Ich habe den Eindruck, dass der neue Manager des Labors dem Laborbetrieb schadet. Die Labor-Assistenten haben sehr wenig Mitsprachemöglichkeiten bei den einzelnen Arbeiten, die das Labor durchführt, und spüren deshalb, dass sie wenig Kontrolle über ihre Arbeit oder die Qualität der Leistung, die sie bieten können, haben. Es gibt weder eine Beziehung noch ein Respektgefühl zwischen den Assistenten und dem Manager. Viele von uns fürchten ihn, und ich glaube, dass er diese Art von Management durch Einschüchterung fördert. Da es keine Kommunikation gibt, brodelt die Gerüchteküche und es bleibt einem nichts andres übrig, als manche Dinge einfach anzunehmen oder die falschen Schlüsse zu ziehen. Die Assistenten tragen bei Besprechungen nichts bei und die Probleme bestehen weiter wie bisher, weil jeder vermeidet, sich eine Blöße zu geben."

Mangel an Gemeinschaft entsteht, wenn Menschen positive Kontakte zu anderen in ihrem Arbeitsumfeld verlieren. Wir leben auf in einer Gemeinschaft und wir funktionieren am besten, wenn Lob, Trost, Zufriedenheit und Humor mit anderen geteilt werden können, die wir mögen und schätzen. Aber manchmal isoliert uns die Arbeit: entweder sind wir physisch getrennt; wir verbringen beispielsweise die meiste Zeit an Computern oder wir sind einfach zu beschäftigt, um zusammenzukommen. Manchmal macht die Technologie den sozialen Kontakt unpersönlicher – wenn wir beispielsweise mit Maschinen kommunizieren müssen (wie z.B. mit Anrufbeantwortern und Voice-Mail-Systemen), anstatt mit einem greifbaren menschlichen Wesen. Mitunter hat die Arbeit aufgrund von expliziten oder impliziten Verboten abschreckende Auswirkungen auf das, was Menschen sagen oder tun können, wie sie durch Bedenken über Political Correctness oder der Androhung eines Prozesses gefördert werden.

Was jedoch dem Gemeinschaftssinn am abträglichsten ist, sind chronische und ungelöste Konflikte. Konflikte erfüllen das Arbeitsumfeld mit Frustration, Zorn, Angst, Unsicherheit, Respektlosigkeit und Verdächtigungen. Es zerreißt das Geflecht sozialer Unterstützung, wodurch es unwahrscheinlicher wird, dass man sich gegenseitig hilft, wenn die Zeiten schlechter werden.

Wir werden nicht fair behandelt

Bill ist Netzwerkadministrator an einer Universität und er ist verantwortlich dafür, dass das Computer-Netzwerk aufrecht und funktionsfähig bleibt. Aber es ist kein sehr gutes Computersystem und folglich kann es leicht zusammenbrechen.

„Heute Morgen habe ich es geschafft, es wieder herzustellen, nachdem ich um 5.30 Uhr über den Piepser kontaktiert wurde. Dann um 8.30 Uhr musste ich mir eineinhalb vergeudete Stunden lang beim User Support Implementation Group-Treffen von Akademikern und

Verwaltungspersonal anhören, dass das derzeitige Niveau der erbrachten Leistungen 'inakzeptabel' ist. Natürlich ist es inakzeptabel! Schon vor zwei Jahren sagte ich ihnen, dass sie Probleme bekommen würden, aber sie stimmten gegen meinen Vorschlag, ein UNIX-Betriebssystem einzuführen, weil sie dafür nicht zahlen wollten. Sie alle waren von diesen Klingel- und Pfeifgeräuschen des neuen Betriebssystems so eingenommen; dabei hatten sie doch keine Ahnung, wie unverlässlich diese Software sein kann. Die wenigen Mitarbeiter, die mir zugewiesen werden, verfügen nicht über die nötigen Grundkenntnisse, um die Anlage in Betrieb zu halten, und sobald sie genug gelernt haben, um sich als nützlich zu erweisen, verlassen sie die Firma, weil sie woanders höhere Löhne bekommen – Löhne, die sogar höher sind als meiner, obwohl sie nicht ein Zehntel meiner Fähigkeiten haben.
Unglücklicherweise werde ich hier noch zwei Jahre bleiben müssen, bis meine Frau ihren Hochschulabschluss in der Tasche hat. Aber dann bin ich weg. Heute Nachmittag bekam ich dann die Krönung der ganzen Absurdität serviert, als mir das PR-Büro mitteilte, dass ich die Auszeichnung 'Qualität durch technologische Innovation' der Universität erhalten würde. Ich sagte ihnen, ich pfeif drauf."

Mangel an Fairness am Arbeitsplatz ist ein ernst zu nehmendes Missverhältnis zwischen Mensch und beruflichem Umfeld. Fairness am Arbeitsplatz bedeutet, dass man den Menschen gegenüber Respekt zeigt und ihr Selbstwertgefühl stärkt. Gegenseitiger Respekt zwischen Menschen, die miteinander arbeiten, ist die Grundlage jeglichen Gemeinschaftsgeistes. Wir verlieren unser Vertrauen in eine Organisation, die keine Fairness zeigt, weil dies impliziert, dass die Autoritätsträger unehrlich sind und nicht respektieren, wer wir sind. Ein unfaires Verhalten ist am deutlichsten während des Evaluierungs- und Beförderungsprozesses erkennbar. Aber die tagtäglichen Interaktionen können auch unfair sein – wenn Menschen beispielsweise für Dinge verantwortlich gemacht werden, die sie nicht getan haben.

Mangel an Fairness ist auch offensichtlich, wenn ein Ungleichgewicht in der Bemessung der Arbeitsmenge oder der Bezahlung besteht, wenn Leute die Regeln zu ihren Gunsten verändern oder wenn sie lügen, um vorwärts zu kommen. Und wenn die für Unstimmigkeiten oder Arbeitsstreitigkeiten vorgesehene Vorgangsweise es beiden Parteien nicht erlaubt, ihre Stimme zu erheben, wird diese Vorgangsweise als unfair bewertet. In einem größeren Zusammenhang bedeutet dies: die Ideologie eines Unternehmens, das die Botschaft aussendet, dass Geld mehr Bedeutung zukommt als Angestellten, führt dazu, dass gegenseitiger Respekt und gemeinsame Werte zerstört werden.

Wir haben es mit widersprüchlichen Werten zu tun

Steve ist Kreditsachbearbeiter in einer Bank in einer Kleinstadt und er sieht diesen Beruf als Möglichkeit, einen wertvollen Beitrag in seiner Gemeinde leisten zu können. Menschen kommen zu ihm, wenn sie vor entscheidenden Veränderungen in ihrem Leben stehen: beim Kauf eines Hauses oder eines Autos, der Renovierung des Hauses oder einem Rückgang der Vermögenswerte, der eine Umschichtung ihrer Ausgaben und Schulden erfordert. Vor nicht allzu langer Zeit haben grundlegende Entscheidungen des Hauptbüros seine Einstellung zur Bank verändert.
„Für die Bank steht Kundenservice an erster Stelle. Man erwartet von uns, dass wir als Bankangestellte langfristige und individuelle Geschäftsbeziehungen mit den Kunden aufbauen, uns um ihre Anliegen kümmern und in der Gemeinde aktiv tätig sind. Dann halten sie uns bei Seminaren an, Produkte zu promoten. Ein solches Vorgehen ist jedoch unvereinbar mit der Auflage, kundenbezogen zu handeln. Produkte sind Dinge, die 'verpackt' sind, um verkauft zu werden. Die Kunden kommen nicht zur Tür herein, um ein vorgefertigtes Produkt zu erwerben. Sie kommen herein mit Problemen, die individuelle Lösungen erfordern."
Darüber hinaus hat Steve kein Verständnis für den Abbau von Personal im Kundenservice im vergangenen Jahr, während gleichzeitig die Gewinne sehr stark anstiegen. Loyales Personal wurde somit unfair behandelt und auf lange Sicht gesehen schadet ein solches Vorgehen dem Unternehmen. Steve äußerte sich gegenüber dem regionalen Vizepräsidenten der Bank folgendermaßen: „Ich lebe in einer landwirtschaftlich geprägten Region. Wenn wir einen Apfelbaum haben, der keine Ernte abwirft, hacken wir nicht einfach seine Wurzeln ab. Wir schneiden das tote Geäst an der Spitze des Baumes weg."

Ein *Wertekonflikt* tritt ein, wenn es ein Missverhältnis zwischen den Anforderungen der Arbeit und unseren persönlichen Prinzipien gibt. In einigen Fällen kann eine bestimmte Arbeit dazu führen, dass Menschen Dinge tun, die unethisch sind und nicht ihren persönlichen Wertvorstellungen entsprechen. So muss sich beispielsweise ein Angestellter einer Lüge bedienen, um etwas zu verkaufen, die erforderliche Genehmigung einzuholen oder einen Fehler zu kaschieren. In anderen Fällen kann ein Arbeiter mit den widersprüchlichen Werten eines Unternehmens in Konflikt geraten, die sich oftmals folgendermaßen äußern: Es besteht eine Diskrepanz zwischen den hochgesteckten Inhalten des Missionstatements („Wir bieten Kundenservice von höchster Qualität") und dem eigentlichen Unternehmensziel („Wir bieten nur das allernötigste Service, um die Kosten niedrig zu halten").

Allzu oft arbeiten die Angestellten in einem Arbeitsumfeld, in dem – frei nach Machiavelli – der Zweck die Mittel heiligt. Die daraus folgende Demoralisierung kann groß sein. Die Menschen erbringen die besten Leistungen, wenn sie an das, was sie tun, glauben und wenn sie ihren Stolz, ihre Integrität und ihre Selbstachtung behalten können.

Der Verschleiss der Seele

Burnout ist ein Maßstab für die Diskrepanz zwischen dem Wesen eines Menschen und dem, was er in seiner Arbeit tun muss. Es stellt einen Verschleiß von Werten, Würde, Geist und Willen dar – einen Verschleiß der menschlichen Seele. Es ist eine Krankheit, die sich schrittweise und gleichmäßig über einen längeren Zeitraum hin ausbreitet und die Menschen in einen Teufelskreis bringt, aus dem es nur schwer ein Entrinnen gibt.

Wenn Ihnen die in diesem Kapitel beschriebenen Beispiele bekannt vorkommen, dann könnten Sie Burnout-gefährdet sein. Nehmen wir an, Sie arbeiten in einem Umfeld dauernden Ungleichgewichtes, in dem die Arbeit mehr erfordert, als Sie leisten können und Ihnen weniger gibt, als Sie brauchen. Wie die in den vorhergehenden Absätzen beschriebenen Personen fühlen auch Sie sich überarbeitet, unterbewertet und haben keine Kontrolle mehr über die Arbeit, die Sie verrichten. Was geschieht, wenn Sie anfangen an Burnout zu erkranken? Eigentlich passieren drei Dinge: Sie werden chronisch erschöpft; Sie werden zynisch und von Ihrer Arbeit entfremdet; Sie können den Anforderungen der Arbeit zunehmend weniger gerecht werden.

Die Dimensionen von Burnout

Betrachten wir nun jede der drei Dimensionen des Burnout etwas eingehender:

Erschöpfung. Wenn sich Menschen erschöpft fühlen, fühlen sie sich überbeansprucht, sowohl emotionell wie physisch. Sie fühlen sich ausgelaugt, verbraucht und unfähig, sich zu erholen und zu Kräften zu kommen. Wenn sie am Morgen aufwachen, sind sie genauso müde wie am Abend zuvor, als sie zu Bett gegangen sind. Es fehlt ihnen an Energie, um mit dem nächsten Projekt oder einem neuen Menschen konfrontiert zu werden. Erschöpfung ist die erste Reaktion auf den Stress, der durch die Anforderungen der Arbeit oder eine große Veränderung bedingt ist.

Zynismus. Wenn Menschen zynisch werden, nehmen sie eine kalte, distanzierte Haltung gegenüber der Arbeit und den Menschen am Arbeitsplatz an. Sie reduzieren ihre Anteilnahme am Arbeitsgeschehen auf ein Minimum und geben sogar ihre Ideale auf. Zynismus ist so gesehen ein Versuch, sich selbst vor Erschöpfung und Enttäuschung zu schützen. Man ist dann der Meinung, mit einer gleichgültigen Haltung auf der sicheren Seite zu sein, besonders dann wenn die Zukunft ungewiss oder gleich von vornherein anzunehmen ist, dass sich etwas nicht so wie geplant entwickeln wird, anstatt sich große Hoffnungen zu machen. Aber eine solch negative Einstellung kann die Gesundheit und die Fähigkeit, effizient zu arbeiten, beeinträchtigen.

Ineffizienz. Wenn sich Menschen ineffizient fühlen, fühlen sie sich in zunehmendem Maße einer Situation nicht mehr gewachsen. Jedes neue Projekt scheint einen zu erdrücken. Die ganze Welt scheint sich gegen jeden ihrer Versuche, einen Schritt nach vorne zu machen, zu verschwören, und das Wenige, das sie vollenden, wird als trivial angesehen. Sie verlieren das Vertrauen in ihre Fähigkeit, etwas verändern zu können. Und so wie sie das Vertrauen in sich selbst verlieren, verlieren andere das Vertrauen in sie.

Welche Ursachen hat Burnout wirklich?

Die gängige Ansicht ist, dass Burnout in erster Linie ein Problem der Einzelperson ist. Das soll heißen, dass Menschen aufgrund von kleinen Fehlern in ihren Charakteren, ihrem Verhalten oder ihrer Leistung an Burnout erkranken. Nach dieser Sichtweise sind die *Menschen* das Problem und die Lösung besteht darin, diese auszutauschen oder sich ihrer zu entledigen.

Aber unsere Forschungen haben zu einem völlig gegensätzlichen Resultat geführt. Unsere umfassenden Studien haben ergeben, dass Burnout nicht das Problem der Menschen selbst ist, sondern das Problem des *sozialen Umfeldes,* in dem Menschen arbeiten. Die Strukturierung und Ausgestaltung des Arbeitsplatzes prägt die Interaktion zwischen den Menschen und der Art und Weise, wie sie ihre Arbeit erledigen. Wenn das Arbeitsumfeld die menschliche Seite der Arbeit nicht berücksichtigt, dann steigt das Risiko von Burnout und ein hoher Preis ist dafür zu bezahlen.

Der hohe Preis von Burnout

Burnout kann über den Verschleiß der Seele hinaus eine fatale Wirkung haben. Es kann Ihrer Gesundheit, Ihrer Fähigkeit, Aufgaben zu meistern, und Ihrem persönlichen Lebensstil abträglich sein. Es kann auch zu schweren Beeinträchtigungen Ihrer beruflichen Leistungsfähigkeit führen. Und diese Belastungen betreffen nicht nur Sie allein – sie werden von jedem, der mit Ihnen Kontakt hat, wahrgenommen, sowohl im Beruf als auch im privaten Umfeld.

Was die körperlichen Folgen betrifft, so kann Burnout physische Probleme wie Kopfschmerzen, Magen-Darm-Erkrankungen, Bluthochdruck, Muskelverspannungen und chronische Müdigkeit hervorrufen. Burnout kann zu mentalen Störungen in Form von Angstgefühlen, Depressionen und Schlafstörungen führen. Um mit diesem Stress fertig zu werden, greifen einige Menschen verstärkt zu Alkohol und Medikamenten. Wenn sich die Folgen von Burnout auf den privaten Bereich übertragen, dann können die Erschöpfungszustände und negativen Gefühle Auswirkungen auf die Beziehungen zu Familie und Freunden haben.

Und wie steht es mit der Arbeit selbst? Ein Resultat des Teufelskreises bei Burnout ist, dass Menschen, bei denen Stress kumuliert und die weniger Unterstützung in ihrem täglichen Leben erfahren, sogar zunehmend schlechter mit Problemen in der Arbeit fertig werden. Menschen, die an Burnout erkranken, sind prädestiniert, sich vom Beruf zurückzuziehen, sowohl psychologisch als auch physisch. Sie investieren weniger Zeit und Energie in ihre Arbeit, erledigen nur das unbedingt Notwendige und fehlen häufiger. Sie bewältigen nicht nur weniger Arbeit, sie erledigen diese auch mangelhaft. Anspruchsvolle Arbeit erfordert Zeit und Anstrengung, Engagement und Kreativität, aber jemand, der an Burnout leidet, ist nicht mehr länger dazu bereit, diese Anforderungen aus freien Stücken zu erfüllen. Ein Abfall in der Qualität und der Menge der erbrachten Arbeit ist in beruflicher Hinsicht ein Indiz für ein Erreichen der untersten Stufe von Burnout.

Schließlich erreichen einige Menschen den Punkt, an dem sie die Überlastung nicht mehr verkraften können und kündigen. Wenn dieser Schritt notwendig ist, kann er sehr schmerzvoll sein, besonders dann, wenn dies gleichzeitig auch bedeutet, auf eine Karrieremöglichkeit zu verzichten, die einmal Stolz, Prestige und persönliche Identität bedeutet hat. Ein High-School-Lehrer drückte es folgendermaßen aus: „Ich unterrichte nun schon seit mehr als zwanzig Jahren, aber ich habe mein Selbstvertrauen verloren. Ich kann so nicht weitermachen und ich *will* so nicht weitermachen, weil ich mich mit den Werten unserer Gesellschaft, wie ich sie auch in den Schulen sehe, nicht identifizieren kann: Nein zum Lernen, nein zur Anstrengung, nein zur Verantwortung. Wenn Erziehung keinen Unterschied hervorbringt, wofür habe ich dann meine Energie verschwendet? Ich will einfach nur woanders hingehen und dort mein Leben leben. Es geht mir jetzt einfach ums nackte Überleben."

Wie man sieht, ist der Preis, der durch Burnout verursacht wird, sowohl für die Menschen als auch für die Unternehmen beträchtlich. Für Angestellte geht es darum, dass der Beruf ihre Lebensqualität und ihre Chancen auf eine produktive, erfolgreiche Karriere mindert. Für Unternehmen geht es darum, dass es sich hier um eine Arbeitskraft handelt, die nicht länger das Engagement, die Kreativität und Produktivität erbringt, die sie einmal erbracht hat.

Burnout damals und heute

Burnout ist kein neues Phänomen. Vor zwanzig Jahren war Burnout in erster Linie ein Problem für Arbeitnehmer in Berufen, die viel mit Menschen zu tun haben, wie beispielsweise in diversen Dienstleistungsberufen, im Gesundheitswesen und in der Ausbildung. Heutzutage würde man sagen, diese Berufe sind Hightouch-Berufe, d.h. sie erfordern ein großes Maß an direktem Kontakt zu anderen Menschen. Damals wie heute können solche Berufe emotionell wie physisch so fordernd sein, dass ein Burnout-Risiko sehr hoch ist. Den Einsatz, den diese Berufe erfordern, die längeren Arbeitszeiten und die enormen Arbeitsmengen, sind genauso kräftezehrend wie latente Konflikte mit Kunden, Patienten, Schülern, Kollegen oder Vorgesetzten. Um damit fertig zu werden, distanzieren sich einige Arbeitnehmer von den Menschen, mit denen sie in Kontakt kommen, und vom persönlichen Eingebundensein in ihre Arbeit. Darüber hinaus können Schwierigkeiten hinsichtlich der Erzielung entsprechender Erfolge für diese Arbeitnehmer dazu führen, dass sie an ihren eigenen Fähigkeiten zweifeln und sich fragen, ob dies auch der richtige Beruf für sie ist.

Der Unterschied heutzutage ist, dass es immer mehr Hightouch-Berufe gibt. Besonders, weil es eine große Umschichtung von der Produktion zu Dienstleistungen gegeben hat, wodurch Arbeitnehmer wirkungsvoll mit ihren Kunden umgehen und gute Kundendienstleistungen liefern müssen. In einer Arbeitswelt, die in zunehmendem Maße von Hightech geprägt ist, wird Hightouch auch immer wichtiger, da die Kunden mit realen Menschen zu tun haben wollen und nicht nur mit einem Computer.

Es gibt auch eine Zunahme an Posten in der Führungsebene, in denen Manager ihre Angestellten erfolgreich motivieren müssen, damit sie leistungsfähig sind. Darüber hinaus machte sich ein immer stärker werdender Trend zu Arbeitsgruppen bemerkbar, in denen man eher mit Kollegen zusammen als alleine arbeiten muss. Trotz des Ansteigens der Arbeitsplätze in den Hightouch-Bereichen wird allgemein auf die Schulung der notwendigen Fähigkeiten, um hier gute Arbeit leisten zu können, wenig Augenmerk gelegt. Zwischenmenschliche Fähigkeiten werden auf Kosten von technischen oder wirtschaftlichen Kenntnissen vernachlässigt. Wie später noch ausgeführt wird, werden die psychologischen Belastungen dieser Art von Arbeit noch immer nicht als wichtiger Auslöser von beruflichem Stress angesehen.

So ist das Arbeitsumfeld heutzutage mehr denn je ein Nährboden für Burnout. Wenn wir aber schon seit einiger Zeit um die Existenz von Burnout Bescheid wissen, wieso haben wir dann nicht herausgefunden, was dagegen zu tun ist? Das Problem besteht gewissermaßen darin, dass Burnout – wie man gewöhnlich sagt – keine Beachtung geschenkt wurde. Es wurde unterschätzt, trivialisiert, nicht ernst genommen. Im Gegensatz zu anderen Gefahren, die am Arbeitsplatz lauern, birgt es kein großes Risiko für körperliche Verletzungen oder Tod. Ein chronischer Verschleiß von Gefühlen und Fähigkeiten über einen längeren Zeitraum ist nicht so augenscheinlich wie eine plötzliche Krise. Folglich glaubt man, Burnout wäre nichts Schlimmes oder Ernstzunehmendes und die Risiken werden falsch eingeschätzt. Genauso wird angenommen, dass dies einem selber schon nicht passieren würde – dass man klug und stark genug sei, um nicht Opfer dieses Problems zu werden. Wenn Burnout ausbricht, so arbeitet man weiter, wenn auch nicht so gut wie vorher, also gibt es offensichtlich keine ernst zu nehmenden Auswirkungen auf die allgemeine Leistungsfähigkeit. Aus dieser Sichtweise ist Burnout einfach ein Ausstieg, das Heulen von Schwächlingen, die mit ernsthafter Arbeit überfordert sind und sich ein Versagen nicht eingestehen können. Es herrscht allgemein die Überzeugung, dass man gegen Burnout sowieso nichts machen könne. In anderen Worten: Wenn etwas noch heil ist, ist es sinnlos, es zu reparieren.

Unglücklicherweise ist diese Sichtweise vollkommen falsch. Sie ist kurzsichtig und berücksichtigt nicht die Gesamtsituation. Diese Perspektive basiert auf Mythen und Missverständnissen über die Gründe, weshalb Menschen arbeiten und wie sie arbeiten.

Unser Ausweg aus der Krise

In diesem Buch vertreten wir die Meinung, dass Burnout kein triviales Problem, sondern ein Maßstab für eine wichtige soziale Fehlfunktion am Arbeitsplatz ist. So gesehen muss Burnout ernst genommen werden. Die emotionellen und finanziellen Kosten dafür sind zu hoch, um ignoriert oder noch länger als unwesentlich betrachtet zu werden.

Wir argumentieren, dass Burnout-Symptome, die beim jeweiligen Arbeitnehmer auftreten, mehr über die Bedingungen des Jobs aussagen, als über ihn selbst. Im Gegensatz zur vorherrschenden Meinung ist es nicht das Individuum, das sich ändern muss, sondern das Unternehmen, besonders hinsichtlich der derzeitigen Gestaltung des Arbeitsumfeldes.

Wir sind der Meinung, dass für wirksame Lösungsansätze bei Burnout vor allem bei der Vorbeugung angesetzt werden muss und nicht alleine bei dessen Behandlung. Eine Intervention ist daher wichtiger als irgendein spezieller Lösungsansatz.

Wir zeigen auf, dass Burnout erfolgreicher bewältigt werden kann, wenn man darauf abzielt, die Identifikation mit der Arbeit zu fördern anstatt sich nur darauf zu konzentrieren, die Burnoutsymptome zu reduzieren. Wir vertreten also ein Modell eines gesunden Arbeitsklimas in einem Unternehmen, welches auch die Förderung von menschlichen Werten am Arbeitsplatz und nicht nur die der wirtschaftlichen mit einbezieht.

Unsere Argumente werden durch solide Erkenntnisse aus der Forschung untermauert. Seit zwanzig Jahren forschen wir im Bereich Burnout und wir haben mit mehreren tausend Arbeitnehmern aus verschiedenen Berufsgruppen in den ganzen USA gesprochen. Wir glauben daher zu wissen, wovon wir sprechen. Und deshalb hinterfragen wir die allgemein anerkannten Ansichten und präsentieren eine bessere Sichtweise von Burnout.

In diesem Buch sprechen wir die Krisen in Unternehmen an. Weder heißen wir die Veränderungen im Aufbau von Unternehmen und Karriereabläufen gut, noch propagieren wir die Flucht vor diesen. Unternehmen, insbesondere große Organisationen sind nun einmal Teil unseres Lebens und werden dies auch weiterhin bleiben. Obwohl ihr Aufbau und die in ihnen ablaufenden Prozesse sich durch den Fortschritt der Technik und unter unterschiedlichen wirtschaftlichen Bedingungen weiterentwickeln werden, werden sie für einen erheblichen Teil der Arbeitnehmer das berufliche Betätigungsfeld bleiben. Wir sind der Meinung, dass die derzeitige Krise uns die Gelegenheit bietet, die wichtigsten Mankos im täglichen Ablauf eines Unternehmens zu betrachten, eine Gelegenheit, die Stressfaktoren, die zu chronischen Erschöpfungszuständen, Zynismus und Ineffizienz führen, anzusprechen, und die Gelegenheit, ein produktives Engagement für die Arbeit herzustellen. Und mehr als alles andere gibt uns dies die Möglichkeit damit zu beginnen, die Kluft zwischen den Menschen und dem Arbeitsplatz zu schließen.

2

Wie sich Burnout manifestiert

Wenn man Menschen fragt, wie man sich fühlt, wenn man an Burnout leidet, wird man wahrscheinlich Folgendes zur Antwort bekommen:

„Ich bin *frustriert*! Es ist unmöglich für mich, gute Arbeit zu leisten und die Situation verschlimmert sich immer mehr."

„Ich habe meine Begeisterung für eine Arbeit, die ich wirklich gerne getan habe, verloren."

„Ich trage so viel Ärger mit mir herum und kann diesen nirgends abladen."

„Ich habe Angst – werde ich den Job behalten können?"

„Ich werde mit jedem Tag in meinem Job unglücklicher und deprimierter – und ich frage mich, ob ich dabei bleiben sollte."

„Ich fühle mich überfordert, überlastet, überarbeitet – und gefangen. Es gibt keinen Ausweg."

Jeder Mensch drückt Burnout auf eine bestimmte Art und Weise aus, aber die zugrunde liegenden Motive sind dieselben:

Ein Verfall des Engagements für die Arbeit: Was als wichtige, sinnvolle, faszinierende Arbeit begann, wird unangenehm, bedeutungslos und füllt den Menschen nicht aus.

Ein Verfall der Emotionen. Die positiven Gefühle von Enthusiasmus, Einsatzbereitschaft, Sicherheit und Freude schwinden und werden durch Furcht, Angst und Depression ersetzt.

Ein Missverhältnis zwischen Mensch und Arbeit. Betroffene Einzelpersonen sehen dieses Ungleichgewicht als persönliche Krise, aber in Wirklichkeit ist das Arbeitsumfeld das Problem.

Wie das Wort *Verfall* andeutet, ist Burnout ein allmählicher Verlustprozess, bei dem das Missverhältnis zwischen den Bedürfnissen des

Menschen und den Anforderungen am Arbeitsplatz immer größer wird. Die Anforderungen des Arbeitsplatzes formen die Erfahrungen des Einzelnen, während die Leistung des Einzelnen das Arbeitsumfeld und alle Menschen darin beeinflusst. So ähnelt der oben beschriebene Verfall in gewisser Weise dem Dilemma vom Huhn und Ei – wer war zuerst da, der Mensch oder die Arbeit? –, aber für gewöhnlich wird der Einzelne dafür verantwortlich gemacht.

Wir glauben, dass dies der falsche Weg ist, das Problem Burnout zu betrachten. Wie wir in Kapitel eins erklärten, wirken mächtige wirtschaftliche, politische und kulturelle Kräfte auf den Arbeitsplatz ein, wodurch ein Klima entsteht, das noch nie so anfällig für Burnout war wie heute. Es ist nicht sinnvoll, wenn jemand über sich sagt: „Ich bin daran schuld." Dieser Denkansatz wird uns nicht dabei helfen, mit Burnout umzugehen. Der Aufgabenbereich ist genauso ein Teil des Teufelskreises wie das Individuum selbst, folglich muss er ein Teil jeder Lösung sein.

Verfall des Engagements

Die Menschen leiden nicht an Burnout, wenn sie eine neue Arbeitsstelle antreten. Als Minimalanforderung erhoffen sie sich zumindest ein dauerhaftes Einkommen und etwas Sicherheit, egal ob sie sich nun für die Arbeit an sich begeistern oder nicht. Im besten Fall beginnen die Menschen eine Arbeit mit vollkommenem Engagement für ihre Tätigkeit. Sie fühlen sich energiegeladen und bereit, Zeit und Anstrengung in die gestellten Aufgaben zu investieren. Sie fühlen sich integriert und finden die Arbeitsaktivitäten sinnvoll. Die Bestätigungen, die sie durch diese Arbeiten erhalten, vermitteln ihnen das Gefühl, kompetent und leistungsfähig zu sein.

Energie, Einsatzbereitschaft und Leistungsfähigkeit – diese sind die direkten Gegensätze zu den drei Dimensionen von Burnout. Wie wir in Kapitel eins beschrieben haben, fängt bei den ersten Anzeichen von Burnout diese Art des Engagements an abzuflauen und diese drei positiven Ansätze verwandeln sich zunehmend in ihre negativen Pendants. *Energie* wird zu *Erschöpfung*, *Einsatzbereitschaft* wird zu *Zynismus* und *Leistungsfähigkeit* wird zu *Leistungsversagen*. Der folgende Fall ist ein klassisches Beispiel für den Verfall des Engagements.

> Julie, die den Ruf einer hervorragenden Lehrerin hatte, unterrichtete Geschichte und Literatur in der achten Schulstufe einer öffentlichen Schule. Die Schüler mochten sie sehr gern, die Eltern setzten

sich dafür ein, dass ihr Kind in ihre Klasse kam und der Direktor bewertete sie als eine der besten Lehrerinnen. Julie war jung und erfolgreich, und so glaubte man, sie würde eine lange und außergewöhnliche Karriere als Lehrerin vor sich haben. In diesem Jahr jedoch entschloss sich Julie dazu aufzuhören. Ihre Entscheidung war für jeden ein Schock; einige ihrer Kollegen weinten, als sie davon erfuhren.

Früher einmal ging Julie vollkommen im Beruf auf, da sie so Dinge tun konnte, die sie sehr schätzte – sie konnte Veränderungen in der Welt bewirken, indem sie auf das Leben von anderen Menschen einen positiven Einfluss ausübte. Aber heute glaubt sie nicht mehr, dass ihre Arbeit dies wert ist. Früher einmal brachte sie enorme Energie und Hingabe in ihre Arbeit ein, arbeitete viele Stunden lang und erklärte sich damit einverstanden, jegliche zusätzliche Extraaufgabe zu machen, weit über ihre Pflichten hinaus. Jetzt ist sie erschöpft, macht nur das Notwendigste und erfüllt nur das absolute Minimum an Arbeit. Früher einmal konnte sie sich wunderbar in ihre Schüler einfühlen, verfolgte aufmerksam ihre Leistungen und ihren Fortschritt im Lernen, hatte ein offenes Ohr für ihre individuellen Bedürfnisse. Jetzt äußert sie sich eher negativ und zynisch über deren Motivation und Fähigkeiten. Früher einmal war sie zuversichtlich, dass sich ihre Anstrengungen lohnen würden, dass die Kinder eine bessere Ausbildung und einen besseren Start ins Leben bekommen würden, weil sie und ihre Lehrerkollegen gute Arbeit leisteten. Jetzt stellt sie in Frage, ob die Schüler wirklich das bekommen, was sie brauchen; sie sorgt sich sogar darum, ob Kinder durch überarbeitete Lehrpersonen wie sie selbst Schaden erleiden könnten. Julie versuchte, ihr Bestes zu geben, aber das hatte einen zu hohen Preis.

Was im Fall von Julie sowie in vielen anderen Fällen bemerkenswert erscheint, ist, dass Burnout aus einer starken, erfolgreichen Ausgangsposition entstanden ist und nicht aus einer schwachen. Julie war keine inkompetente, faule Person, die es nicht verstand, zu unterrichten. Sie brachte eine Reihe von eindrucksvollen Zeugnissen und persönlichen Qualitäten in den Beruf mit und verstand es, diese in einem erstklassigen Unterricht umzusetzen. Was Fähigkeiten und Motivation betraf, war sie einsame Klasse – man konnte sich kaum mehr erwarten. Einer ihrer Kollegen drückte es so aus: „Julie war von Anfang an Feuer und Flamme, nicht wie einige dieser Lehrer, die überhaupt nie richtig Enthusiasmus entwickeln. Sie unterrichtete mit Leidenschaft und es ist so deprimierend, diese Begeisterung verschwinden zu sehen." Tatsächlich ist der Verlust der Besten und

Begabtesten – Menschen wie Julie – einer der schlimmsten Faktoren bei Burnout.

Sechs Ursachen für Burnout

Was führte zum Verfall von Julies Engagement beim Unterrichten? Ein genauerer Blick auf ihren Fall zeigt das Vorhandensein der sechs Missverhältnisse zwischen Arbeit und Person, die wir in Kapitel eins beschrieben haben.

Arbeitsüberlastung war von Beginn an ein Hauptfaktor. Julie verbrachte intensive Acht-Stunden-Tage im Klassenzimmer und zusätzliche Stunden – nach der Schule, am Abend und an Wochenenden –, um sich für den Unterricht vorzubereiten, die Hausübungen zu benoten und an Konferenzen teilzunehmen. Obwohl sie über die Art und Weise, wie sie ihre Klasse unterrichtete, ein großes Maß an Kontrolle hatte („Wenn ich diese Tür schließe, gehört die Klasse mir – es gibt dann nur mehr mich und die Kinder."), hatte sie einen *Mangel an Kontrolle* über die Politik des Schulbezirkes, die schließlich zu größeren Schülerzahlen pro Klasse und weniger Geld für Lehrbehelfe führte. Wie andere Lehrpersonen bezog auch sie ein geringes Gehalt, das ganz klar eine *unzureichende Entschädigung* darstellte; das machte ihr nicht so viel aus, so lange sie jung und ein Single war und am Anfang ihrer Berufslaufbahn stand; später jedoch wurde dies zu einer ernsten finanziellen Belastung. Darüber hinaus ist ein niedriges Gehalt das sichtbarste Zeichen für den Mangel an Respekt für den Lehrberuf. Julies Lohn ließ sie zunehmend daran glauben, dass dem System eine *Ungerechtigkeit* zugrunde lag („Wieso arbeite ich so hart, leiste so viel und bekomme trotzdem so wenig zurück?"). Die Kontroversen, politische Streitigkeiten und der Konkurrenzkampf zwischen den Lehrpersonen an ihrer Schule entfremdete sie von ihnen und letztendlich mündete alles in einen *Zusammenbruch der Gemeinschaft*. Schließlich entstand ein wachsender *Wertekonflikt* zwischen dem, was Julie im Klassenzimmer zu erreichen versuchte, und den Extraleistungen, um die sie die Schule bat. „Die Krönung des Ganzen war, dass sie wollten, dass ich in langwieriger Arbeit das ganze Material zusammentrage, um eine Bewerbung für eine Auszeichnung als 'eine gute Schule' einreichen zu können – es war ihnen viel wichtiger, die Auszeichnung zu bekommen als wirklich etwas zu unternehmen, das uns zu einer guten Schule machen würde!"

Ein Verfall von Emotionen

Was am Fallbeispiel von Julie auch noch bemerkenswert erscheint, ist der parallel erfolgende Verfall von Emotionen, den sie erlebte. Früher einmal strahlte Julie Energie, Enthusiasmus und Verständnisbereitschaft aus. Sie hatte viel Humor und ein ungezwungenes Verhältnis zu ihren Schülern. Jetzt beschreibt sie sich als ständig „überreizt", ihr würde im Kontakt zu ihren Schülern schnell „die Sicherung durchbrennen" und sie würde sich zu erschöpft fühlen, um das intensive Unterrichtsprogramm, das einmal ihre Stärke war, durchzuziehen. Es dominieren Emotionen wie Angst, Zynismus und Bitterkeit – es scheint, als ob sich ihre ursprüngliche Leidenschaft ins negative Gegenteil gekehrt hätte. Diese noch nie dagewesenen Emotionen haben Julies Verhältnis zu all jenen Menschen, mit denen sie an der Schule zu tun hatte, verändert: das Verhältnis zu ihren Kollegen, dem Direktor, den Eltern und am wichtigsten, zu ihren Schülern.

Das emotionelle Ergebnis von Burnout

Frustration und Zorn sind die emotionalen Charakteristiken von Burnout. Man fühlt sich frustriert, weil man von der Erreichung seiner Ziele abgehalten wird. Man kann Hindernisse, die sich einem in den Weg stellen, nicht überwinden; entweder, weil man keine ausreichenden Qualifikationen für den Beruf hat oder weil man nicht genügend Kontrolle über die Arbeit hat. Man erhält nicht die Belohnung, die man sich erwarten würde. Es überrascht daher nicht, dass man sich unfähig fühlt. Man fühlt sich aber auch erschöpft, weil man zu viel Zeit und Anstrengungen dafür vergeudet hat. Der Zorn, der mit Frustration Hand in Hand geht, verstärkt negative Reaktionen gegenüber den Mitmenschen und eine zynische Einstellung zum Job. Aufgrund dieser negativen Reaktionen wird man wahrscheinlich nach Sündenböcken suchen und andere für seine Probleme verantwortlich machen und diesen aggressiver und strafender begegnen. Dies ist besonders dann wahrscheinlich, wenn der Zorn aus einer als unfair empfundenen Situation heraus entstanden ist. Darüber hinaus ist man, wenn man wütend ist, in seiner Arbeitsweise weniger flexibel und nicht so offen für neue Alternativen.

Feindseligkeit ist auch eine Folge von Erniedrigung oder Nichtachtung im Beruf. Wenn Menschen nicht mit Respekt und Vertrauen begegnet wird und wenn ihre Arbeit wenig geschätzt wird, sind ihr Selbstwertgefühl und das Wissen um ihre Fähigkeiten in Frage gestellt. Sie fühlen sich von ihrer Arbeit und ihrem Arbeitsplatz zunehmend entfremdet und können sogar versucht sein, aus Vergeltung destruktive Handlungen, wie beispielsweise Diebstahl oder Sabotage, zu setzen. Ein Arbeiter drückte diesen Sachverhalt folgendermaßen aus: „Niemand bekommt die Anerkennung, die man sich wünscht oder die einem dem eigenen Empfinden nach zusteht. Deshalb werden die Chefs erschossen und Gebäude in die Luft gejagt."

Furcht und Unsicherheit sind zwei weitere negative Komponenten, die zu Burnout beitragen. Diese Gefühle treten mit großer Wahrscheinlichkeit auf, wenn Menschen die Kontrolle über ihre Arbeit verlieren und wenn das Arbeitsumfeld sich als unsicher oder bedrohlich darstellt. Wie wir in Kapitel eins gesehen haben, sind viele Menschen heutzutage an ihrem Arbeitsplatz genau mit dieser Situation konfrontiert. Obwohl allgemein bekannt ist, dass Menschen besser arbeiten, wenn sie mit anderen in Wettbewerb stehen oder unter Druck gesetzt werden, so kann Zukunftsangst letztlich ein maßgeblicher negativer Faktor sein und dazu führen, dass sie mit weniger Aufmerksamkeit, Energie und Engagement arbeiten.

Bei Burnout geht es jedoch nicht nur um das Vorhandensein von negativen Emotionen. Es geht auch um das Fehlen von positiven Emotionen. Wenn man zu seiner Arbeit einen Bezug hat, wird diese Arbeit durch die faszinierende Herausforderung, die Befriedigung über eine gut ausgeführte Arbeit, das positive Erleben des Verhältnisses zu anderen und den Stolz, die eigenen Werte in die Realität umzusetzen, bereichert. Diese positiven Emotionen fördern Engagement und Motivation – wenn man sich bei der Arbeit gut fühlt, wird man sie auch weiterhin machen wollen, und zwar so gut wie möglich. Noch dazu ist man – wenn man sich gut fühlt – gewillt, zusätzliche Anstrengungen in die Arbeit zu investieren und etwas Besonderes zu leisten. Man ist kreativ und neuen Lösungswegen gegenüber aufgeschlossen. Ein Erfolgserlebnis kann den Frust einer Niederlage ausgleichen, egal ob die Erfolge nun große Leistungen darstellen oder den kleinen, tagtäglichen Ausdruck von Anerkennung durch andere Menschen. Wenn aber die positiven Gefühle so sehr abnehmen, dass diese die negativen Aspekte nicht länger aufwiegen, ist die Gefahr, zynisch zu werden, sehr groß. Alles wird negativ gesehen, mit Misstrauen und Feindseligkeit beurteilt und erlebt. Das halbvolle Glas ist *immer* halbleer.

Der soziale Kontext von Emotionen

George hat seit seinem High-School-Abschluss für eine Telefongesellschaft gearbeitet und sich im Laufe der Zeit einen bedeutenden Posten im Verkaufsbereich erarbeitet. Er ist immer sehr stolz auf seine Arbeit gewesen und war für gewöhnlich alljährlich unter den Top Five im Verkauf. Er war auch sehr stolz auf das Unternehmen, für das er arbeitete. Für ihn war es eines der ehrlichen Unternehmen in der Gemeinde. Er investierte tatsächlich oft freiwillig Zeit und Mühe in Wohltätigkeitsveranstaltungen, bei denen das Unternehmen als Sponsor auftrat. Aber in der letzten Zeit hat es im Unternehmen einen starken Personalabbau gegeben und George wurde entlassen. Als dermaßen loyaler und treuer Angestellter war er schokkiert und fassungslos über diese „unfreiwillige Auflösung des Dienstverhältnisses".

Sechs Monate später bat man George, wieder für das Unternehmen zu arbeiten – diesmal als Vertragsarbeiter, über eine Arbeitsvermittlungsorganisation beschäftigt. Mit anderen Worten sollte George von dem Unternehmen, das ihn gefeuert hatte, zurückgemietet werden. Obwohl sein Stundenlohn nun höher wäre, würde er keinerlei Vergünstigungen, keinen Pensionsanspruch und keine Chance auf spätere Beförderung haben. George nahm die Arbeit letztendlich an, da er das Einkommen brauchte, aber seine Bitterkeit war offensichtlich. „Ich fühle mich, als wäre ich belogen und betrogen worden. Sie sagten mir, dass sie die Arbeit, die ich machte, nicht bräuchten, aber offensichtlich brauchen sie sie doch. Aber sie wollen sie billig haben. Sie wollen mir nicht geben, was ich wert bin. Und sie scheren sich offensichtlich auch nicht den Teufel um das, was ich über die Jahre für sie getan habe. Die sollen mich kennen lernen – wenn ich ihnen egal bin, dann wird mir der Job, den ich mache, auch egal sein. Ein 'ehrliches Unternehmen', was für ein Witz!"

Obwohl George wieder für das Unternehmen arbeitet, versucht er nicht mehr, Spitzenwerte im Verkauf zu erzielen und investiert keine zusätzliche Zeit und Mühe in die Arbeit. Er verbringt nur mehr das absolute zeitliche Minimum im Büro und hält sich von den anderen Angestellten fern. Wenn sich Kunden beschweren, verteidigt er das Unternehmen nicht mehr; manchmal stimmt er den Reklamationen sogar zu. Seine Wut hat die Qualität seiner Arbeit ganz offensichtlich gemindert.

Emotionen kennzeichnen nicht einfach den Übergang vom Engagement zum Burnout, sondern sie unterstützen diesen auch. Die emotionalen Höhepunkte, die wir als Freude, Befriedigung und Stolz erleben, sind für die Steuerung von wichtigen Verhaltensweisen bei der Arbeit entscheidend. Diese Gefühle motivieren uns, unsere Arbeit gut zu erledigen, Wege zu suchen, diese zu verbessern, mit Kollegen zusammenzuarbeiten und uns mit der Arbeit verbunden zu fühlen. Im Gegensatz dazu sind die emotionalen Tiefpunkte wie Hass- oder Angstgefühle der Qualität der Arbeitsleistung abträglich.

Wenn Menschen die negativen Faktoren von Burnout zum Ausdruck bringen, können soziale Beziehungen daran zugrunde gehen. Normale Unterhaltungen sind auf einmal geprägt von Feindseligkeit und Verunsicherung, wodurch alltägliche soziale Kontakte zu unerfreulichen Ereignissen werden. Taktlosigkeit, Sarkasmus, Kritik und Beleidigungen werden eher zur Regel als zur Ausnahme. Meinungsverschiedenheiten zwischen Kollegen oder zwischen Arbeitnehmern und dem Management eskalieren bis hin zur offenen Auseinandersetzung. Gemeinsame Teamarbeit ist nicht mehr möglich. Die Qualität des Kundenservice verschlechtert sich auch zusehends. Sogar das Verhältnis zur Familie und zu Freunden ist von dieser negativen emotionellen Stimmung nicht ausgenommen.

So beginnt der Teufelskreis bei Burnout. Werden diese negativen Emotionen ausgedrückt, führen sie zu negativen und dysfunktionalen Reaktionen. Zweifelsohne führt Feindseligkeit zu nur noch mehr Feindseligkeit – fährt man jemanden barsch an, so wird er wahrscheinlich mit den gleichen Waffen zurückschlagen. In dieser Hinsicht ist Burnout ansteckend. Bei anderen Menschen jedoch führt Feindseligkeit zu Rückzug – man will mit dem anderen nichts mehr zu tun haben. Dies mag vielleicht kein unerwünschter Effekt sein, wenn man nicht in Gesellschaft sein will, und deshalb sind Abgrenzung und Distanzierung typisch für Burnout. Aber diese selbst auferlegte soziale Isolation fordert auch ihren Tribut, weil sie die Fähigkeit zerstört, die „emotionale Nahrung" zu erhalten, die von der Zuneigung und Unterstützung von Freunden und Familie kommt.

Grundsätzlich gesehen sind Emotionen nicht nur private und persönliche, sondern *soziale* Erfahrungen, sowohl ihrer Herkunft als auch ihrer Wirkung nach. Wenn wir unsere negativen Gefühle ausdrücken, betrifft dies die Welt um uns; sie wird zu einem unfreundlicheren Ort, und dies wiederum verstärkt unsere negativen Gefühle – ein Teufelskreis beginnt. Derselbe Prozess, diesmal aber in die entgegengesetzte Richtung, ins Positive, tritt ein, wenn wir in unserer Arbeit aufgehen – unsere positiven Gefühle bedingen positive Reaktionen von anderen und unsere Welt wird immer besser, was wiederum positive Gefühle in uns erzeugt.

Angesichts der wichtigen Rolle, die Emotionen hinsichtlich Arbeitsmotivation, Arbeitsleistung und dem Verhältnis zu den Arbeitskollegen spielen, überrascht es, dass diese von den meisten Menschen unterschätzt werden. Welchen Grund hat das? Bis zu einem gewissen Grad ist dies so, weil Arbeit über Fähigkeiten und Ergebnisse bewertet wird. Innerhalb dieser Grenzen werden Gefühle als nachrangig betrachtet. Gefühle werden als etwas Persönliches angesehen; der Mensch selber trägt die volle Verantwortung dafür. Oft werden Gefühle als nicht wichtig für die zu erledigende Arbeit angesehen („Es ist ganz egal, ob dir die Arbeit gefällt oder nicht – du musst sie erledigen."). Manchmal werden Gefühle als negative Verpflichtung angesehen, die die Arbeit beeinträchtigen können. Krankenpfleger beispielsweise müssen vor ihren Patienten jede Regung von Ekel oder Mitleid verbergen, und das Dienstpersonal muss Langeweile oder Ärger hinter einer konstanten, aufgesetzten Fröhlichkeit verstecken. In diesen Fällen obliegt es dem einzelnen Menschen, seine oder ihre Emotionen zu lenken und unter Kontrolle zu bringen. Leider vergessen wir beim Interpretieren der Emotion als einer ausschließlichen Funktion der einzelnen Person, wie sehr sie auch eine Funktion des sozialen Umfelds ist.

Emotionen erwachsen aus unserem Kontakt zu unserer Umwelt und prägen unsere Reaktionen darauf. Ein Ereignis tritt ein, und unsere Beurteilung dieses Ereignisses und seiner Bedeutung für uns löst eine bestimmte emotionelle Antwort darauf aus. Anders formuliert sind Emotionen die Methode, um Ereignisse der *Außenwelt* in einer *persönlichen* Form auszudrücken. Unsere Emotionen wiederum bestimmen oftmals unsere Reaktion auf das Ereignis. Nehmen wir zum Beispiel an, dass eine Mitarbeiterin Fehler, die Sie gemacht haben, kritisiert hat, und sie diese nun korrigieren muss. Sie werden sich vermutlich schuldig fühlen, dass Sie die Arbeit nicht richtig gemacht und sie in eine solche Situation gebracht haben, und normalerweise werden Sie die Arbeit, weil Sie sich schuldig fühlen, beim nächsten Mal sorgfältiger erledigen oder Ihrer Kollegin anbieten, etwas für sie zu tun, um die Sache wieder gut zu machen. Wenn Sie aber ihre Kritik als ungerechtfertigt empfinden, werden Sie sich höchstwahrscheinlich über ihre Bemerkungen ärgern und dieser Ärger könnte Sie dazu verleiten, einige negative Kommentare abzugeben oder in Zukunft etwaige Bitten Ihrer Kollegin abzuweisen.

Emotionen spielen in unserem Verständnis von Recht und Unrecht eine wichtige Rolle. Nicht die Logik unserer moralischen Prinzipien, sondern die Intensität unserer Gefühle bringt uns dazu, Schritte gegen Ungerechtigkeiten zu unternehmen. Wenn wir aufgrund irgendeiner Ungerechtigkeit moralisch in Rage geraten, dann wollen wir etwas tun, um die Dinge wieder in Ordnung zu bringen. Eine Ungerechtigkeit weist meist auf ein Missverhältnis zwischen den Dingen, so wie sie sind und wie sie sein sollten, hin. So ist es also nicht weiter überraschend, dass die sechs Missverhältnisse zwischen Mensch und Arbeit starke Emotionen über Ungerechtigkeit am Arbeitsplatz auslösen. Diese starken Emotionen können zu Handlungen führen, von denen einige nicht besonders moralisch sind (ein über unfaire Behandlung verärgerter Angestellter rechtfertigt beispielsweise das Entwenden von Unternehmenseigentum mit dem Argument, dass „sie es mir schulden"). Wichtig hierbei ist, dass Emotionen ein Schlüssel zum Verständnis des Entstehens von Burnout aus der mangelnden Übereinstimmung zwischen Arbeitnehmer und Arbeit sind.

Missverhältnis Person – Arbeit

Da Burnout an den Emotionen und am Verhalten von einzelnen Angestellten so deutlich erkennbar ist, wird es im Allgemeinen eher als „Problem der Menschen" denn als ein Problem des Berufsumfeldes gesehen.

Nach einer weit verbreiteten Ansicht sind Menschen, die an Burnout erkranken, schwach. Ihnen fehlt es an der körperlichen oder psychologischen Verfassung, die nötig wäre, um mit den Anforderungen des Arbeitsumfeldes fertig zu werden. Die Arbeitswelt ist ein erbarmungsloser Kampfplatz, auf dem nur die Stärksten überleben; und Burnout nimmt einem diese Überlebensfähigkeit.

Andere wiederum sehen Menschen, die von Burnout betroffen sind, als vernunftlos. Manche Menschen beklagen sich über alles; Burnout ist nur eine andere Form des Sich-Beklagens.

Für manche ist Burnout eine psychische Störung. Burnout wäre demnach einfach eine klinische Depression, bei welcher der Patient es gerade noch an den Arbeitsplatz schafft.

Oder Burnout ist einfach ein Symptom von familiären Schwierigkeiten. Eheprobleme oder Probleme mit Kindern setzen einem Menschen zu und verringern so seine Fähigkeit, effizient zu arbeiten.

Der Mensch wird verantwortlich gemacht

Eine weit verbreitete, aber unrichtige Sichtweise liegt all diesen Ansichten zugrunde: Burnout ist die Schuld des Menschen. Es erscheint logisch, dass die Menschen dieses Problem selber verursachen und so die alleinige Verantwortung dafür haben, die Dinge wieder ins Lot zu bringen. Vielleicht ist diese Sichtweise deshalb so weit verbreitet, weil die Menschen ihre Erfahrungen mit Burnout in ihren eigenen Worten beschreiben und eher nach persönlichen Lösungsansätzen suchen – beispielsweise suchen sie Hilfe bei der Lebensberatung oder ändern ihre Karrierepläne. Überdies, wenn Menschen sich distanziert und isoliert fühlen, bestätigt dies ihre Ansicht, dass Burnout ein Symptom ihrer eigenen Unzulänglichkeiten oder ihres Versagens ist. Psychiater, klinische Psychologen und Sozialarbeiter unterstützen diese Sichtweise, indem sie Burnout als psychische Störung sehen, die durch individuelle Behandlungsansätze gemindert werden kann.

Das Ausmaß, in dem die Menschen diese individuelle Sichtweise von Burnout annehmen, hängt oft davon ab, ob sie es selbst erfahren oder bei jemand anderem beobachten. Die Sichtweise einer von Burnout betroffenen Person entspricht nicht der eines Außenstehenden. Was würde beispielsweise ein Vorgesetzter über einen Angestellten, der unter Burnout leidet, berichten und wie würde im Vergleich dazu die Darstellung des Angestellten aussehen? Der Vorgesetzte stellt einen Leistungsabfall fest und nimmt an, dieser wäre auf Faulheit, einen Mangel an Motivation oder Inkompetenz zurückzuführen. Der Angestellte wiederum sieht nicht nur die Verschlechterung der Arbeitsleistung, sondern auch die emotionale Anspannung, die Konflikte und die Anforderungen, die dem Ganzen vorausgegangen sind; der Angestellte wird Burnout also mit größerer Wahrscheinlichkeit frustrierenden Erlebnissen und Arbeitsüberlastung zuschreiben. Diese unterschiedlichen Perspektiven können zu Fehlinterpretationen, Fehlern in der Kommunikation und noch mehr Konflikten führen.

Direkt Betroffene verbergen mitunter auch ihre Gefühle vor der Außenwelt, und dies vergrößert die Kluft zwischen den zwei Sichtweisen. Die Menschen behalten ihre Gefühle lieber für sich und machen sie zur Privatsache. Manchmal sind sie besorgt, dass diese Gefühle unpassend oder unqualifiziert sein könnten, beispielsweise, wenn sie einem Kunden gegenüber starke Emotionen haben. Oder sie könnten durch ihre Reaktionen in Verlegenheit kommen und sich darüber Sorgen machen, was die anderen von ihnen denken könnten. Dies ist beispielsweise der Fall, wenn ein Manager einen öffentlichen Schlagabtausch mit einem gereizten Kunden verliert. So entspricht das Bild, das die Menschen nach außen hin zeigen, nicht immer ihrem eigenen seelischen Zustand. Sie können ruhig und gefasst erscheinen, sogar wenn sie besorgt oder erregt sind, oder sie erscheinen vielleicht gefühllos und unpersönlich, wenn sie einfühlsam und besorgt sind. Aufgrund dieser Diskrepanz können die Menschen von der Außenwelt leicht falsch eingeschätzt werden.

Für ein Unternehmen bedeutet dies Folgendes: Wenn Burnout als persönliche Erfahrung wahrgenommen wird – als Ergebnis von problematischem Verhalten und geringer Leistungsfähigkeit –, wird es eher zum persönlichen Problem als zum strategischen Problem des Managements. Wenn Burnout als individuelles Problem angesehen wird, kann es durch die Angebote der Hilfseinrichtungen eines Unternehmens, die für betroffene Arbeitnehmer zur Verfügung stehen, wie psychologische Hilfe oder Stresstraining, behandelt werden. Wenn die Problematik des Burnout als eigenverantwortlich betrachtet wird, werden die Menschen für das Ausmaß ihrer Erkrankung verantwortlich gemacht.

Wir sind ebenfalls der Meinung, dass Menschen Burnout als persönliches Problem wahrnehmen und dass sie sich an dessen Vorbeugung und Linderung beteiligen müssen. Aber wir stimmen der Annahme, die Menschen wären für das Vorhandensein oder die Lösung die Alleinverantwortlichen, nicht zu. Weshalb wir denken, dass die individuelle Sichtweise falsch ist? Ihr grundlegender Fehler ist, dass nur die Person selbst gesehen wird, ohne auch die gesamte Lebenssituation zu betrachten. Unsere Forschung und Beratertätigkeit beweisen klar und deutlich, dass die Ursachen für Burnout weit über den Einzelnen hinaus – selbst bis in das Arbeitsumfeld hineinreichen. Burnout ergibt sich nicht aus einer genetischen Veranlagung zu einer missmutigen, depressiven Persönlichkeit oder einer allgemeinen Schwäche. Es wird nicht durch einen Mangel an Charakter oder Ehrgeiz hervorgerufen. Es ist keine Schwäche in der Persönlichkeit oder ein eigenes Krankheitsbild. Es ist ein berufliches Problem.

Die Situation verstehen

In Anbetracht der gegenwärtigen Krise am Arbeitsplatz erscheint es nicht weiter verwunderlich, dass sich auch die Menschen in einer persönlichen Krise befinden. Wie wir in Kapitel eins besprochen haben, treten störende Veränderungen des Arbeitsinhalts aufgrund des weltweiten Wettbewerbs, technologischer Innovationen, strafferer Kontrollsysteme und oft ungerechter Entschädigung auf. Folglich müssen sich die Unternehmen nach der Decke strecken, sind gezwungen die

Produktivität zu steigern, Abläufe neu zu konzeptionieren und die opportunistische Ausbeutung durch Menschen, die versuchen, schnell reich zu werden, zu überleben. Die Belastungen und Spannungen, die mit großen sozialen Veränderungen verbunden sind, müssen irgendwohin geleitet werden. Meistens münden diese in die Köpfe und Körper der Menschen. Die Personen nehmen diese Einflüsse auf und wandeln sie in physischen und psychologischen Stress um. Wir verstehen diesen Vorgang nicht im esoterischen Sinn. Wir sprechen nicht von den Feinheiten der Chaostheorie, die besagt, dass der Flügelschlag eines Schmetterlings irgendwo auf der Welt auf der anderen Seite des Globus Wirbelstürme auszulösen vermag. Wir sprechen hier von etwas viel leichter Fassbarem und Alltäglichem.

Unternehmen sind komplexe Systeme, die aus einer Vielzahl von Komponenten unterschiedlicher Größe und Beschaffenheit bestehen, die miteinander in Verbindung sind. Wenn auf diese nun Druck ausgeübt wird, reagieren sie darauf, indem sie die Größe und die Beziehungen zwischen diesen Komponenten neu anordnen. Diese Eingriffe bringen die Beziehung zur Arbeit, welche die Menschen innerhalb dieser Komponenten aufgestellt haben, durcheinander. Sie befinden sich nun in Unordnung. Nachdem also ein Unternehmen als solches das Problem gelöst hat, müssen die Systemkomponenten noch die jeweiligen Anpassungen vornehmen.

Nehmen wir zum Beispiel an, dass ein Unternehmen seine finanziellen Probleme bewältigt, indem es das Budget seiner Abteilungen verringert. Nun hat das Unternehmen zwar ein ausgeglichenes Budget, die Abteilungen hingegen müssen mit den Strapazen einer Budgetkürzung zurechtkommen. Wenn eine Abteilung auf ihr Budgetproblem reagiert, leitet sie die entstehende Belastung einfach zu seinen Systemkomponenten weiter – zu den Menschen, die dort arbeiten. Die ersten, die von dieser Belastung betroffen sind, sind die Manager, da sie mit dem Personalabbau oder Kürzungen ihres Budgets, die außerhalb ihres Einflussbereichs sind, umgehen müssen. Mittels größter Anstrengungen können Manager den entstandenen Schaden zwar in Grenzen halten, sie können aber ihre Angestellten nicht vollkommen vor den Konsequenzen schützen.

Julie und ihre Lehrerkollegen sind deutliche Beispiele dafür, wie einzelne Angestellte zu „Stoßdämpfern" für die Probleme von Unternehmen werden. Um mit seinen finanziellen Problemen fertig zu werden, musste der Schulbezirk das Budget für jede seiner Schulen kürzen. An Julies Schule musste sich der Direktor nun überlegen, wie man mit weniger Geld alle bestehenden Klassen unterrichten könnte. Einige Büroangestellte und der Hausmeister wurden nur mehr auf Teilzeitbasis beschäftigt, die Schülerzahlen pro Klasse wurden erhöht, einige Zeichen- und Musikstunden wurden aus dem Programm genommen, bei Fotokopien und Unterrichtsmaterialien kam es zu Einsparungen und außerschulische Aktivitäten wurden verringert. Alle Lehrer behielten ihre Posten, aber sie bekamen keine Lohnanpassungen, die den steigenden Lebenshaltungskosten entsprochen hätten.

Julie erfuhr, dass sie nun mehr Schüler in größeren Klassen unterrichtete und folglich jedem einzelnen Kind weniger Aufmerksamkeit schenken konnte. Sie bekam nicht mehr alle Unterrichtsmaterialien, die sie benötigte, außer wenn sie einen Teil davon aus der eigenen Tasche bezahlte. Zusätzlich zu ihrer Lehrtätigkeit musste sie Tätigkeiten im Büro und in der Hausverwaltung übernehmen. Sie wurde gebeten, sich freiwillig noch mehr an außerschulischen Aktivitäten zu beteiligen, damit diese für die Schüler weitergeführt werden könnten. Inzwischen war die Schule als Ganzes schmutziger geworden und hatte viel von dem einst so lebhaften Ort verloren.

So leiten Einsparungsmaßnahmen einen Prozess ein, mit dem die größeren Unternehmen ihre Probleme dadurch lösen, dass sie die den Abteilungen zur Verfügung stehenden Mittel kürzen und die Abteilungen geben die Probleme ihrerseits wieder an Einzelpersonen weiter. Sie versuchen, ihr vermindertes Budget auszugleichen, indem sie die Zahl der Angestellten reduzieren. Ein Teil der daraus resultierenden Belastungen trifft letztlich die Kunden, die länger auf Dienstleistungen warten müssen oder diese überhaupt nicht mehr bekommen. Ein noch größerer Teil der Belastungen wird an die Angestellten weitergegeben, besonders an diejenigen, die ihre Arbeitsplätze verlieren. Sie müssen jetzt umziehen, eine Umschulung machen und ihre persönlichen Finanzen der neuen Situation anpassen.

Aber auch diejenigen, die ihren Arbeitsplatz behalten, werden mit Belastungen konfrontiert. Sie machen sich über die Sicherheit ihrer Arbeitsplätze Sorgen. Sie stehen unter dem Druck, härter zu arbeiten, Aufträge schneller abzuwickeln, länger zu arbeiten. Es ist wichtig, dass die Arbeitsgruppe produktiv bleibt und jeder einzelne als wichtiger Beitragsfaktor zu ihrem Erfolg gesehen wird. Niemand will an erster Stelle in der nächste Einsparungsrunde sein, vor allem, wenn es in diesem Bereich allgemein wenig Arbeitsplätze gibt. In einer stagnierenden Wirtschaft, in der durch Einsparungsmaßnahmen Arbeitsplätze verloren gegangen sind, werden die Menschen mit größerer Wahrscheinlichkeit weiterhin in einem Arbeitsverhältnis bleiben, das ihren Erwartungen nicht entspricht, nur um zu überleben.

Ein Kaskadeneffekt

Menschen, die in direktem Kontakt mit den Kunden stehen, müssen zusätzlich mit dem Druck fertig werden, der durch die Beschwerden verärgerter Kunden entsteht.

Einsparungen im Dienstleistungsbereich und steigende Kosten werden schon in guten Zeiten nicht begrüßt und noch weniger in schlechten Zeiten. Folglich kommt es zu Ärgernissen und Konflikten. Dem Personal im Kundenservice fehlt es häufig an den nötigen Ressourcen wie Zeit und Energie, die notwendig wären, um eine für den Kunden und auch für das Personal akzeptable Arbeitsbeziehung herzustellen. Auf diese Weise bleibt der Konflikt bestehen und macht die Arbeit nur noch anstrengender.

Cindy ist Krankenschwester in einer öffentlichen Einrichtung für Senioren in Kanada. Ihr Arbeitspensum hat sich deutlich erhöht, als die Krankenhäuser in der Region dem Budgetdruck nachgaben, indem sie die Anzahl der Tage, die Patienten nach einer Behandlung im Krankenhaus verbringen konnten, verringert haben. Die Einrichtung, für die Cindy arbeitet, musste nun die weiterführenden Pflegeleistungen übernehmen, die von den Familien der Patienten nicht geleistet werden konnten. Das Krankenhaus verringerte somit seinen finanziellen Engpass, indem die Pflegekosten für einige Patienten auf die Hauskrankenpflegeeinrichtungen abgewälzt wurden. Aber obwohl die Einrichtung jetzt mit mehr Patienten fertig werden musste, gelang es nicht, zusätzliche Finanzmittel von den Behörden zu erhalten, welche ihrerseits die Kosten im Pflegebereich reduzieren wollten. Die Einrichtung wirkte den Belastungen, die durch die zusätzlichen Patienten entstanden, entgegen, indem das bisherige Arbeitspensum der Krankenschwestern erhöht wurde. Dies hatte zur Folge, dass Cindy und die anderen Krankenschwestern die Patienten seltener aufsuchten, die Aufenthalte bei den Patienten verkürzten und sich weniger um ihre Patienten kümmerten.

Jetzt kann Cindy nicht mehr das bieten, was sie als angemessene Pflege ansieht, aber sie will nicht kündigen, da sie ihre Patienten nicht im Stich lassen will. Der Unmut der Patienten angesichts des Leistungsabfalls wurde jedoch gegen Cindy und die anderen Krankenschwestern gerichtet und nicht gegen die Einrichtung, das Krankenhaus oder die Behörde. So hat sich ein Konflikt, der auf der breiten wirtschaftlichen und politischen Ebene begonnen hat, auf das persönliche Verhältnis zwischen Patient und Krankenschwester ausgewirkt. Cindy fühlt sich in einer misslichen Lage gefangen: Sie hat klare Wertvorstellungen über die Qualität der Pflege der Patienten, aber ihr fehlt es an Mitteln, diese Werte in die Praxis umzusetzen. Dieser Druck wirkt sich auf ihr Verhältnis zur Arbeit aus und steigert ihre Anfälligkeit für Burnout.

So also bewegen sich Konflikte wellenförmig von der breiten politischen und wirtschaftlichen Ebene über die regionalen Einrichtungen zu einer lokalen Organisation und letztlich zu Einzelpersonen. Die Schritte, die unternommen werden, um ein Problem auf einer Ebene zu lösen, werden auf der nächsten, tiefer liegenden Ebene wieder zur Ursache von Problemen. So führt eine erneute Angleichung von globalen Wirtschaftsmustern zu Belastungen, die immer wieder weitergegeben werden. Diese Spannungen enden beim Personal im Kundenservice, dessen Möglichkeiten für Anpassung beschränkt sind – und die so ein höheres Risiko für Burnout haben.

Die Moral der Geschichte ist, dass die Arbeitssituation der Hauptgrund für das Entstehen von Burnout ist, obwohl es die einzelne Person ist, die an Burnout erkrankt. Genauer gesagt bewirkt ein Missverhältnis zwischen Mensch und Arbeit Burnout, und gerade jetzt, aufgrund der derzeitigen Krise am Arbeitsplatz, befinden sich viele Menschen in so einem Missverhältnis. Wie wir gesehen haben, sind die sechs Missverhältnisse zwischen Mensch und Arbeit die Schlüsselursachen von Burnout. Werfen wir daher in Kapitel drei einen genaueren Blick auf diese Faktoren.

3

Was sind die Ursachen für Burnout?

Im vorhergehenden Kapitel haben wir uns damit beschäftigt, wie sich die von Burnout betroffenen Menschen fühlen, was in ihnen vorgeht. Als Nächstes werden wir uns die Frage stellen, was nun wirklich die Ursachen von Burnout sind. Wie wir gesehen haben, liegen die Ursachen für Burnout mehr im Arbeitsumfeld als beim einzelnen Menschen. Genauer ausgedrückt lassen sich die Ursachen dafür auf die sechs Missverhältnisse zwischen Mensch und Arbeit zurückführen, wie bereits in Kapitel eins beschrieben: Arbeitsüberlastung, Mangel an Kontrolle, unzureichende Belohnung, ein Zusammenbruch der Gemeinschaft, ein Fehlen an Fairness und widersprüchliche Werte. Je mehr wir uns mit Burnout beschäftigen, je mehr wir mit involvierten Managern sprechen und je mehr wir Arbeitnehmer in Krisensituationen interviewen, desto deutlicher können wir die Auswirkungen dieser sechs Missverhältnisse auf das Wohlbefinden der Menschen erkennen. Versuchen wir also, ein tieferes Verständnis dafür zu erlangen, was in diesen sechs Bereichen eigentlich vor sich geht.

Arbeitsüberlastung

Der jeweilige Arbeitsumfang ist eine Schlüsselgröße eines Unternehmens. Aus der Sichtweise eines Unternehmens wird der Arbeitsumfang mit Produktivität gleichgesetzt. Aus der Sichtweise einer Einzelperson bedeutet der Arbeitsumfang, dass Zeit und Energie eingesetzt werden müssen. Zwischen diesen zwei Sichtweisen einen Kompromiss zu finden und damit ein Gleichgewicht im Verhältnis zur Arbeit zu ermöglichen, stellt eine grundlegende Herausforderung dar. Größere Umbruchsphasen in einem Unternehmen, die von Einsparungen und Restrukturierung gekennzeichnet sind, machen sich zuerst und überwiegend durch eine Steigerung des Arbeitsumfangs bemerkbar. In ihrem Ringen um gesteigerte Produktivität verlangen die Unternehmen den Menschen mehr ab, als diese verkraften können.

Der Arbeitsumfang bestimmt, wie viel und was man arbeitet. Die derzeitige Krise am Arbeitsplatz wirkt sich auf den Arbeitsumfang in dreierlei Hinsicht aus: die Arbeit wird intensiver, sie erfordert mehr Zeit und ist komplexer. Es überrascht daher nicht, dass eine Entspannung der Situation eher schwer möglich ist.

Die Arbeit ist intensiver

Einsparungen und andere Maßnahmen zur Produktivitätssteigerung führen dazu, dass weniger Menschen mehr Arbeit erledigen müssen. Lehrer sind mit einer größeren Zahl von Schuleinschreibungen konfrontiert, Krankenschwestern sind für mehr Patienten verantwortlich und Bankangestellte müssen mehr Transaktionen bearbeiten. Im Idealfall können Menschen, wenn sie effektiver – aber nicht notwendigerweise mehr – arbeiten, mit weniger Einsatz mehr erreichen. Durch bessere Planung, koordinierte Arbeitsabläufe und weniger Leerlauf können Unternehmen erreichen, dass mit einer geringeren Anzahl an Arbeitskräften eine größere Produktivität erzielt wird. Diese Vorgabe wird jedoch selten erreicht. Eine Steigerung der Produktivität wird häufiger dadurch erreicht, dass Arbeitnehmer mehr und länger arbeiten und nicht weil es ein intelligentes Management gibt. Eine Steigerung der Produktivität geht auf Kosten des Personals, da dieses mehr Einsatz bringen muss. Es ist aber wichtig zu bedenken, dass diese übermäßige Beanspruchung eine zeitlich begrenzte menschliche Leistung ist.

Es ist schwer, am Arbeitsplatz Entspannung zu finden. Ruhige Momente zwischen den einzelnen Arbeiten gibt es nicht mehr. Jede zu erledigende Aufgabe mündet ohne Pause in die nächste. Es gibt keine Zeit, um zwischendurch Atem zu holen. Die Unternehmen scheinen die Theorie zu testen, nach der Menschen unentwegt auf Hochtouren arbeiten können. Aber ohne ausreichend Zeit für Erholung zu haben, verstärkt sich bei den Menschen der Eindruck, dass sich ihr Erschöpfungszustand nur noch vergrößert. Zusätzliche Anforderungen wären durchaus erledigbar, wenn mehr Ressourcen zur Verfügung gestellt würden; zusätzliche Unterstützung oder Ausrüstung kann aus erhöhter Anforderung sogar oft eine Herausforderung werden lassen. Aber stattdessen endet das derzeitige Ringen eines Unternehmens ums Überleben oft in einer Kürzung der Ressourcen.

Darüber hinaus ist es auch schwer, außerhalb des Arbeitsumfeldes Entspannung zu finden. Die Menschen sind in jedem Lebensbereich mehr gefordert als jemals zuvor: Kinder, betagte Eltern, Wohnung und andere Verpflichtungen füllen einen Großteil des Tages aus. Gleichzeitig ist weniger Geld vorhanden, um den Weg zu ebnen. In den späten 70er und 80er Jahren reagierten Familien auf finanzielle Engpässe, indem sie mehr arbeiteten. Natürlich wurde ein Großteil dieses Zusatzeinkommens von den Kosten eines Haushaltes, die dadurch entstanden, dass beide Partner arbeiteten, verschlungen: Kinderbetreuung, ein zweites Auto, Kleidung und Reisen. In den 90er Jahren ist sogar die Vorstellung eines höheren Einkommens für die meisten Menschen illusorisch. Da bereits beide Partner arbeiten, kann niemand mehr zusätzlich in den Arbeitskampf geschickt werden; gleichzeitig sinkt das Familieneinkommen. Weniger Geld bedingt, dass auch in die Arbeit daheim mehr Zeit investiert werden muss, damit alles wie bisher reibungslos läuft. Es gibt weniger Urlaub und mehr Sorgen. Die Menschen erholen sich nicht, wenn sie von der Arbeit heimkommen; die Anforderungen werden nur noch mehr.

Linda ist Vizepräsidentin eines großen Unternehmens. Der Vorstand hat kürzlich den Zusammenschluss mit einem anderen Unternehmen angekündigt und einen neuen CEO ernannt. Lindas Tage waren plötzlich mit einer endlosen Zahl von Meetings bei beiden Unternehmen ausgefüllt, um die Fusion erfolgreich durchführen zu können. Während dieser Phase stellt das Unternehmen aber weiterhin seine Dienstleistungen zur Verfügung. Alle ihre bisherigen Verpflichtungen bleiben weiter bestehen, während sie den größten Teil ihrer Zeit zusätzlich der Übernahme widmet. So quetscht sie mehr Termine mit mehr Leuten in einen Arbeitstag, der natürlich auch zeitlich begrenzt ist. Sie weitet die zur Verfügung stehende Zeit mit Terminen, die bald in der Früh angesetzt werden, und Abenden im Büro aus. Aber sie muss auch noch ihre Töchter in die Schule bringen, sie zum Schwimmen fahren und bei den Mathematikaufgaben helfen.

Als sie an einem Samstag ins Büro fährt, kommt sie an einem Plakat vorbei, auf dem steht: „Von der Arbeiterbewegung: Die Menschen, die Ihnen das Wochenende brachten", und sie fragt sich einen Moment lang, ob es wirklich so erstrebenswert ist, eine Managementposition zu haben. Sie versucht einfach, alles schneller zu erledigen, hetzt von einem Meeting zum nächsten. Die Belegschaft ist besorgt über die Zukunft ihrer Arbeitsplätze. Und Linda selbst ist bewusst, dass sie, sobald die Übernahme abgeschlossen ist, um ihre Position mit ihrem Gegenspieler im anderen Unternehmen kampfen wird müssen.

Die Arbeit nimmt mehr Zeit in Anspruch

Die sich verlängernde Arbeitswoche ist erschöpfend. Über Jahrzehnte hinweg haben sich Gewerkschaften erfolgreich für kürzere Arbeitswochen eingesetzt, aber diese Errungenschaften sind dabei, wieder zu verschwinden. Menschen in qualifizierten Berufen und in Managementpositionen mit Kundenkontakt arbeiten länger, sind aber immer noch nicht fähig, mit den gesteigerten Anforderungen fertig zu werden. Sie kommen zu Frühstücksmeetings – zu denen sie meistens noch die eigenen Brötchen mitnehmen müssen –, essen Sandwiches vor ihrem Computer und arbeiten bis in den Abend hinein. Sie arbeiten daheim an ihren Computern, um sich auf den nächsten Tag vorzubereiten. Mehr Arbeit wird erledigt, aber dies hat einen hohen Preis. Solche langen, intensiven Arbeitstage sind kräfteraubend. Die Menschen geben ihre Freizeit und persönlichen Verpflichtungen auf, um dem Unternehmen zu helfen, produktiver dazustehen. Aber die Produktivitätszuwächse sind unrealistisch und nur vorübergehend.

Die Arbeit ist komplexer

Mit dem Übernehmen von mehreren Funktionen gleichzeitig, dem so genannten „multitasking", wird die Arbeit für die Menschen noch komplexer. Für den Kassierer eines Buffets an einer Universität beispielsweise reichte es bisher aus, von den Gästen das Geld zu kassieren; jetzt beinhaltet diese Position auch, Kaffee zuzubereiten, die Räume zu putzen und die Inventur zu machen. Weil ein Hauptziel des Personalabbaus der Bereich des mittleren Managements war, wurde die frühere Arbeit eines Managers in diesem Bereich auf das gesamte Unternehmen aufgeteilt, wodurch jeder Arbeitnehmer nun mehr Arbeitsbereiche hat, mehr Anrufe erledigen und zu mehr Meetings gehen muss. Dieser Trend wird besonders im öffentlichen Dienstleistungssektor deutlich. Lehrer, Krankenschwestern, Professoren und Polizeibeamte verbringen nun mehr Zeit mit der Erledigung von eher lästigem Bürokram.

Die Arbeit führt zu Erschöpfung durch Überlastung

Erschöpfung – der Emotionen, der Kreativität oder des Körpers – beeinträchtigt die Effizienz, die Gesundheit und das Wohlbefinden. Wenn wir Menschen zum Thema Erschöpfung befragen, dann erkennen wir, dass diese eindeutig frustriert sind, weil sie das, was ihnen wirklich wichtig ist, nicht erledigen können. Es erfordert Energie, ganz einfach nur den Tag zu überstehen. Es braucht bedeutend mehr Energie, kreativ und konzentriert zu arbeiten, komplizierte Probleme zu lösen und die Menschen über den eigenen Beitrag bei gemeinsamen Projekten auf dem Laufenden zu halten. Es braucht Energie, sich anderen Menschen mit direkter Aufmerksamkeit und Respekt zu nähern; Erschöpfung untergräbt die Fähigkeit, mit Gefühl zu arbeiten. Einbrüche in der Beziehung zur Arbeit erhöhen diese Anstrengungen noch, da der Einzelne seiner Beschäftigungssituation mehr Aufmerksamkeit schenkt als seinen Arbeitsaufgaben. Da man nichts als sicher gegeben annehmen kann, muss man mehr der eigenen kostbaren Energie darauf verwenden, sich mit den Problemen im Unternehmen auseinander zu setzen. Sich mit Personalabbau- und Restrukturierungsmaßnahmen befassen zu müssen, erschöpft.

Menschen, die die Erschöpfungszustände von Burnout erleben, berichten von chronischen Gesundheitsproblemen: Schlaflosigkeit, Spannungszustände, Kopfschmerzen, Bluthochdruck, Magengeschwüren und eine höhere Anfälligkeit für Erkältungen und Grippe. Es ist ihnen unmöglich, sich wirklich entspannt oder erholt zu fühlen. Gesundheitliche Probleme fördern das Entstehen von Erschöpfungszuständen, wenn man weiter arbeitet, obwohl man sich schlecht fühlt. Die Arbeit laugt aus, aber man kann es sich trotzdem nicht leisten, daheim zu bleiben, weil man ja ein Pflichtgefühl und eine moralische Verpflichtung den Mitarbeitern gegenüber hat oder weil man einfach Angst haben muss, ersetzt zu werden. Wie wir in Kapitel zwei festgehalten haben, ist Energie eine grundlegende Voraussetzung für Engagement. Wenn man nicht entschlossen und bereit ist, konstant die eigene Energie aufrechtzuerhalten, wird man kein ausgewogenes Verhältnis zur Arbeit herstellen können. Um Erschöpfung zu vermeiden, muss man fähig sein, Kontrolle über kritische Aspekte in der Arbeit zu haben.

Mangel an Kontrolle

Die Fähigkeit, bei der täglich anfallenden Arbeit Prioritäten zu setzen, die richtige Herangehensweise für die einzelnen Arbeitsabläufe zu wählen und Entscheidungen über den Einsatz von Ressourcen zu treffen, ist ein Merkmal für Professionalität. Richtlinien, die diese Fähigkeit beschneiden, verringern die individuelle Autonomie und das Engagement bei der Arbeit. Wenn Menschen wichtige Aspekte ihrer Arbeit nicht kontrollieren können, werden sie abgehalten, auf auftretende Probleme einzugehen. Es geht dabei nicht darum, ob sie fähig oder gewillt sind, zu handeln, sondern eher darum, ob das Unternehmen ein kreatives Herangehen an ein Problem, das von den vorgegebenen zentralisierten Kontrollstrukturen abweicht, toleriert. Ohne die Möglichkeit, relevante Entscheidungen zu treffen, verschwenden Menschen ihre Zeit damit, Dinge zu tun, die die Erledigung der eigentlichen Arbeit verzögern. Bei fehlender Kontrollmöglichkeit über die Arbeit können sie ihre Interessen mit denen des Unternehmens nicht vereinbaren. Sie verlieren das Interesse an ihrer Arbeit, wenn sie den Eindruck haben, dass sie ohnehin nichts bewirken können.

James ist ein Bankmanager, der versucht, Geld für eine mögliche Frühpension beiseite zu legen, ehe Burnout ihn vollkommen auslaugt. Obwohl er sich in seiner Position sicher fühlt, ist er dauernd frustriert über das, was er als mangelnde Kontrolle über wichtige Aspekte seiner Arbeit empfindet. Die Regeln und Richtlinien ermöglichen es ihm nicht, die Arbeit sinnvoll zu erledigen. Er hat keine Kontrolle über die erforderlichen Mittel für das Umsetzen neuer Projekte. Sein Vorgesetzter versucht, seine Entscheidungen vorauszuahnen und nimmt James somit auch noch das geringe Maß an Kontrolle, das er hatte. Auf einer höheren Ebene beschneidet das zentrale Management weitere Kontrollmöglichkeiten, indem es Richtlinien aufstellt, die in vollkommenem Widerspruch zu den tatsächlichen Arbeitsabläufen einer Bank stehen. Das Human-Resource-Management wird ständig durch die Anweisungen der Gewerkschaften und die Vorschriften der Regierung behindert. James erkennt nicht genügend Kontrollmöglichkeit, um einen Sinn in seiner Arbeit zu sehen, die notwendigen Mittel beschaffen zu können und eine Strategie zu implementieren. Seine Initiative wird durch die Kontrollinstanzen des Unternehmens abgewürgt. Früher einmal hat das Unternehmen als Gegenleistung zumindest Sicherheit garantiert, aber auch diese magere Kompensation gibt es nicht mehr. Jetzt mischt sich das Unternehmen nur noch ein.

Wie viel Kontrolle?

Kontrolle ist ein relativer Begriff. Niemand in einem Unternehmen hat vollkommene Kontrolle. CEOs können sich glücklich schätzen, wenn sie über einen kleinen Teilbereich eines Unternehmens tatsächlich Kontrolle haben, und dabei haben CEOs mehr Kontrollgewalt als die meisten Menschen. Weshalb ist es so schwierig, Kontrolle über seine Arbeit auszuüben?

Erstens erfordert fast alles, was man in einem Unternehmen macht, die Zusammenarbeit mit anderen Menschen, von denen jeder Kontrolle über seine Arbeit ausüben will. So teilt sich die Kontrolle in einem Unternehmen auf. Die Autonomie einer Person endet dort, wo die einer anderen beginnt. Zweitens ist die interessanteste Arbeit zweifellos jene, bei der man mit Unvorhersehbarem konfrontiert ist. Ein wichtiger Aspekt in der Herausforderung, ein neues Produkt zu entwickeln, ist, mit den unerwarteten Problemen fertig zu werden, die sich auf dem Weg der Umsetzung ergeben. Wenn Projektmanagement vollkommen voraussehbar und kontrollierbar wäre, dann wäre es keine Herausforderung. Einseitige Kontrolle über jeden Aspekt der Arbeit ist keine vernünftige Zielsetzung. Dies ist ganz und gar nicht erstrebenswert: absolute Kontrolle war einem charmanten Persönlichkeitsbild noch nie zuträglich. Es gibt jedoch eine Grenze, die angibt, mit wie wenig Kontrolle Menschen trotzdem ein produktives Verhältnis zu ihrer Arbeit behalten können. Wenn sie keine Kontrolle über wichtige Aspekte ihrer Arbeit haben – egal ob diese Kontrolle nun durch einen allein oder zusammen mit anderen ausgeübt wird –, sind Menschen anfällig für die für Burnout typischen Anzeichen wie Erschöpfungszustände, Zynismus und Ineffizienz.

Die Last des Mikromanagements

Mikromanagement ist das Gegenteil des unteren Managements. Anstatt den Arbeitnehmern die Möglichkeit zu geben, bei ihrer Arbeit Verantwortung für ihren Bereich zu übernehmen, wird in einem durch Mikromanagement geführten Unternehmen die Kontrolle zentral durch detaillierte Richtlinien ausgeübt. Es verringert das Spektrum von Möglichkeiten zur Problemlösung, die der Belegschaft zur Verfügung stehen und es überprüft Entscheidungen vor deren Implementierung.

Arbeitnehmer interpretieren Mikromanagement meist als Mangel an Vertrauen, weil ihnen durch derartige Richtlinien die Chance genommen wird, ihre qualifizierte Meinung abzugeben. Es kann tatsächlich so sein, dass das zentrale Management den Angestellten nicht vertraut, aber dies muss nicht unbedingt der Fall sein. Viel wahrscheinlicher ist, dass das Management sehr um die Kontrolle der Kosten besorgt ist und hofft, zentrale Werte im Unternehmen wiederherzustellen, oder unter dem Druck steht, kurzfristig Ergebnisse vorweisen zu müssen. Einen bestimmten Managementstil als Mikromanagement zu bezeichnen, ist in gewisser Weise die Fällung eines Urteils. Diejenigen, die Mikromanagement betreiben, rücken ihre Bemühungen meist in ein positives Licht: sie argumentieren, dass es erforderlich ist, Kontrollorgane im Unternehmen zu implementieren oder Leitlinien vorzugeben.

Eine Alternative zu Mikromanagement stellt ein effektives Belohnungssystem dar. Unternehmen können eine aktive Zusammenarbeit unter den Mitarbeitern erreichen, wenn sie diesen ihre Werte vermitteln und bestimmte Aktivitäten fördern, indem die Beiträge der Mitarbeiter anerkannt und belohnt werden.

Unzureichende Belohnung

Die derzeitige Krise in der Arbeitswelt nimmt den Unternehmen die Möglichkeit, Menschen entsprechend zu belohnen. Die Menschen hoffen, dass ihre Arbeit ihnen eine materielle Belohnung in Form von Geld, Prestige und Sicherheit bringt, aber in letzter Zeit erhält man für geleistete Arbeit immer weniger dieser Belohnungen, obwohl die Menschen sogar noch mehr arbeiten. Der Verlust intrinsischer Belohnung für eine erbrachte Arbeit, deren Erledigung Freude gemacht hat, trägt noch mehr zum Entstehen von Burnout bei – ebenso der Verlust der Möglichkeit, sich mit Kollegen, die man respektiert, Fachkenntnis anzueignen. Der gleichzeitige Verlust von extrinsischen und intrinsischen Belohnungen schmälert die Eigenschaft der Arbeit, eine Herausforderung darzustellen.

Weniger für mehr bekommen

Geld ist ein knappes Gut, besonders in Unternehmen, die großen Restrukturierungsprozessen unterworfen sind. Unternehmen konfrontieren Arbeitnehmer mit Gehaltskürzungen, um angesichts des Wettbewerbs konkurrenzfähig zu bleiben. Die Unternehmen verwenden das Argument, Arbeitsplätze in Entwicklungsländer zu verlagern – wo die Gehälter nur einen Bruchteil ausmachen –, als effektives Druckmittel bei Lohnverhandlungen. Zusätzlich zu den Gehaltskürzungen streichen die Unternehmen viele ihrer Sozialleistungen. Ein großer Prozentsatz der Arbeitsplätze wird auf Teilzeit- oder Werkvertragsbasis gestaltet, um so insgesamt die Zahlung von Sozialleistungen umgehen zu können. Wenn dennoch solche Leistungen gewährt werden, dann wird beim größten Kostenfaktor, der Krankenversicherung, gespart, und diese durch die Vorgaben des durch die Versicherungsgesellschaften festgelegten Gesundheitsplans, der Managed Care, ersetzt. Diese Vorsorgepläne können ein ausgezeichnetes Leistungsangebot bieten, sind aber selbst ständig der Gefahr ausgesetzt, von Einsparungsmaßnahmen betroffen zu werden. Darüber hinaus sind diese scheinbaren Kosteneinsparungen oft nur eine Verlagerung der Verantwortung vom Arbeitgeber hin zum Einzelnen. Diese Vorsorgepläne mögen zwar den Arbeitgeber weniger kosten, doch es entstehen zusätzliche Kosten für die betroffenen Personen. Die Einsparungen des Unternehmens werden auf die Kosten des Einzelnen abgewälzt. Wenn mehrere solcher Faktoren aufeinander treffen, stören sie das Gleichgewicht von Belohnung und der Bereitschaft, Beiträge zu leisten, zwischen dem Unternehmen und seinen Arbeitnehmern.

Angestellte des öffentlichen Dienstes in den USA waren von der Einfrierung und Kürzung der Gehälter betroffen. Die Regierung hat Gesetze zur Aussetzung von Tarifvereinbarungen erlassen, um die Budgetausgaben unter Kontrolle zu bringen. Gehaltskürzungen wurden vorgenommen, Vorrückungen ausgesetzt und eine Anti-Streik-Gesetzgebung angewandt, um Streiks im öffentlichen Sektor zu verhindern. Die Streichung von Stellen im gesamten öffentlichen Sektor nimmt vielen die Möglichkeit, anderswo eine besser bezahlte Arbeit zu finden. Eine Erhöhung des Arbeitspensums lässt die Gehaltskürzungen noch unerträglicher erscheinen, zumal die Menschen wenig Chancen haben, von diesen sie nicht erfüllenden Arbeitsplätzen wegzukommen. Statt kontinuierlicher Gehaltssteigerungen im Laufe ihrer Karriere sind die Menschen sowohl im öffentlichen als auch im privaten Sektor mit finanzieller Stagnation oder sogar Verlusten konfrontiert.

Selbst wenn die Löhne nicht gekürzt werden, verringert sich dennoch die Kaufkraft durch das rasche Ansteigen der direkten und indirekten Steuern. Seit 1983 sind die Beiträge für Sozialversicherung in den Vereinigten Staaten und Kanada überproportional stark angestiegen, da die staatlichen Pensionssysteme angesichts der immer älter werdenden Bevölkerung unzureichende Finanzmittel erhielten. In den späten 80er und frühen 90er Jahren wurden die Verbrauchersteuern für Alkohol, Tabak und Benzin empfindlich angehoben, um so mehr Einnahmen zu erzielen. Der Standpunkt „Wer verbraucht, der bezahlt" wurde zu einer bedeutenden Einnahmequelle für die Regierungsbehörden. Eine Vielzahl von Behörden hat Gebühren für Dienstleistungen eingeführt, die unentgeltlich waren: Bewerbungsformulare, Campingplätze in Nationalparks, der Eintritt in Kunstgalerien. Auch Universitäten und Krankenhäuser heben ihre Gebühren stark an und reagieren damit auf die geringere Unterstützung von Bund, Land und Gemeinde. Eine eher unwirtschaftliche Steuer ist die 1990 in den USA eingeführte jährlich fällige Küstenwachesteuer für Ausflugsboote, die $ 25 bis $ 100 ausmachen kann. Die Kanadier weigerten sich bis 1996 diese Steuer einzuführen. In den USA hatte die Clinton-Regierung die regressive Besteuerung, die aus den Amtsperioden von Bush und Reagan stammte, abgelehnt, während in Kanada die liberale Regierung unter Chretien ähnliche Vorgaben der Mulroney-Regierung missbilligte. Aber die meisten dieser Gebühren wurden dennoch beibehalten. Die Regierungen benötigten eben doch dieses Geld. Die unmittelbare Auswirkung dieser neuen Steuern und Gebühren ist eine Reduzierung der Kaufkraft des Lohnes. Zur gleichen Zeit ist der durchschnittliche Steuerzahler in einem stärkeren Maß dem Risiko einer Steuerprüfung ausgesetzt, da die Einkommenssteuerbehörden nun die Steuerschlupflöcher der Mittelschicht strenger kontrollieren, wie z. B. Kinderbetreuung und den Arbeitsplatz zu Hause. Der Lebensstandard der Arbeitnehmer sinkt, obwohl sie härter und in einem stressigeren, unsicheren Umfeld arbeiten.

Gleichzeitig hat sich die Möglichkeit einer zweiten materiellen Belohnung durch Arbeit verringert: Es gibt weniger Chancen für einen Karrieresprung. Gerade zu dem Zeitpunkt, zu dem Positionen im administrativen Bereich für die heranreifende Baby-Boomer-Generation interessant werden, haben ausgedünnte Organisationsstrukturen dazu geführt, dass weniger Positionen für zur Beförderung vorgesehene Personen vorhanden sind.

Abgeflachte Hierarchien bedingen tatsächlich oft die Übernahme von Managementtätigkeiten, ohne dafür einen Zusatzverdienst zu erhalten; durch den Abbau der Positionen im mittleren Management werden viele dieser administrativen Aufgaben an untere Positionen vergeben. So werden die Aufgaben von Arbeitnehmern erledigt, ohne dass diese die Belohnung in Form einer besseren Position im Unternehmen erhalten.

Eine dritte materielle Belohnung, die verloren geht, ist die Sicherheit des Arbeitsplatzes. Anstatt langjährige Loyalität zum Unternehmen mit einer sicheren Vertrauensstelle zu belohnen, bauen die Unternehmen ihre moralische Verpflichtung gegenüber diesen Mitarbeitern ab. Die Sicherheit des Arbeitsplatzes ist schon an sich eine Belohnung, aber auch ein Mittel, das andere Belohnungen bedingt. Beispielsweise ist das Gehaltsschema so strukturiert, dass Menschen mit geringer Bezahlung am Anfang der Karriere bis zum Ende ihrer Erwerbstätigkeit durch Beförderung eine weitaus höhere Gehaltsstufe erreichen können. Das ist die Idee des Karriereprofils: Der hohe Lohn am Ende entschädigt für die geringe Bezahlung am Anfang. Wenn aber Karrieren plötzlich teilweise durch Einsparungsmaßnahmen, Entlassung oder erzwungener Frühpension jäh beendet werden, wird die Gesamtvergütung deutlich geschmälert. Sowohl ein stetiges Aufsteigen in den Gehaltsstufen, verteilt über die gesamte Karriere, als auch die Sicherheit des Arbeitsplatzes geht verloren.

Die Freude an der Arbeit verlieren

Ein tief greifenderes Problem hinsichtlich der Belohnung ist der Verlust von intrinsischer Befriedigung. Menschen, die in dem, was sie tun, gut sind, haben auch Freude am Arbeitsablauf an sich. Dies bewirkt ein angenehmes Zusammenspiel von Wertschätzung und Energie, das eine Art Kontinuität bildet. Derart motivierte Menschen reagieren auf eine komplexe Situation wie etwa das Problem eines Kunden, einer diagnostischen Frage oder einer technischen Herausforderung mit Einsatz ihrer Fähigkeiten und Erfahrung und gehen so mit kreativer Initiative an das Problem heran. Und genau darum geht es bei der Arbeit. Diesen Bewusstseinszustand als Individuum oder als Team zu erreichen, ist wohl die effektivste Belohnung für Arbeit. Die wichtigste Aufgabe des Managements ist, die Rahmenbedingungen für einen solchen Arbeitsablauf zu schaffen und zur gleichen Zeit den Unternehmenszweck zu verfolgen.

Veränderungen in den Aspekten der Arbeit kollidieren zunehmend mit dieser Erkenntnis. Arbeitsüberlastung hält Menschen davon ab, sich ausreichend damit auseinander zu setzen. Eine zentralisierte Kontrolle untergräbt ihre Fähigkeit, bestmöglich an die Arbeit heranzugehen. Dieses Kräftespiel und der entstehende Druck führen zur Auflösung von Arbeitsgruppen: Teams mit zu geringer Mitgliederzahl, die noch dazu dauernd ausgetauscht werden, erschweren die Kontinuität der Arbeit.

Folglich ist das Arbeitsumfeld nun polarisiert. Engagierte, qualifizierte Arbeitnehmer haben den Eindruck, dass sie trotz dieses Managements gute Arbeit leisten und nicht durch dessen Unterstützung. Früher einmal war das Management für diese Menschen eine wichtige Anlaufstelle für Hilfestellungen, wenn es beispielsweise darum ging, sich mit den Forderungen der Kunden zu befassen. Die Sicherheit des Arbeitsplatzes und entsprechende Entfaltungsmöglichkeiten sowohl im öffentlichen als auch im privaten Sektor gaben ihnen das Gefühl, dass ihre Arbeit zu bewältigen sei und ihnen Freude macht. Mit dem Abbau dieser Unterstützung findet sich das Personal im Kundenservice häufig in einer Auseinandersetzung mit dem Management. So sind sie mit den Kunden einer Meinung, dass wichtige Dienstleistungen nicht mehr angeboten werden, weil eine der Managementstrategien die Reduzierung der Kosten ist. Das Management verursacht so nun eher Probleme als Lösungen. So können Unternehmen auf Dauer nicht geführt werden. Ein solches Umfeld trägt ebenfalls zu Erschöpfung, Zynismus und einem Mangel an Effektivität bei, die Burnout charakterisieren.

Das Fehlen von Belohnungen ist nicht nur eine Folge eines knappen Budgets. Bei Geldknappheit legen die Menschen in der Beurteilung ihrer Arbeit noch mehr Wert auf Belohnung, was sowohl bei den Mitarbeitern als auch bei der Unternehmensleitung eine noch materialistischere Einstellung bewirkt. Diese Sichtweise ist falsch. Ehrgeizige Menschen in leistungsstarken Unternehmen konzentrieren sich auf die Arbeit und nicht auf die Möglichkeit, dadurch materiellen Gewinn zu erzielen. Das langfristige Potential eines Unternehmens, seine Fähigkeit, aufrichtig um das Wohl der Kunden bemüht zu sein, und sein Bekenntnis zu einem ethischen Vorgehen in der Abwicklung von Geschäften werden beeinträchtigt, wenn ein Einzelner oder das Unternehmen den Schwerpunkt auf Gewinnmaximierung legt. Da die Arbeit immer anstrengender wird, weniger Spaß macht und auch weniger Belohnung vermittelt, haben die Menschen letztendlich weniger qualifizierte Zeit für ihre Arbeitskollegen, und am Arbeitsplatz wird immer weniger Gemeinschaftsgefühl entstehen.

Der Zusammenbruch der Gemeinschaft

Die vierte Auswirkung der derzeitigen Krise ist der Zusammenbruch der Gemeinschaft am Arbeitsplatz. Die Gemeinschaft wird untergraben durch den Verlust der Sicherheit des Arbeitsplatzes und die fast ausschließliche Konzentration auf kurzfristige Profiterreichung, die

die menschliche Komponente außer Acht lässt. Einerseits zerstört diese Atmosphäre die persönlichen Beziehungen, die grundlegende Bestandteile der Gemeinschaft in einem Unternehmen sind. Andererseits untergräbt es die Teamarbeit, die von zunehmender Bedeutung in der Produktion, in der Informationsverarbeitung und im Dienstleistungssektor einer Wirtschaft ist. Der Verlust der Gemeinschaft ist gekennzeichnet durch wachsende Konflikte zwischen den Menschen, einem Nachlassen von gegenseitiger Unterstützung und Respekt und einer steigenden Tendenz zur Isolation. Das Zusammengehörigkeitsgefühl schwindet, wenn Menschen getrennt voneinander anstatt miteinander arbeiten.

Die Spaltung persönlicher Beziehungen

Das Leben in einem Unternehmen reduziert sich auf Kontakten unter Menschen. Die tagtäglichen Beziehungen zu Menschen innerhalb der eigenen Arbeitsgruppe prägen die persönliche Erfahrung mit einem Unternehmen. Ganz egal wie einseitig, langweilig oder absehbar eine Arbeit erscheinen mag, die Kontakte mit anderen Menschen sind einzigartig: Niemand sonst diskutiert dieselben Angelegenheiten mit denselben Menschen oder hat die gleichen Gefühle wie man selbst. Darüber hinaus ist das soziale Umfeld am Arbeitsplatz eine Welt, die sich bewegt und die Gedanken und Gefühle beeinflusst. Im Gespräch mit anderen über die Arbeit, Persönliches oder Ereignisse in der Welt schafft man gemeinsame Inhalte über diese Vorkommnisse. Die persönlichen Beziehungen am Arbeitsplatz werden Teil der eigenen Person.

Wenn es keine Sicherheit bezüglich des Arbeitsplatzes gibt, zerfallen die engen persönlichen Bindungen, die die Grundelemente einer Gemeinschaft ausmachen. Wenn Unternehmen die Verpflichtungen den Arbeitnehmer gegenüber verringern, fällt es auch den Arbeitnehmern schwerer, sich gegenseitig umeinander zu bemühen. Sie wollen sich nicht ernsthaft mit dem Leben anderer Menschen auseinander setzen, da diese vielleicht auch nur kurz im Unternehmen beschäftigt sein könnten und so kaum zu einem Teil der Gemeinschaft werden. Zeitlich begrenzte Arbeitsverträge sprechen nur einen Teil des Menschen an. Unternehmen greifen gerne auf die Fähigkeiten und die Energie des Einzelnen zurück, bemühen sich aber nicht, das Potential dieses Menschen langfristig zu fördern. Diese Haltung der Personalpolitik fördert eine ausbeuterische Sichtweise von Menschen, die weiters zu einer Verarmung des sozialen Umfeldes eines Unternehmens führt.

Bob und Vivian hatten sich nichts zu sagen, während sie ihre Koffer packten, um Massachusetts zu verlassen. Sie hatten all ihre Hoffnungen darauf gesetzt, dass es diesmal funktionieren würde. Sie waren sich so sicher gewesen, dass dieser Umzug der letzte für lange Zeit sein würde. Sie hatten sich getäuscht. Der neuerliche Umzug, für den sie packten, war der vierte in sechs Jahren. Jedes Mal hatten sie gehofft, dass sie nun endgültig sesshaft werden könnten. Diese Hoffnung wurde mit der Zeit immer kleiner.
Es lag auf der Hand, dass niemand in der Zweigniederlassung der großen Telekommunikationsfirma in Massachusetts geglaubt hatte, dass Bob und Vivian lange bleiben würden, und dies stellte sich als richtig heraus. Die dortigen Arbeitnehmer hatten, je nach Auftragslage, viele Menschen im Bereich der Schaltermontage kommen und gehen sehen. Jeder war höflich gewesen, aber man blieb auf Distanz. Bob und Vivian hatten gar nicht erst den Versuch unternommen, eine dauerhafte Freundschaft zu beginnen.
Den Kindern ist es damit wirklich schlecht gegangen. Jetzt versuchte Bob nicht einmal mehr, sie davon zu überzeugen, dass der Umzug in die Zweigniederlassung in Ohio der letzte sein würde. Er und Vivian fühlten sich beide wirklich müde. Es schien unmöglich, auf die wichtigsten Entscheidungen in ihrem Leben Einfluss zu nehmen. Es wäre viel einfacher, wenn sie darüber überhaupt nicht mehr nachdenken würden.

Das Untergraben von Teamarbeit

Eine ausbeuterische Haltung gegenüber einzelnen Arbeitnehmern beeinflusst auch die Arbeitsgruppen. Zeitlich begrenzte Arbeitsverträge verringern das Potential einer Gruppe, gemeinsam den Arbeitsablauf reibungslos und einheitlich zu gestalten. Wiederholte Übernahmen und Zusammenschlüsse führen zur Auflösung von Teams, da die Unternehmen ihre Angestellten innerhalb der neu geschaffenen Arbeitsbereiche umverteilen müssen. Häufig stehen die Mitglieder eines Teams mit ihren Pendants im neu geschaffenen Unternehmen in Konkurrenz, um die eigenen Positionen zu verteidigen. Diejenigen, die erfolgreich sind, müssen in einer neuen Gruppe Teamgeist entwickeln, in der kein Mitglied weiß, ob das Team das Potential besitzt, langfristig zu überleben.

Jill konnte nicht glauben, dass sie keinen Vorgesetzten hatte. Alles, was man über den neuen Arbeitsplatz hörte, war äußerst positiv. Alle fühlten sich erleichtert, als das Arbeitsmarktservice, in dem sie als Beraterin arbeitete, nach der letzten Budgetdebatte entschied, die Position des Vorgesetzten nicht mehr nachzubesetzen. Dadurch war es den Angestellten im Büro überlassen, sich selbst als Gruppen zu organisieren. Aber das funktionierte nicht. Der Gemeinschaftssinn der Gruppe hatte sich während der letzten sechs Monate verschlechtert. Fünf der elf Mitarbeiter in dem bestehenden Team waren wegen Versetzungen und Frühpension ausgetauscht worden und die neuen Mitarbeiter hatten zeitlich begrenzte Arbeitsverträge. Innerhalb dieser Gruppe entstand kein Gemeinschaftssinn. Die ganze Situation wurde dann noch dadurch verschlimmert, dass sich die Ziele des Unternehmens im letzten Jahr so stark verändert hatten, dass es für die Gruppe unmöglich war, wirksam zu arbeiten. Sie konnten nicht herausfinden, was wirklich von ihnen erwartet wurde und sie konnten ihre eigenen Wertvorstellungen als Gruppe nicht definieren. Es ist schwer, selber die Führung zu übernehmen, wenn man nicht weiß, in welche Richtung es gehen soll. Jill fühlte sich noch angespannter. Sie verbrachte die meiste Zeit damit, Fehler zu vermeiden, die sie in Schwierigkeiten bringen könnten.

Jeder arbeitet für sich allein, nicht mit anderen zusammen

Ohne Gemeinschaftsgefühl fehlt es einer Gruppe von Menschen an der notwendigen Synergie, um in einer Arbeitsgruppe zusammenarbeiten zu können. Es gibt nur eine Anzahl von Einzelpersonen, die sich mit größerer Wahrscheinlichkeit mehr im Wege stehen als dass sie die Leistung als Gruppe steigern. Hinzu kommt, dass ein Mangel an Gemeinschaftssinn nicht nur ein Problem für die Arbeitnehmer darstellt. Ein Mangel an Gemeinschaftssinn ist ein großer Verlust für das Unternehmen, das viel weniger an Produktivität zurückbekommt.

Unternehmen, in denen wenig Gemeinschaftssinn vorhanden ist, sind anfällig für Konflikte zwischen ihren Mitarbeitern. Wenn die Menschen merken, dass sich Arbeitskollegen nicht um ihren Teil der Arbeit kümmern, werden sie häufig zornig oder verbittert. Wenn Menschen sich nicht zu Teamarbeit bekennen, werden solche Konflikte wahrscheinlich weiter bestehen. Obwohl eine offene Diskussion und effektive Konfliktlösung in einer sonst langweiligen, inaktiven Gruppe Gemeinschaftssinn aufbauen können, werden die Menschen durch ungelöste Konflikte schwer getroffen und letztlich leidet die Funktionsfähigkeit des Unternehmens darunter. Ungelöste Konflikte verbrauchen auf der emotionalen Ebene die Kraft, die die Menschen für die Bewältigung kreativer Aufgaben benötigen. Streitende Parteien innerhalb einer Arbeitsgruppe können diese zum Stillstand bringen. Eine Arbeitsgruppe, die mit einem Konflikt zu kämpfen hat, arbeitet gegen sich selbst. Der Konflikt kann durch unterschiedliche Zielvorstellungen oder durch unterschiedliche Strategien, diese Ziele zu erreichen, entstehen. In jedem Fall verschwenden Menschen Energie und Zeit, wenn sie gegeneinander arbeiten.

Eine Gemeinschaft hilft, Kosten zu sparen. Konflikte brauchen Zeit. Über die Dinge zu diskutieren, über ein Problem zu tratschen, über den Konflikt nachzugrübeln – all dies zieht Zeit und Energie von der Arbeit ab. Die Auswirkung von Konflikten auf eine Arbeitsgruppe ist, dass die für effiziente Arbeit vorhandene Energie erschöpft wird. Eine andauernde Konfliktsituation ebnet ebenfalls den Weg für das fünfte große Problem, das Unternehmen heutzutage haben: es entsteht ein Mangel an Fairness.

Fehlen von Fairness

Ein Arbeitsstelle wird als fair empfunden, wenn drei Grundanforderungen erfüllt sind: Vertrauen, Offenheit und Respekt. Wenn in einem Unternehmen Gemeinschaftssinn hergestellt werden kann, vertrauen die Menschen darauf, dass jeder seine Rolle in gemeinsamen Projekten erfüllt, offen über seine Ansichten spricht und dem anderen respektvoll begegnet. Wenn ein Unternehmen Fairplay betreibt, wird es jede Person, die zum Erfolg beiträgt, schätzen, und zu erkennen geben, dass jeder Einzelne wichtig ist. Alle drei Elemente der Fairness sind grundlegend, um das Engagement eines Menschen für seine Arbeit aufrechtzuerhalten. Im Gegensatz dazu führt ein Fehlen dieser Faktoren auf direktem Weg zu Burnout.

In der derzeitigen Krise stehen Unternehmen unter großem Druck, wenn sie das Gefühl von Vertrauen, Offenheit und gegenseitigem Respekt erhalten wollen. Zum einen ergreifen sie in ihrem Kampf ums Überleben Maßnahmen, die relativ wenig Sorge um das Wohl der Arbeitnehmer erkennen lassen. Sie konzentrieren ihre Ressourcen auf kurzfristige finanzielle Ergebnisse und nicht auf das weniger scharf umrissene Ziel, den Gemeinschaftssinn innerhalb des Unternehmens aufzubauen. Arbeitnehmer trauen dem Management nicht zu, Entscheidungen zu treffen, die das Beste für ihre Kunden, die Angestellten oder das Unternehmen selbst zum Ziel haben. Das Management seinerseits nimmt die Hinweise der Mitarbeiter bezüglich einer Wertung der Dienstleistungen nicht ernst. Stattdessen wird von den Mitarbeitern gesagt, dass sie in erster Linie an der Erhaltung ihres Arbeitsplatzes oder an ihren beruflichen Vorrechten interessiert seien und ihr Interesse am Wohl des Kunden nur zweitrangig sei. Diskussionen zwischen dem Management und der Belegschaft können in gegenseitigem Misstrauen zum Erliegen kommen.

Zum Zweiten verhindert die derzeitige Krise meist offene und ehrliche Kommunikationsabläufe innerhalb eines Unternehmens. Der Wettbewerbsdruck und sich häufig ändernde Vorgaben des Managements begünstigen ein Stillschweigen. Das zentrale Management benötigt oft zuviel Zeit, um Informationen über seine Pläne weiterzugeben. Manchmal weiß selbst das Management nicht, was in der näheren Zukunft passieren wird; in einem turbulenten Umfeld wird jede Planungsarbeit erschwert, um nicht zu sagen unmöglich. Wenn Unternehmen ihre Einnahmen oder wichtigsten Ausgaben nicht im voraus abschätzen können, ist es schwierig, sich an detaillierte strategische Pläne zu halten. Wenn eine Planung erfolgt, dann geben die Unternehmen darüber auch nur widerstrebend Auskunft, da diese Information den Konkurrenten einen Vorteil verschaffen könnte. Die Kenntnis der Vorhaben könnte sich auch negativ auf die eigenen Mitarbeiter auswirken. So wird beispielsweise die Ankündigung großer Restrukturierungsmaßnahmen bei vielen Arbeitnehmern Unsicherheit auslösen und kann dazu führen, dass verdiente Leute, die das Unternehmen aber noch dringend braucht, dieses verlassen, um sich nach anderen Karrieremöglichkeiten umzusehen. Man wird nur schwer Unternehmen finden, die offen und ehrlich über ihre Pläne sprechen; sollte man sie doch finden, misstraut man ihnen häufig. Zynisches Misstrauen führt zu mehr Zynismus.

Ein Sozialarbeiter drückte es folgendermaßen aus: „Nie habe ich das Gefühl, dass mir die Wahrheit über die Dinge gesagt wird, die hier vorgehen. Und wieso nicht? Ich muss alle Änderungen der Vorschriften umsetzen, wieso sollte ich also nicht auch die Hintergründe dafür erfahren? Ich bin letzten Endes doch ein intelligenter, erwachsener Mensch – ich glaube, dass ich damit umgehen kann."

In der derzeitigen Krise ergreifen Unternehmen auch häufig Maßnahmen, die das dritte Element der Fairness, den Respekt gegenüber Menschen, verletzen. Wenn man ausschließlich die Gewinnorientierung betrachtet, fördert dies zwangsläufig die Sichtweise, dass Menschen als Manipulationsobjekt betrachtet werden und dass diese nur in dem Maß geschätzt werden, in dem sie in den Unternehmensplan passen. Für viele Arbeitnehmer stellt die Vorgehensweise bei Personalabbau und Restrukturierungsmaßnahmen ein eklatantes Beispiel für unfaires Verhalten dar. Unternehmen treffen Entscheidungen darüber, was und wer einzusparen ist, nach opportunistischen Gesichtspunkten oder im besten Fall anhand eines Unternehmensplans, der nichts mit dem Unternehmensalltag zu tun hat. Folglich verlieren engagierte Arbeitnehmer, vor allem jene, die gerade erst eingestellt wurden, ihren Arbeitsplatz, während weniger engagierte Arbeitnehmer in anderen Bereichen des Unternehmens verbleiben. Das Problem wird dann eklatant, wenn es erforderlich wird, genau die Angestellten, die gekündigt wurden, wieder einzustellen, um Probleme zu lösen, die die verbliebenen Arbeitnehmer nicht lösen können.

Obwohl es eine Vielzahl von konventionellen Mechanismen gibt, die Fairness und Respekt bedingen, verlieren viele Menschen ihr Vertrauen in die Bereitschaft oder die Fähigkeit von Unternehmen, sich daran zu halten. Die weit reichenden Kompensationen, die CEOs erhalten, wie auch in Kapitel eins näher besprochen, stellen einen Anhaltspunkt dar, an dem Menschen den vorhandenen Grad an Fairness messen. Eine solch unausgewogene und unfaire Verteilung von Belohnungen zerstört den Gemeinschaftssinn und ist einem produktiven Arbeitsverhältnis abträglich.

Jane war als Professorin für Naturwissenschaften an einer Forschungsuniversität tätig. Ein neues Labor wurde am Campus errichtet und alle Professoren wurden befragt, wie viel Laborplatz sie benötigen würden, welcher Raumgestaltung sie den Vorzug geben würden und so weiter. Die grundlegende Vorgehensweise war, den vorhandenen Laborraum zwischen den Lehrenden – nach den individuellen Bedürfnissen – gerecht aufzuteilen. Je nach Forschungsgegenstand brauchten einige Professoren mehr Platz als andere. Kurz vor dem Umzug ins neue Gebäude stellte Jane jedoch fest, dass sie weniger Platz bekommen würde als gefordert – eigentlich viel weniger als ihr derzeitiges Labor hatte. Laut Dekan war dies nur eine der unerfreulichen Auswirkungen der Budgetkürzungen – jeder musste mit weniger Platz mehr erledigen. Nach weiteren Nachforschungen aber stellte Jane fest, dass sie die Einzige war, die nun mit weniger Platz auskommen musste. Einem neu eingestellten Professor wurde ein großes Labor zugewiesen und dieses umfasste auch einen Teil von dem Raum, der ursprünglich ihr zugewiesen worden war.

Als Jane den Dekan mit dieser Tatsache konfrontierte, sagte ihr dieser, dass er mit dem neuen Professor eine besondere Vereinbarung hätte eingehen müssen, damit dieser an diese Universität kommen würde. Und dass er angenommen hatte, dass Jane als ein so netter Mensch sich über den Verlust der zusätzlichen Laborfläche nicht so sehr aufregen würde wie die anderen Professoren. Das exakte Gegenteil war der Fall; Jane war wütend und verärgert über diese Unfairness. Das, was sie sich unter fairer Behandlung vorgestellt hatte, war missachtet worden, sie wurde nicht mit demselben Respekt behandelt wie die anderen Professoren und sie war von ihren Vorgesetzten angelogen worden.

Dem Bemühen um Vertrauen, Offenheit und Respekt liegt die Frage nach Werten zugrunde. Die Gemeinschaft in einem Unternehmen gründet auf gemeinsamen Werten. Gibt es einen Wertekonflikt, dann besteht keine Basis, aus der ein Gemeinschaftssinn entstehen kann.

Widersprüchliche Werte

Werte beeinflussen alle Aspekte in unserem Verhältnis zur Arbeit. Die derzeitige Krise in der Arbeitswelt ist in vielerlei Hinsicht ein großer Wertekonflikt. Ein kurzfristig eingesetztes System von Werten, das auf das Überleben und den Profit ausgerichtet ist, widerspricht den Wertvorstellungen, die die engagiertesten Arbeitnehmer von ihrer Arbeit haben. Was Menschen oft als besonders schwer wiegend betrachten, ist der Umstand, dass Unternehmen häufig ihr Bekenntnis zu ausgezeichnetem Service oder Produktionsabläufen betonen und gleichzeitig so handeln, dass die Qualität der Arbeit gemindert wird. Tatsache ist, dass das Management nicht versucht, die Qualität zu untergraben; es befasst sich nur mit anderen Dingen. Ausgezeichnete Qualität erfordert jedoch vollkommene Aufmerksamkeit.

Was ist wirklich wichtig?

Unternehmen, die sich eigentlich als sehr kundenorientiert darstellen, streichen in zunehmendem Maße die menschliche Komponente aus ihren Kundenbeziehungen. So haben Banken in den letzten zehn Jahren ihre Kunden aus dem Schalterraum ins Foyer, das mit Geldautomaten ausgestattet ist, gedrängt. Derzeit versuchen die Banken ihre Kunden mittels Telebanking vollkommen aus dem Gebäude hinauszubekommen. Ein weiteres Beispiel dafür ist, dass es fast unmöglich ist, einen Menschen am anderen Ende der Telefonleitung einer großen Fluglinie oder eines Detailgeschäfts zu erreichen. Die Palette von persönlichen Wahlmöglichkeiten, die von einem geschulten Arbeitnehmer geboten werden können, werden durch ein Menü mit fix vorgegebenen Angeboten in irgendeinem Sprachpostdienst ersetzt. Einfache Zugangsmöglichkeit und billigerer Service sind an die Stelle von persönlichem Kontakt getreten.

Die wichtigsten Werte im Kundenservice sind effizientes, genaues und personenorientiertes Handeln und die Fähigkeit, auf andere Menschen einzugehen. Ausgezeichnetes Kundenservice vereint alle vier Aspekte. Oftmals muss man aber Abstriche in Kauf nehmen: manchmal wird weniger Wert auf Genauigkeit gelegt, damit eine Dienstleistung zeitgerecht erbracht werden kann. Dienstleistungen den Bedürfnissen eines bestimmten Kunden anzupassen, erfordert mitunter die Regeln auszuweiten oder Dinge zu tun, die nicht Teil der normalen Vorgehensweise sind. Bei Geldautomaten geht die Zugangsmöglichkeit auf Kosten des persönlichen Kundenkontaktes.

Verschiedene Kunden benötigen verschiedene Dienstleistungen. Karl beispielsweise hat nie einen Geldautomaten benutzt, da er gerne mit dem Bankangestellten plaudert. Jetzt, in seiner Pension, kann er sein Leben so einrichten, dass er während der Öffnungszeiten in die Bank geht. Die größere Zugangsmöglichkeit durch den Geldautomaten ist für ihn wertlos im Vergleich zur größeren persönlichen Qualität, sich mit einem Bankbeamten zu unterhalten. Ein anderer Kunde wiederum ist für die größere Effizienz der Geldautomaten dankbar. Ein großes Bankhaus kann eine Reihe von Dienstleistungen anbieten, um so den unterschiedlichen Ansprüchen der Kunden gerecht zu werden; ein kleineres Unternehmen hingegen muss schwierige Entscheidungen treffen, um sein begrenzteres Dienstleistungsangebot anbieten zu können. Jede Organisation muss irgendwann entscheiden, welche Angebote es in den angebotenen Dienstleistungen hervorheben will.

Die derzeitige Krise zwingt Unternehmen, Entscheidungen zu treffen, die in Widerspruch zu den Kernwerten und den Werten ihrer Arbeitnehmer stehen. Die Sorge um kurzfristige finanzielle Ergebnisse kann dazu führen, dass Unternehmen auf die kostspieligeren Aspekte des Kundendienstes vergessen. Aber dieser eher eigennützige Ansatz kann das Verhältnis zum Kunden beeinträchtigen. Er führt auch dazu, dass die mit dem Kundenservice verbundenen Werte, die für die Arbeitnehmer am wichtigsten sind, heruntergespielt werden. Die Arbeitnehmer schätzen vor allem die persönliche Beziehung zu den Kunden und die individuelle Anpassung der Dienstleistungen an die Kundenwünsche. Eine Bank kann beispielsweise das Hauptaugenmerk auf den Einsatz von Geldautomaten legen, weil die Transaktionskosten dabei geringer sind als für die Interaktion mit einem Bankangestellten. Finanzielle Erwägungen beschränken das Angebot an

Dienstleistungen, ungeachtet der Bedürfnisse der Kunden. Der Wert der Effizienz überschattet die anderen Werte, die für den Dienstleistungsbereich relevant sind.

Wir machen nicht das, was wir sagen

Neben dem Konflikt über die Gewichtung der Werte im Dienstleistungsbereich stört die Arbeitnehmer die Unaufrichtigkeit, mit der in Unternehmen mit Werten umgegangen wird. Menschen, die in direktem Kontakt mit den Kunden stehen, müssen die Hauptlast an Beschwerden verärgerter Kunden auf sich nehmen. Diese müssen sich für Richtlinien entschuldigen, denen sie mitunter ablehnend gegenüberstehen. Selten sehen sie für sich einen direkten Nutzen durch das Geld, das ein Unternehmen durch den Abbau im Dienstleistungsbereich einspart. Stattdessen sind sie sich der Verschlechterungen im Kundenservice und der gar nicht so rosigen Aussichten für die eigene Karriere leidvoll bewusst.

Eine ehrliche Vereinbarung über zentrale Werte, so schwierig diese auch zu erreichen ist, ist nicht genug. Sogar wenn jeder den Wortlaut eines wichtigen Leitsatzes des Unternehmens akzeptiert, wird man bei der Umsetzung mit ernsten Problemen konfrontiert, besonders wenn das Geld knapp ist. Maßnahmen zur Kosteneinsparung stehen oftmals in direktem Widerspruch zu einer Verbesserung in der Qualität der Betreuung und dem Wohl der Mitarbeiter. Ein Verkäufer im Einzelhandel sagte uns Folgendes: „Die Unternehmensziele vertragen sich überhaupt nicht mit der tatsächlichen Situation in der Praxis. Ziele und Werte, das klingt nett, aber diese gehen angesichts Budgetbeschränkungen und Bequemlichkeit verloren. Der Kundenservice hat sich mehr und mehr verschlechtert, bedingt durch die verringerte Arbeitnehmerzahl und das Anwachsen der Büroarbeit. Die Stimmung in der Belegschaft ist schlecht, weil Veränderungen durchgeführt werden und dabei scheinbar kein Gedanke daran verschwendet wird, inwiefern sich diese auf den Kundenservice auswirken. Die Belegschaft kann trotz Mehrarbeit weniger Dienstleistungen anbieten. Diese Arbeit ist so auf Geld ausgerichtet, dass viele der menschlichen Aspekte der Arbeit an das untere Ende der Prioritätenliste wandern."

Es besteht in gewisser Hinsicht ein Missverhältnis zwischen Mitteln und Zielen, da der Werteformungsprozess unvollständig ist. Dieser Prozess endet häufig mit der Formulierung eines allgemein gültigen Leitsatzes. Die Leitsätze und Ziele von Unternehmen sind meist ziemlich abstrakte, schön klingende Konzepte; die Strategien, diese zu erreichen, müssen hingegen Tag für Tag im Arbeitsleben umgesetzt werden. Eine Änderung der Strategie hat eher eine unmittelbarere Auswirkung auf die Arbeit des Einzelnen als dass diese eine Veränderung auf den Leitsatzes eines Unternehmens hat. Strategien sind der politischen Dimension des Ablaufes in einem Unternehmen ebenfalls näher. Manager teilen die Belegschaft und die Ressourcen nicht den Zielen an sich zu, sondern eher den Strategien, mit denen sie diese Ziele verfolgen. In diesen Strategien offenbaren Manager ihre Werte für die Funktionsweise des Unternehmens.

Wenn ein abstrakter Wert in eine konkrete Strategie umgesetzt wird, dann wird häufig vergessen, dass Werte von verschiedenen Menschen im Unternehmen unterschiedlich interpretiert werden. Man selbst und die Kollegen interpretieren die Werte eines Unternehmens aus der Perspektive der persönlichen Erfahrung und den Wahrnehmungen aus dem unmittelbaren Arbeitsbereich. Auf einer lokalen Ebene ist man psychologisch in die Arbeit eingebunden, nämlich in die täglichen Interaktionen mit den Menschen, mit denen man arbeitet. Es liegt meistens außerhalb des Einflussbereichs der für die strategische Planung in den Unternehmen Zuständigen, die Werte von unterschiedlichen Arbeitsbereichen innerhalb eines Unternehmens miteinander in Einklang zu bringen. Aber es ist ein wichtiger Schritt in Richtung Vereinheitlichung in einem Unternehmen und der Förderung des Engagements für die Arbeit. Hierzu ein Beispiel:

> Sam ist für Kredite in der Zweigstelle einer Bank am Land zuständig. Er erlebte, wie begrenzt seine Möglichkeiten sind, um Strategien einzuführen, die mit seinen Werten im Arbeitsleben in Einklang stehen. Die Zentrale verfügte, dass alle Zweigstellen ihre Kosten reduzieren sollten, indem sie die wöchentliche Arbeitszeit der Bankangestellten beschränkten, wodurch der Arbeitstag statt um 5 Uhr schon um 3 Uhr nachmittags endete. Dieser Beschluss der Zentrale war für jede Zweigstelle verbindlich. Aber für Sam bedeutete dieser Schritt einen Abbau des Dienstleistungsangebotes für die Kunden, da die Hauptgeschäftszeit der späte Nachmittag war. Diese Entscheidung erschwerte auch die Aufrechterhaltung der Zahl der privaten Kredite und Geschäftskredite, da neue Kreditkunden generell vom gleichen Kundenstock kamen.
>
> Das mangelnde Bekenntnis zu den von der Bank deklarierten Werten der Kundenbetreuung frustrierte Sam und die anderen Angestellten in der Zweigstelle. Dieser Konflikt erhöhte deren Anfällig-

> keit für Burnout: Die emotionale Energie wurde erschöpft, die Identifikation mit der Arbeit verringert und die Bankangestellten hatten nicht mehr den Eindruck, effizient zu arbeiten.

Wenn die Leitsätze und Strategien eines Unternehmens geändert werden und häufig einander widersprechen, erstaunt es nicht, dass die Menschen am Arbeitsplatz oftmals an widersprüchlichen Zielen arbeiten. Ihre Ziele können durch ihre alltägliche Arbeit nicht erreicht werden. Ein Orthopäde meinte dazu: „Man wählt diesen Beruf, weil man Menschen Gutes tun und so gut wie möglich arbeiten will, aber wir können das nicht mehr tun." Dieser Arzt steht mit seiner Ansicht nicht alleine da. Seiner Meinung nach wird seine Organisation nicht nur zunehmend ineffizient, sondern vermindert seine Fähigkeit, seine Arbeit zu machen. Das Management seines Krankenhauses hingegen ist der Meinung, dass es sich bestmöglich für die Unterstützung seiner Arbeit einsetzt, obwohl die Regierung ihre finanzielle Unterstützung stark eingeschränkt hat. Der Chirurg ist sich bewusst, dass er letztlich in Konflikt mit der Regierung steht, doch die Konflikte treten generell auf einer lokalen Ebene auf. Die Krankenhausverwaltung, die trotz weniger Mittel den Betrieb mit Müh und Not aufrechterhalten muss, ist das direkte Ziel seines Unmutes.

Eine große Anzahl von talentierten und engagierten Menschen mit den besten Absichten befindet sich in einer festgefahrenen Situation. Sie können die Organisationen, die sie gerne hätten, nicht aufbauen und trotzdem können sie darüber nicht einfach als unwichtige Unzulänglichkeit hinwegsehen. Dies würde ihren Arbeitsprinzipien zutiefst widersprechen.

Wie geht es weiter?

Ach, ist das nicht alles deprimierend! Vielleicht sollten wir einfach mit all dieser unsinnigen Arbeit Schluss machen und mehr Zeit mit unseren Lieben zu Hause verbringen. Die einzig vernünftige Alternative scheint es zu sein, in einem Dorf auf dem Lande einen kleinen Handwerksbetrieb einzurichten und Tauschhandel zu betreiben.

Aber halt! Dieser Alternativvorschlag vernachlässigt den ganzen motivatorischen Hintergrund, der den Menschen überhaupt Schwierigkeiten mit der Arbeit bereitet. Die Menschen wollen in Projekte mit einbezogen werden, die über sie selbst hinausgehen. Sie wollen produktiv und leistungsfähig sein, indem sie sich Herausforderungen stellen, die all ihrer Fähigkeiten bedürfen und den vollkommenen Einsatz ihrer physischen, emotionalen und kreativen Energie erfordern. Wenn diese Dinge nicht wichtig wären, dann würden wir uns von vornherein nicht mit Burnout beschäftigen. Die Menschen würden zur Arbeit gehen, Geld verdienen, nach Hause gehen und dort eine schöne Zeit verbringen. Das Arbeit-für-Geld-Schema ist unvollständig, genauso wie es nicht der Realität entspricht, nur die persönlichen Interaktionen zu berücksichtigen. Mehr Zeit daheim zu verbringen und der Arbeit gegenüber gleichgültig zu werden, ist keine Lösung.

Es ist trotzdem nach wie vor eine Tatsache, dass die Menschen Unternehmen als Gefüge geschaffen haben, in denen sie zusammen arbeiten können, um sich so für das, was ihnen wichtig ist, einzusetzen. Die Tatsache, dass Unternehmen durch große Übergangsphasen im Arbeitsablauf verzerrt wurden, bedeutet nicht, dass diese hinfällig sind. Unternehmen sind eine wertvolle Ressource, die geschützt, entwickelt und gefördert werden muss. Es ist nicht ratsam, Unternehmen denjenigen zu überlassen, die sie ausnutzen wollen, um schnellen Profit zu machen. Die Herausforderung ist, die Verantwortung für das Leben in einem Unternehmen zu übernehmen, und nicht vor ihr zu flüchten. Im nächsten Kapitel werden wir uns ansehen, wie man genau das machen kann.

4

Weshalb soll man etwas gegen Burnout unternehmen?

Es gilt zwar als sicher, dass Burnout ein Problem am Arbeitsplatz ist, nicht jeder ist jedoch davon überzeugt, dass es ein Problem darstellt, das ernst genommen werden muss. Aus verschiedenen Gründen wird Burnout heruntergespielt oder als Teil des Arbeitslebens angesehen, der unvermeidlich ist, aber doch bewältigt werden kann.

Dave, der CEO einer Versicherungsgesellschaft, gesteht, dass er seine Zweifel hinsichtlich Burnout hat. „Die Menschen klagen immer über Burnout. Ich habe mich nach zahlreichen Meetings und Geschäftsreisen zweifellos auch oft ‚ausgebrannt' gefühlt. Aber man muss mit diesem Problem fertig werden. Der Arbeitgeber ist dazu verpflichtet, einen anständigen Lohn zu zahlen und für ordentliche Arbeitsbedingungen zu sorgen. Es ist nicht seine Aufgabe, jeden glücklich zu machen."
Dave hat seiner Abteilung für Human Resources klar gemacht, dass er nicht will, dass sie Zeit in die Beschäftigung mit Burnout oder Stress am Arbeitsplatz investiert. Das Unternehmen hat einen Vertrag mit einer Beraterfirma für ein Programm zur Unterstützung der Arbeitnehmer. Dies sollte für die persönlichen Probleme, die die Menschen mit in die Arbeit bringen, ausreichen.
„Burnout ist das Problem des Einzelnen", sagt Dave. „Es hat keine realen Auswirkungen auf die Produktivität des Unternehmens. Es ist ein diffuses Problem, nicht ein klar abgrenzbarer Bereich des finanziellen oder strategischen Managements. Wenn jemand also das Unterstützungsprogramm in Anspruch nimmt oder Urlaub nehmen will, um sich auszuruhen, dann ist das in Ordnung. Dafür gibt es ja diese Möglichkeiten. Viel mehr kann das Unterneh-

men nicht tun. Wenn ein Mitarbeiter mit dem Druck nicht fertig wird, dann wird er vielleicht so 'ausgebrannt', dass er von alleine geht und mir bleibt es erspart, den Betroffenen zu feuern. Man muss auf sich selbst aufpassen. Ich habe ein Unternehmen zu führen."

Weshalb Organisationen Burnout ignorieren

Daves Einstellung ist kein Einzelfall. Manager scheuen oft davor zurück, ein Problembewusstsein für Burnout bei ihrer Belegschaft zu entwickeln. Für sie ist Burnout ein Wespennest, in das man am besten nicht sticht. Sie befürchten, dass sie – sobald Burnout als Problem anerkannt würde – von Anfragen der Belegschaft überhäuft würden, die eine Verringerung der Arbeitsbelastung oder die Einführung kostspieliger Programme für die „Qualität des Arbeitslebens" fordern. Sie sind nicht der Meinung, dass Burnout in den Verantwortungsbereich des Arbeitgebers fällt. Und sie sind nicht davon überzeugt, dass sie irgendetwas gegen Burnout unternehmen könnten, auch wenn sie das zur Problemlösung nötige Geld, die Zeit und das Expertenwissen hätten. Sehen wir uns die Annahmen, die diesen Ansichten zugrunde liegen, etwas genauer an.

„Es ist das Problem des Einzelnen"

Wie wir in Kapitel zwei gesehen haben, ist generell die Reaktion auf Burnout, die Person selbst dafür verantwortlich zu machen. Wenn sich jemand „ausgebrannt" fühlt, dann ist das sein eigenes Problem. Vielleicht bringt man Probleme von zu Hause in die Arbeit mit. Vielleicht hat man ein Problem mit der eigenen Einstellung zur Arbeit – man beschwert sich immer nur über alle anderen, übernimmt aber keine Verantwortung für das eigene Handeln. Vielleicht hat man einfach nicht die nötigen Voraussetzungen – ist einfach nicht gut oder zäh genug, um mit der Arbeit zurechtzukommen. Wie auch immer die Diagnose lautet, sie bleibt eine individuelle.

Und wenn es ein individuelles Problem ist, dann sind individuelle Lösungen die logische Antwort darauf. Was immer Ihr Problem oder Ihre Schwäche sein mag – Sie müssen das ausmerzen oder behandeln. Das bedeutet meistens, sich ausruhen, Hilfe suchen oder aussteigen. Ausruhen bedeutet wahrscheinlich sich frei nehmen, auf Urlaub fahren oder einen entspannteren Lebensstil annehmen. Hilfe suchen bedeutet für gewöhnlich neue Fertigkeiten lernen, die Gesundheit verbessern oder Beratung oder eine andere Behandlung in Anspruch nehmen. Aussteigen bedeutet kündigen.

Es gibt viele Variationen dieser grundlegenden individuellen Strategien, die unter die allgemeine Kategorie Stress-Management fallen. Man kann Bücher über dieses Thema kaufen und die darin vorgestellten Techniken selbst ausprobieren. Oder man kann Workshops oder Seminare über Stress-Management besuchen; viele Unternehmen bieten ihren Arbeitnehmern diese Möglichkeiten an.

Diese Konzentration auf die Person und auf Hilfe durch Selbsthilfe passt zur individualistischen Philosophie unserer Gesellschaft. Demnach sind Menschen für ihre Errungenschaften selbst verantwortlich. Sie können ihre Erfolge für sich verbuchen, tragen aber auch für ihre Misserfolge ganz allein die Schuld. Diese Philosophie huldigt auch dem Triumph der Einzelperson über jedes Hindernis. Die Menschen müssen sich der Herausforderung frontal stellen, die Hürde überwinden – nicht die Hürde selbst aus dem Weg räumen. Auf Burnout angewendet, bedeutet diese Sichtweise, dass man eher lernen muss, mit den Stressfaktoren der Arbeit umzugehen als herauszufinden, wie man sich dieser entledigen kann, um ein stressfreies Umfeld zu schaffen.

„Es ist nicht die Aufgabe des Arbeitgebers"

Wenn Burnout das Problem des Einzelnen ist, dann ist es erklärtermaßen nicht das Problem des Unternehmens. Es ist Sache des Einzelnen, herauszufinden, wie er sich erfolgreich an die Arbeitssituation anpassen kann. Es ist nicht die Aufgabe des Arbeitgebers, herauszufinden, wie der Job individuell an Sie oder an andere Arbeitnehmer angepasst werden kann.

Wird Burnout von diesem Standpunkt aus jemals zu einem Problem des Unternehmens? Ja, wenn es mit großen Einkommensverlusten verbunden ist. Aber das Unternehmen fühlt sich erst dann dazu verpflichtet, etwas gegen ein Problem zu unternehmen, wenn dieses bereits existiert, und nicht vorher. Es wird kein Geld investiert, bevor dies nicht absolut unerlässlich ist. Geht es darum, die Kosten niedrig zu halten, ist es sowohl einfacher als auch günstiger, einzelne Arbeitnehmer auszutauschen als das gesamte Unternehmen zu verändern.

„Burnout hat keine wirkliche Auswirkung auf das Unternehmen"

Auch wenn einzelne Mitarbeiter an Burnout leiden, wird dies innerhalb des Unternehmens nicht als Warnsignal gesehen. Weshalb? Weil das Unternehmen nicht erkennt, wie sich dies letztlich auf die Wirtschaftlichkeit auswirkt. Die Beschäftigten kommen weiterhin regelmäßig und machen ihre Arbeit. Wenn sie wegen Burnout aus dem Job aussteigen, dann erspart sich das Unternehmen die unangenehme Kündigung und die damit einhergehenden rechtlichen Verpflichtungen. Die Arbeitnehmer werden nicht krank oder verletzen sich, wenn sie an Burnout leiden. Sie sterben nicht an Burnout. Burnout verstößt nicht gegen das Gesetz, und so riskiert das Unternehmen nicht, in einen teuren Rechtsstreit verwickelt zu werden. Zur Förderung der Gesundheit und Sicherheit am Arbeitsplatz ist das Vermindern von psychologischen Stressfaktoren nicht so wichtig wie die Kontrolle des Gefahren- und Infektionsrisikos.

Von diesem Standpunkt aus beschert Burnout dem Unternehmen kein großes finanzielles Loch. Warum sich also Sorgen machen? Wenn sich die Gefühle der Arbeitnehmer auf ihre Arbeit auswirken, kann der Arbeitgeber mit dem Problem auf gleiche Weise umgehen wie mit jedem anderen Leistungsproblem. Burnout ist nicht so häufig oder einzigartig, dass man es nicht mit bereits existierenden Standardmethoden und -programmen behandeln könnte.

„Das Unternehmen kann nicht viel dagegen tun"

Das Beste, was das Unternehmen demnach gegen Burnout tun kann, ist einfach, es den Menschen zu ermöglichen, sich um sich selbst zu kümmern. Durch Ruhe, Beratung und Eigeninitiative können die Menschen dieses Problem angehen. Das Unternehmen kann ihnen helfen, sich zu verändern und besser damit fertig zu werden, indem es spezielle Programme oder Workshops anbietet, aber letztlich liegt es an den Betroffenen selbst, diese Situation zu lösen.

Das Unternehmen vertritt also so gut wie möglich die Interessen seiner Arbeitnehmer, und trotzdem betreibt es eine Art Nicht-Einmischungspolitik. Dies zeugt von einer etwas paternalistisch wohlwollenden Einstellung – wenn man sich nicht um sich selber kümmern kann, wird das Unternehmen versuchen, dem Betroffenen den richtigen Weg zu weisen und zusehen, ob man selbst eine Lösung findet. Aber die Botschaft, die sich dahinter verbirgt, ist, dass das Unternehmen dem Problem hilflos gegenübersteht. Unternehmen wollen ja etwas gegen Burnout unternehmen, aber sie wissen nicht wirklich, wie sie dies bewerkstelligen könnten.

Weshalb Unternehmen Burnout ernst nehmen sollten

Tatsächlich sind alle diese Annahmen völlig falsch. Sie verharmlosen ein in Wirklichkeit ernst zu nehmendes Problem und geben die Verantwortung dafür ab. Es ist ein schwer wiegender Fehler, diese Sichtweise einzunehmen und Burnout zu ignorieren. Burnout *betrifft* nämlich die Wirtschaftlichkeit des Unternehmens. Es ist nicht nur ein individuelles Problem, sondern es ist viel mehr. Es ist die Aufgabe des Arbeitgebers, das Unternehmen zu verbessern, und wie sich herausstellt, können Unternehmen *sehr viel* gegen Burnout tun.

Burnout betrifft die Basis

Die Grundaussage hier ist, dass sich Burnout nicht auf die Leistung des Unternehmens auswirkt. Das entspricht ganz und gar nicht der Wahrheit. Tatsächlich kann Stress in der Arbeit zu deutlichen finanziellen Einbußen und Produktivitätsverlust führen, und jeder, der sich dieser grundlegenden Tatsache nicht bewusst ist, hat seit längerer Zeit Scheuklappen getragen.

An dieser Stelle könnten wir die üblichen Statistiken anführen, die zeigen, wie viele Milliarden Dollar für Entschädigungszahlungen, Inanspruchnahme der Gesundheitsfürsorge (insbesondere für seelische Gesundheit und Drogen- oder Medikamentenmissbrauch), Fehlzeiten am Arbeitsplatz, Krankmeldungen und Betrug seitens der Angestellten ausgegeben werden, ganz zu schweigen von den Verlusten durch Fehler beim Arbeiten und der sich verschlechternden Arbeitsqualität. Obwohl diese großen Beträge das finanzielle Ausmaß des Problems hervorheben, sagen sie nichts über den Prozess aus, durch den Burnout wirklich Riesensummen verschlingt. Nehmen wir also jedes der einzelnen Missverhältnisse zwischen Arbeitnehmer und Arbeit, die zu Burnout führen, und sehen wir uns anhand von Fallbeispielen an, wie sich diese auf die Wirtschaftlichkeit auswirken.

Arbeitsüberlastung

Als ein Unternehmen der Nahrungsmittelindustrie umstrukturiert wurde, bat man Anita, eine der besten Bezirksleiterinnen, das Management des neu zusammengelegten Gebiets zu übernehmen. Dieser neue Verantwortungsbereich war so groß, dass sich Anitas Arbeitswoche von 55 auf 70 Stunden ausdehnte. Bald schon begann sie unter Erschöpfungszuständen, Zynismus und verminderter Leistungsfähigkeit zu leiden, die charakteristisch für Burnout sind. Sie teilte ihrem Vorgesetzten mit, dass der neue Bezirk für sie zu groß sei, dieser machte jedoch keine Anstalten, ihr jemanden zur Unterstützung zur Seite zu stellen oder eine Umstrukturierung der Arbeit vorzunehmen.

Anita versuchte, mit Burnout fertig zu werden, indem sie psychiatrische Behandlung in Anspruch nahm, aber diese war nicht sehr erfolgreich. Letzten Endes suchte sie um Entschädigungszahlungen für die davongetragenen psychischen Schäden an. Obwohl das Unternehmen Einspruch gegen die Forderung erhob, konnte Anita beweisen, dass ihre Burnout-Erkrankung auf die unüblichen Arbeitsbedingungen zurückzuführen war und sie gewann ihre Klage. So entstand dem Unternehmen eine ganze Reihe von Kosten, weil es verabsäumt hatte, sich mit dem Missverhältnis des Arbeitsumfanges zu beschäftigen: langfristige Entschädigungszahlungen für Anita, Bezahlung ihrer psychiatrischen Behandlung vor dem Streitfall, Rechtsgebühren, Rekrutierungs- und Schulungskosten, die bei der Neubesetzung ihrer Stelle anfielen, Einkommensverlust und Verlust von Langzeitkunden durch Unterbrechung der Verkaufsaktivitäten in ihrem Bezirk und die durch ihren Fall hervorgerufene schlechte Publicity.

Mangel an Kontrolle

Bob war Sachbearbeiter einer Regierungsorganisation. Seine Tätigkeit ist ein klassisches Beispiel für Mangel an Kontrolle: Er stand täglich in der Öffentlichkeit und hatte mit einer großen Anzahl von Menschen zu tun, die genug von Warteschlangen und Bürokratie hatten und die wütend und aggressiv wurden, wenn Bob ihnen die finanziellen Vergünstigungen, um die sie angesucht hatten, nicht genehmigen konnte. Die Situation verschlechterte sich noch, als der Gesetzgeber die Richtlinien der bestehenden Programme änderte. Obwohl Bob kein Mitspracherecht hinsichtlich der Richtlinien hatte, musste er diese anwenden und seine Vorgangsweise gegenüber einer verärgerten Öffentlichkeit rechtfertigen.

Im Laufe der Zeit erkrankte Bob ernstlich an Burnout. Sein Zorn und seine Frustration spiegelten sich häufig in Auseinandersetzungen mit seinem Vorgesetzen und in einer rüden Behandlung seiner Kunden wider, von denen viele formelle Beschwerden einreichten. Er begann unter Bluthochdruck zu leiden – was unter Männern mit anstrengenden Berufen, in denen sie wenig Kontrolle über ihre Arbeit haben, nicht selten vorkommt. Bob entfremdete sich mehr und mehr von seiner Arbeit, was zu einer Häufung von Fehlzeiten führte – er fehlte doppelt so oft wie der Durchschnitt – und er begann auch, stark zu trinken.

Die Kosten, die der Behörde durch Bobs Erkrankung entstanden, waren beträchtlich: zusätzlich zu den Kosten der Fehlzeiten waren seine Ausgaben für die Gesundheitsfürsorge fünfmal höher als beim Durchschnitt, einige seiner Fehler im Job kosteten die Behörde Tausende Dollar, und seine sichtbaren Kämpfe mit dem Management hatten negative Auswirkungen auf die Stimmung unter seinen Kollegen.

Unzureichende Belohnung

In der Absicht, die Ausgaben für das Gesundheitswesen einzudämmen, kürzte ein Krankenhaus die Gehälter seiner Krankenschwestern um 15 Prozent. Verständlicherweise waren die Schwestern über diesen Einkommensverlust sehr verärgert und traten in den Streik. Das Krankenhaus stellte einige Schwestern ein, die nicht einer Gewerkschaft angehörten und nahm eine härtere Position in ihren Verhandlungen mit den Gewerkschaftsführern ein. Schließlich wurde der Streik beendet, aber die Krankenschwestern mussten eine zehnprozentige Gehaltskürzung hinnehmen.

Während des nächsten Jahres klagten viele Schwestern über Burnout – über zu harte und zu viel Arbeit für zu wenig Bezahlung und nur geringes Ansehen – und sie suchten sich eine andere Arbeitsstelle. Unter den Schwestern, die das Krankenhaus verließen, waren einige der erfahrensten und dienstältesten, und die Ersatzkräfte hatten weder deren Fachwissen noch deren Kenntnis der Abläufe im Krankenhaus. Es wurden Fehler gemacht, Patienten beschwerten sich, und einige Klagen über „Vernachlässigung der beruflichen Sorgfaltspflicht" wurden bei Gericht eingebracht. Die Stimmung verschlechterte sich zusehends und weitere Schwestern verließen das Krankenhaus. Diejenigen, die blieben, waren äußerst gereizt und empfindlich.

Obwohl das Krankenhaus durch die Lohnsenkung kurzfristig Geld eingespart hatte, war das Endergebnis der Verlust seiner besten Arbeitskräfte durch Burnout. Die negative Auswirkung dieses Verlustes überstieg bei weitem die Kosten, die durch die Neubesetzung entstanden.

Zerfall der Gemeinschaft

Ein Produktionsunternehmen war in verschiedenen Arbeitsteams, bestehend aus fünf bis fünfzehn Personen, organisiert, wobei jedes Team für seine eigenen Arbeitsabläufe verantwortlich war. Es gab jedoch keine Vorgehensweise, effektiv mit Meinungsverschiedenheiten umzugehen, wie dies in selbstbestimmten Arbeitsteams gewöhnlich der Fall ist.

Nach einer gewissen Zeit tauchten in einigen Teams Probleme auf. Eskalierende Konflikte zwischen Teamkollegen schufen ein sehr unangenehmes Arbeitsklima, und folglich entwickelte sich Burnout. Jeder war so angespannt und reizbar, dass sich die Gemüter über das kleinste Problem erhitzten, und ständig wurde genörgelt und gestritten. Manchmal wurde das Klima so schlecht, dass sogar die Produktion stillstand. Aus demselben Grund blieben die Bemühungen des Unternehmens, ein neues Qualitätskontrollsystem einzuführen, lange Zeit erfolglos. Der Mangel an Vertrauen und die permanente Feindseligkeit machten es den Teamkollegen beinahe unmöglich, produktiv zusammenzuarbeiten. Zwar wurde das neue System letztlich implementiert, doch es dauerte ganze sechs anstatt der ursprünglich veranschlagten zwei Jahre.

Mangel an Fairness

Ein großes Energieunternehmen führte ein neues Kontrollsystem ein, das für größere Leistungsfähigkeit und geringeres Fehleraufkommen sorgen sollte. Die Arbeitnehmer wurden durch ein Bonussystem motiviert, neue Methoden für weitere Verbesserungen vorzuschlagen. Die neuen Kontrollen wurden von Managern durchgeführt, welche durch die Produktionshallen gingen und überprüften, ob es zu Regelverstößen kam. In der Folge wurde die Arbeitskultur starr und reglementiert und eine Art Lageratmosphäre entstand. Angestellte, die es auf die Bonusleistungen abgesehen hatten, schwindelten manchmal, indem sie eine alte Methode als ihre eigene „neue" hinstellten.

Burnout war weit verbreitet und (laut einer internen Umfrage) war in erster Linie auf unfair empfundene Behandlung zurückzuführen. Die Angestellten fühlten, dass es an grundlegendem Respekt mangelte, ebenso gab es unethische Verhaltensweisen, um das System zum persönlichen Vorteil auszunützen, und eine unfaire Verteilung der Belohnungen. Die Verbitterung vieler Arbeitnehmer veranlasste sie, zu kündigen oder alles mit gleicher Münze heimzuzahlen. Die

Belegschaft war nicht mehr bereit, zusätzliche Zeit und Mühe zu investieren, wenn dies die Situation erforderte, sondern leistete nur das absolut Nötigste. Sie meldete keine Verstöße gegen Arbeitssicherheitsbestimmungen mehr. Die Anzahl der Fehlstunden stieg und Fälle von Sabotage und Diebstahl wurden bekannt. Die Gesundheitsausgaben für stressbedingte Probleme stiegen an, genauso wie die Anzahl der Fälle von Arbeitsunfähigkeit.

Widersprüchliche Werte

Eine gemeinnützige soziale Dienstleistungsorganisation war mit einer Reihe von internen Werteproblemen konfrontiert. Sie hatte nie eine klar definierte Mission oder einen konsequenten strategischen Plan verfolgt, sondern hatte ihre Angebotspalette jeweils um eine bestimmte Dienstleistung erweitert, wann immer es die Gelegenheit gab, Einnahmen zu erzielen. So bot sie fünf verschiedene Dienstleistungen an, hatte aber kein durchgehendes System zur Erbringung dieser Dienstleistungen. Viele Vorstandsmitglieder standen ausschließlich mit einer der fünf Dienstleistungen in Verbindung und so kämpften sie um einen größeren Anteil am Budget für „ihren" Bereich, statt sich mit dem Nutzen für die gesamte Organisation auseinander zu setzen. Sogar die Geschäftsführerin hatte Schwierigkeiten, faire und sachbezogene Entscheidungen für das Unternehmen als Ganzes zu treffen, da ihr eine der Dienstleistungen näher stand.

Ständige Konflikte über die Werte, Ziele und Programme des Unternehmens führten zu Chaos im täglichen Betrieb und Burnout unter der Belegschaft. Geld wurde verschwendet, da die Budgetmittel in einer Weise umgeschichtet wurden, die nicht vorhersehbar war. Projekte wurden begonnen, aber nicht abgeschlossen. Infolge des hohen Grades an Unruhe und Frustration unter dem an Burnout leidenden Personal wurden die Leistungen der Gesundheitsfürsorge dauernd in Anspruch genommen (besonders für die Beratung von Mitarbeitern), Fehlen am Arbeitsplatz und Zuspätkommen traten häufig auf, die Arbeitsmoral nahm stark ab und die Qualität des Kundenservice verschlechterte sich. Sinnvolle Veränderungen und ein Zweckdenken stellten sich erst ein, nachdem beinahe die gesamte Direktion und das Personal ausgewechselt wurden.

Burnout ist mehr als nur ein individuelles Problem

Burnout hat offenbar einen hohen Preis. Es ist nicht nur eine triviale Angelegenheit von Menschen, die schlecht gelaunt sind oder eine schwierige Zeit durchleben – Burnout kostet Geld. Und dieser wirtschaftliche Aspekt kann nur dadurch kontrolliert werden, dass man dem menschlichen Aspekt Aufmerksamkeit schenkt. Es geht hierbei um das Verhalten am Arbeitsplatz, das entweder kostenintensiv oder produktiv ist. Eine wirksame Strategie des Risikomanagements in Bezug auf das Verhalten muss nicht nur ergründen, welche Verhaltensweisen auftreten, sondern weshalb diese auftreten.

Unglücklicherweise wird das Ziel, das „Verhalten der Menschen" zu verstehen, oft falsch als Verständnis für „die Probleme der Menschen" interpretiert. Dadurch wird das Hauptaugenmerk auf den Menschen und nicht auf die Situation gelegt und es entsteht die Annahme, dass Burnout die Schuld des Einzelnen sei. Wie wir bereits früher argumentiert haben, ist diese Interpretation falsch. Nicht der Mensch allein, sondern das *Missverhältnis* zwischen der Person und dem Arbeitsumfeld ist entscheidend. Das Verhalten einer Person am Arbeitsplatz kann man nur verstehen, wenn dieses im sozialen Kontext des betreffenden Arbeitsplatzes untersucht wird.

Die falsche Sichtweise, bei der nur der Person allein Beachtung geschenkt wird, ist ein Hauptgrund dafür, weshalb die Mehrzahl der Techniken des Stress-Managements darauf abzielen, den Menschen zu verändern, nicht jedoch die Situation. Noch dazu halten Unternehmen die meisten Programme, die auf persönliche Veränderungen abzielen – wie etwa Workshops – für kostengünstig. Diese wirken sich – wenn überhaupt – kaum auf das Tagesgeschäft aus, und sie sind relativ billig.

Es stellt sich jedoch heraus, dass diese kostengünstigen individuellen Strategien auch einen geringen Nutzen haben. Die Erfolgsbilanz hinsichtlich einer zielführenden Behandlung von Burnout ist nicht besonders eindrucksvoll. Aus unserer Perspektive ist ein Hauptgrund für deren Ineffizienz, dass sie sich *nicht* auf die Unternehmen auswirken. Es ist schon paradox, dass sie darauf abzielen, die Person zu verändern und nicht die Arbeit, während Untersuchungen zeigen, dass die Arbeit die entscheidende Quelle für Stress ist. Ein weiterer Nachteil dieser Programme, die sich auf die Einzelperson konzentrieren, ist, dass sie von denjenigen, die sie in Anspruch nehmen, als erniedrigend und herablassend erlebt werden. Die implizite Botschaft lautet: „Du kannst nicht selbst auf dich Acht geben, deshalb müssen wir dir zeigen, wie man das macht."

Carolyn ist Lehrerin an einer öffentlichen Schule, und ihre Reaktion auf Beratungsprogramme für Arbeitnehmer ist nicht untypisch. „Jeden Sommer, gerade vor dem Beginn des Schuljahres, denkt sich der Bezirk irgendein Programm aus, um uns zu *motivieren*. Letztes Jahr boten sie uns ein Workshop über Stressabbau an, das mir überhaupt nicht half. Eigentlich war es ja beleidigend – mir wurde vermittelt, der Stress komme aus mir selbst, folglich sollte ich einfach Gymnastik machen und spazieren gehen, um den Stress abzubauen. Wie steht es damit, dass ich in fünf Jahren ein Prozent Lohnerhöhung erhalten habe? Dort sitzt der Stress, und täglich Gymnastik zu machen ist keine Lösung dafür!"

Auch wenn die Menschen erkennen, dass das Problem komplexer ist, machen sie immer noch den Fehler, anzunehmen, dass sie ganz alleine damit fertig werden. Tatsächlich aber ist Burnout ein umfassenderes Problem, das nicht von einem Menschen allein gelöst werden kann. Obwohl man sein eigenes Verhalten vielleicht ändern kann, kann man sein soziales Umfeld nicht im Alleingang verändern. Missverhältnisse hinsichtlich des Arbeitsumfanges, der Kontrolle, der Gemeinschaft oder der Fairness erfordern die Beteiligung von vielen Menschen innerhalb einer Gruppe und eines Unternehmens. Veränderungen am Arbeitsplatz können nie alleine bewirkt werden, sondern sind immer ein Gruppenprozess.

Suzanne, Sonderschullehrerin an einer öffentlichen Schule, litt durch die Arbeit mit Schülern mit Lernstörungen an Burnout. Sie entschied, dass sie ihre Lehrmethode ändern musste, um so mit weniger Schülern effizienter arbeiten zu können. Nach anfänglicher Unterstützung durch den Direktor nahm sie während ihrer Sommerferien an einer Schulung bei einem Beratungsteam teil.
Als Suzanne im September an die Schule zurückkam, fühlte sie sich seit langem wieder optimistisch und freute sich auf ihre Arbeit. Vor Ablauf der ersten Woche jedoch war ihr Programm gescheitert. Der neue Ansatz hatte eine gesicherte Erfolgsbilanz, aber er basierte auf intensiver Einzelbeschäftigung mit den Schülern. Um das zu erreichen, konnte Suzanne mit nur einem Fünftel der Schüler arbeiten, die sie im vergangenen Jahr betreut hatte. Noch dazu kollidierten die 90-minütigen Arbeitseinheiten, nach denen das Programm strukturiert war, mit dem einstündigen Zeitplan der Schule, was dazu führte, dass die Schüler in der Mitte der Stunde in ihre regulären Klassen zurückkehren oder diese verlassen mussten, bevor sie zu Ende waren.
Die anderen Lehrer beklagten sich bei Suzanne und dem Direktor. Die Eltern, deren Kinder auf der Warteliste für Suzannes Klassen

waren, riefen täglich in der Schule an. Der Direktor teilte Suzanne mit, dass er nicht nur über diese Beschwerden besorgt sei, sondern auch darüber, wie die geringere Anzahl der betreuten Sonderschüler von der Bezirksschulbehörde aufgenommen werden würde. Suzanne wusste, dass es unmöglich war, ihre neue Methode einer größeren Gruppe anzupassen, aber der Direktor machte deutlich, dass sie keine Wahl hatte. Sie würde mehr Schüler betreuen und sich dem Zeitplan der Schule fügen müssen.
Suzanne hatte offensichtlich einen grundlegenden Schritt zur Bewältigung von Burnout getan. Sie hatte Sachkenntnis erworben, durch die sie ihren Arbeitsumfang besser kontrollieren und effizienter arbeiten konnte. Innerhalb ihres Arbeitsbereichs war dieser Schritt vollkommen sinnvoll. Aber innerhalb des weiteren Bereichs der Schule und der Gemeinschaft war er undurchführbar.

Was war also für Suzanne schief gelaufen? Der wichtigste Punkt diesbezüglich ist, dass Veränderungen im Arbeitsbereich nie ein rein persönliches Unterfangen sind. Man ist zwar ein einzigartiger Mensch, aber bei der Arbeit spielt man eine Rolle, die mit den Rollen der anderen in Verbindung steht. Jede bedeutsame Veränderung in der Arbeit wirkt sich auf die anderen Mitarbeiter aus, und sie werden ebenfalls in den Änderungsprozess einbezogen werden wollen. Hinzu kommt, dass die anderen Menschen vielleicht die eigenen Bedenken teilen und die gleichen Änderungen bewirken wollen wie man selbst, aus ähnlichen Gründen.

Die sechs Missverhältnisse zwischen Mensch und Arbeit sind unternehmensinterne Angelegenheiten. Richtlinien des Managements legen den Arbeitsumfang fest und definieren das Maß an Kontrolle, das Menschen über ihre Arbeit haben. Der Gemeinschaftssinn des Unternehmens, die Art und Weise, wie dieses seine Arbeitnehmer belohnt, und der Sinn für Fairness oder Respekt sind Eigenschaften, die das Unternehmen mit seinem sozialen Umfeld gemeinsam hat. Das sind keine individuellen Eigenschaften, obwohl sie wichtige Faktoren im Arbeitsleben des Einzelnen sind. Die Werte des Unternehmens, die Ernsthaftigkeit, mit der es diese Werte vertritt, die Toleranz gegenüber unterschiedlichen Sichtweisen der Mitglieder – dies alles sind Qualitäten des Unternehmens, und nicht Qualitäten der Einzelpersonen, die dort arbeiten.

Die Beschäftigung mit Burnout bewirkt Verbesserungen innerhalb des Unternehmens

Unser Argument ist, dass Burnout am besten auf Unternehmensebene behandelt wird und nicht auf der Ebene der Einzelperson. Eine derartige Handlungsweise zeugt nicht unbedingt von altruistischen Beweggründen des Arbeitgebers; nein, ganz im Gegenteil, sie zeugt von der eigenen Nutzenorientiertheit. Durch die Übernahme von Verantwortung bei der Bewältigung von Burnout handelt das Unternehmen so, dass es sich langfristig eine leistungsfähige Belegschaft sichert.

Weshalb ist das so? Wie wir gesehen haben, kann man nicht produktiv arbeiten, wenn man von Burnout betroffen ist, besonders, wenn man bei der Arbeit mit anderen Menschen zu tun hat oder kreative Ideen entwickelt. Die Menschen müssen sich mit dieser Art von Arbeit identifizieren können, um sie gut zu machen, weil diese Tätigkeiten Energie, Engagement und Selbstvertrauen erfordern.

Hier einige Beispiele dafür:

- Das Entwickeln von Computersoftware ist ein Prozess des kreativen Problemlösens. Softwaredesigner brauchen geistige Energie, um sich auf die vielen Teile eines komplexen Problems zu konzentrieren. Sie müssen fähig sein, sich für das Projekt zu engagieren, die damit verbundenen Herausforderungen jeden Tag im Kopf behalten und neue Lösungsansätze für Probleme finden. Sie müssen sich mit ihrer Arbeit identifizieren. Ein Unternehmen muss ein emotionales Klima bieten, das die Mitarbeiter unterstützt, um so in dieser Wettbewerbsindustrie erfolgreich sein zu können.
- Der stärkste Indikator für die Zufriedenheit der Patienten in einem Krankenhaus ist das Verhältnis zur Stationsschwester. Aufmerksame, fähige Pflege und Betreuung wirkt sich direkt auf den Heilungsprozess und das subjektive Wohlbefinden der Patienten aus. Bei der Intensivpflege treten schnell lebensbedrohende Probleme auf, die hoch entwickelte Lösungen und zielgerichtetes Handeln erfordern. Ein Krankenhaus ist produktiver, wenn eine wirksame und einfühlsame Pflege durch das Unternehmen gefördert wird.
- Schüler wissen, wann Lehrer an Burnout leiden. Sie merken die Ungeduld, die Unaufmerksamkeit ihrer Arbeit gegenüber und einen Mangel an persönlicher Unterstützung ihrer Leistungen. Eine Schule, die ihren Lehrkräften nicht hilft, sich auch weiterhin mit ihrer Arbeit zu identifizieren, trägt weniger zum Lernprozess ihrer Schüler bei.

Ein Unternehmen, das sich für Identifikation mit der Arbeit einsetzt, ist ein stärkeres Unternehmen, das besser auf die Kunden eingehen kann, neuartige, spannende Wachstumsperspektiven hat und kreative Ideen oder Produkte entwickelt. Im Gegensatz dazu kann ein Unternehmen, in dem Menschen an Burnout leiden, mit wichtigen Veränderungen in seinem Umfeld und seinen eigenen Strukturen oder Abläufen weniger gut umgehen. Burnout untergräbt die Kreativität und verringert die Fähigkeit, produktiv mit Kunden oder Kollegen zu arbeiten.

Unternehmen müssen auch noch wegen eines anderen, damit in Zusammenhang stehenden Grundes bei der Bewältigung von Burnout die Initiative ergreifen. Im Gegensatz zur weit verbreiteten Ansicht, die am Anfang dieses Kapitels von Dave vertreten wurde, kündigen Menschen, die an Burnout leiden, nicht immer. Dies trifft jetzt, während der aktuellen Krise im Arbeitsumfeld, stärker zu als in den vergangenen Jahren, als es noch mehr Arbeitsplätze gab und die Menschen das Gefühl hatten, auswählen zu können. Heutzutage bleiben Angestellte mit Burnout vielleicht in ihrem Arbeitsverhältnis, leisten minimale Beiträge, fühlen sich müde und zynisch, und behindern so die Leistungsfähigkeit ihrer Arbeitsgruppe. Ein Unternehmen kann dieses Problem nicht ignorieren, wenn ihm Produktivität wichtig ist. Solange diese Menschen bleiben, muss sich das Unternehmen in seinem eigenen Interesse mit ihnen befassen.

Unternehmen können viel tun

Unternehmen werden für gewöhnlich nicht als hilflose Geschöpfe angesehen, die nicht fähig sind, die Probleme, mit denen sie konfrontiert sind, zu lösen. Folglich scheint das Argument, dass Unternehmen bei dieser Art von Stress nicht viel machen können, merkwürdig. Ganz im Gegenteil, Unternehmen haben die Macht und die Ressourcen, viel zu bewirken. Ein unternehmerischer Ansatz hinsichtlich Burnout und der Identifikation mit der Arbeit hat ein großes Potential, positive Änderungen zu bewirken.

Hier sind die Gründe dafür:

1. Ein unternehmerischer Ansatz behandelt die Probleme einer Gruppe von Menschen, statt sich zu einem bestimmten Zeitpunkt auf eine Einzelperson zu konzentrieren. Folglich ist der Ansatz nicht nur kosteneffizienter, sondern führt auch zur Bildung von gegenseitigen Unterstützungsprozessen, da andere Kollegen, mit denen Mitarbeiter zu tun haben, auch von der Intervention profitieren.

Eine Intervention, die zu gegenseitigem Respekt unter den Kollegen führt, stärkt die Identifikation mit der Arbeit in der Arbeitsgruppe.

2. Durch eine generelle Verbesserung des Human Resource Managements steigert ein unternehmerischer Ansatz sowohl die Produktivität als auch die Qualität des Arbeitslebens der Belegschaft. Ein Finanzberater beispielsweise, der sich mit seiner Arbeit identifizieren kann, wird gründlichere Informationen einholen und den Anliegen seiner Kunden gegenüber aufmerksamer sein.
3. Eine Intervention auf der Unternehmensebene, die das Funktionieren eines Arbeitsumfeldes verbessert, hat mehr Aussicht darauf, die Identifikation mit der Arbeit zu stärken. Wenn die Intervention hingegen auf der individuellen Ebene erfolgt, dann ist das Ziel meist, eine leidende Person auf ein erträgliches Funktionsniveau zu bringen (d. h., einen Zustand ohne Burnout), selten jedoch geht man in seinen Bemühungen darüber hinaus.

Ungeachtet seines Wertes ist ein unternehmerischer Ansatz komplexer und folglich eine größere Herausforderung. Da die Menschen im Allgemeinen glauben, dass Ereignisse eher durch Einzelpersonen und nicht durch Gruppen oder soziale Prozesse hervorgerufen werden, kann man sich das Eingreifen auf Unternehmensebene auch schlecht vorstellen. Es kann schwierig sein, das exakte Ziel der Intervention auf der Unternehmensebene zu definieren, und durch diese Mehrdeutigkeit ist es schwieriger, Veränderungen, die das soziale Umfeld des Unternehmens betreffen, durchzuführen. Noch problematischer ist, dass solche Interventionen Managementprozesse und Machtstrukturen aufbrechen können und daher automatisch auf Widerstand stoßen. Hier ein Beispiel für eine Intervention auf der Unternehmensebene mit den Problemen und Erfolgen, die sich daraus ergaben:

> Manager in einer Flugzeugwartungsfirma bemerkten, dass einige Techniker bedeutend länger als der Durchschnitt brauchten, um Standardabschnitte der Sicherheitskontrollen von Flugzeugen durchzuführen. Sie erwogen deshalb, ein System einzuführen, das einzelne Mitarbeiter, die zu langsam arbeiteten, mit Lohnabzügen bestrafen würde. Davon wurde dann aber abgesehen, da man fürchtete, diese Maßnahme würde nachlässige Sicherheitskontrollen fördern, die in der Luftfahrtindustrie inakzeptabel sind.
> Stattdessen wurde ein Ansatz verwirklicht, der nicht den Zeitbedarf des Einzelnen überwacht, sondern die Zeit, die das gesamte Team

für die Sicherheitskontrolle braucht. Dieser Schritt übertrug die Verantwortung für die Effizienz der Überwachung an das Arbeitsteam. Bald nachdem diese Vorgangsweise eingeführt wurde, beklagten sich die Teamleader bei den Managern, dass sie nicht wussten, was sich in ihren Teams abspielte, oder dass sie keine Korrekturmaßnahmen setzen konnten, wenn die Gesamtleistung nicht dem Standard entsprach. So war die erste Auswirkung dieses Schrittes nicht, dass die Sicherheitskontrolle schneller durchgeführt werden konnte, sondern dass sich unter den Teammitgliedern Angst und Unsicherheit breit machte.
Die Manager ließen die Teams an einer Reihe von teambildenden Workshops teilnehmen, in denen die Mitglieder lernten, produktiver zusammenzuarbeiten. Die Teams entwickelten ein gemeinsames Verständnis für die Gesamtaufgabe und lernten, ihr Arbeitstempo so anzupassen, dass die Sicherheitskontrollen gründlich, aber nicht zu zeitintensiv ausfielen.

Anhand dieses Beispiels wird deutlich, wie sich das Ziel von der Einzelperson zur Gruppe verlagert hat. Statt Einzelpersonen herauszufiltern und diese zu nötigen, ihr Arbeitstempo zu steigern, förderte diese Methode Teamarbeit, während die Mitarbeiter einen zumutbaren und effektiven Arbeitsansatz entwickelten. Ähnlich verhält es sich mit der Bewältigung von Burnout: Der Ansatz des Unternehmens ist effektiver, wenn er in strategische Managementrichtlinien integriert ist, als wenn er direkt auf problematische Einzelpersonen ausgerichtet ist.

Weshalb es besser ist, Burnout jetzt zu verhindern, anstatt sich später damit zu beschäftigen

Wie wir in Kapitel eins gezeigt haben, lautet die allgemeine Devise bezüglich Problemen am Arbeitsplatz: „Wenn es nicht kaputt ist, dann repariere es nicht.“ Mit anderen Worten soll man sich nicht über ein mögliches Problem Gedanken machen, sondern warten, bis es wirklich ein Problem wird. Dieser Ansatz zielt stärker auf kurzfristigen Vorteil als auf den zukünftigen Nutzen ab. Dabei pokert man mit der Chance, dass das mögliche Problem nie auftritt; so „gewinnt“ das Unternehmen, indem es kein Geld in etwas investiert, das sich als Trugbild erweisen könnte.

Wir sind der Meinung, dass dieses Spiel viel zu riskant ist, wenn es um Burnout geht. Erstens ist die Wahrscheinlichkeit von Burnout zu groß – es ist nicht länger eine Seltenheit. Zweitens, wie wir schon früher in diesem Kapitel gesehen haben, wird Burnout sehr kostspielig, wenn es sich einmal zum wirklichen Problem entwickelt hat. Die finanzielle Belastung, die sinkende Produktivität, die gesundheitlichen Probleme, die Abnahme der allgemeinen Lebensqualität – all dies ist ein hoher Preis, den man für Burnout zu zahlen hat. Drittens ist es schwieriger, effektiv mit Burnout umzugehen, wenn es ein ausgewachsenes Problem ist, als wenn es sich erst im Anfangsstadium befindet. In einem späteren Stadium ist die Behandlung schwierig und das Unternehmen ist mit Schadensbegrenzung in größerem Umfang konfrontiert.

So treten wir der oben genannten Binsenweisheit mit dem Spruch entgegen: „Ein Gramm Vorbeugung ist gleich viel wert wie ein Kilo Heilung." Ein Ansatz, der auf Vorbeugung ausgerichtet ist, benötigt eine langfristige Sichtweise, nicht eine kurzfristige. Dieser Ansatz sagt, dass eine jetzt getätigte Investition größere Kosten und Verluste in der Zukunft verhindert. Dieser Ansatz „zahlt sich aus", weil langfristig weniger investiert wird, da die schlimmsten Auswirkungen des Problems bereits im Vorfeld abgewehrt werden. Beispielsweise erspart man sich durch die Bezahlung von Schulungen in der Gegenwart die Kosten einer schlechten Arbeitsleistung in der Zukunft. Es lohnt sich, jetzt einen weiteren Mitarbeiter einzustellen – anstatt einer Person die doppelte Arbeitslast aufzuerlegen –, dadurch beugt man einer Verschlechterung der Arbeitsqualität und den durch Erschöpfung und Krankheit entstehenden Kosten vor. Durch das Entwickeln einer Vorgangsweise für die Lösung von Konflikten im Team werden zukünftige Konflikte verhindert, die sich auf die Produktivität auswirken könnten. Indem man Input und Feedback von den Arbeitnehmern einholt, ehe sich die Änderungen der Richtlinien auswirken, werden Widerstand und unerwartete Probleme vermieden. Und so weiter und so fort.

Unserer Meinung nach ist der beste Weg, Burnout zu verhindern, die Identifikation mit der Arbeit zu fördern. Dies bedeutet nicht einfach, die negativen Aspekte im Arbeitsleben zu vermindern; es ist auch ein Versuch, die positiven Aspekte zu vermehren. Strategien, die eine Identifikation mit der Arbeit bedingen, sind jene, die Energie, Engagement und Leistungsfähigkeit steigern. Wir werden diese später noch eingehender behandeln.

Das Wichtigste ist, dass ein Ansatz zur Vorbeugung eine besonnene und vernünftige Investition in die Zukunft des Unternehmens ist. Es bedeutet, in Menschen zu investieren, so dass diese gut ausgebildete, loyale und engagierte Arbeitnehmer sind, auf die man zählen kann, wenn Arbeit von höchster Qualität gefragt ist. Diese Art von Investition wird das Unternehmen für den zukünftigen Überlebenskampf stärken. In unsicheren Zeiten mit Krisen und Chaos sind solche Mitarbeiter wichtig, um die Phasen von Veränderung und Übergang zu bewältigen und das Unternehmen durch eine neue globale Realität zu steuern. Die entscheidende Rendite der Investition ist sozusagen eine menschliche und nicht einfach ein kurzfristiger wirtschaftlicher Gewinn.

Eine Investition dieser Dimension erfordert ein auf Gegenseitigkeit beruhendes Verhältnis zwischen Arbeitgebern und Arbeitnehmern. Das Unternehmen muss fähig sein, dieselbe Art von Zuwendung ihren Angestellten gegenüber zu zeigen, also Respekt und Anteilnahme, wie sie dies von ihnen fordert. Der beste Weg für ein Unternehmen, dies durchzuführen, ist, Schritte zu unternehmen, um die sechs Missverhältnisse zwischen Menschen und ihrer Arbeit zu minimieren. Für eine Reihe von Führungskräften ist dieser Ansatz ausgesprochen sinnvoll. Im Gegensatz zu unserem CEO Dave sehen diese die Vermeidung von Burnout als entscheidendes Kriterium für ein Wohlbefinden am Arbeitsplatz. Lee, der CEO eines großen Krankenhauses, drückt dies folgendermaßen aus: „Ich bin überzeugt davon, dass Unternehmen, die auf der Grundlage von offener, aufrichtiger Kommunikation, von Respekt für die Menschen, die dort arbeiten und für die Menschen, denen sie dienen, sowie einem Bekenntnis zu qualitativ hochwertiger Betreuung arbeiten, andere Unternehmen langfristig ausstechen werden. Wenn ich damit falsch liege, dann würde ich lieber wieder als Hausarzt arbeiten und nicht mehr Leiter eines Krankenhauses sein."

Wir erkennen, dass dies für gewöhnlich nicht der Situation am Arbeitsplatz entspricht. Und wir wissen, dass wir vielleicht naiv und idealistisch klingen, wenn wir uns dafür einsetzen, in Menschen zu investieren und einen vorbeugenden Ansatz propagieren. Trotzdem glauben wir fest daran, dass das der Weg ist, der uns von Burnout in Richtung einer produktiven Identifikation mit der Arbeit führt.

Das Ziel ist also ganz klar, die Missverhältnisse zu minimieren, wie aber gehen die Menschen dabei vor, dies zu erreichen? Tatsächlich gibt es einen Prozess, der die Weiterentwicklung in diese Richtung fördert – und dies kann entweder auf der individuellen Ebene, mit einer Person, die etwas verändern will, oder auf der Unternehmensebene mit einem entsprechend eingestellten Management beginnen. In den nächsten zwei Kapiteln werden wir beschreiben, welche Schritte notwendig sind, um diesen Prozess ins

Rollen zu bringen und so die Wahrscheinlichkeit des Entstehens von Burnout zu verringern.

5

Krisenintervention, um Burnout aufzuhalten

Scheinen die Dinge bei der Arbeit auf eine Krisensituation hinauszulaufen? Wird Burnout zum ernst zu nehmenden Problem? Scheint die Situation unkontrollierbar? Wünschen Sie sich manchmal, dass jemand etwas dagegen unternehmen würde? Fassen Sie Mut – es gibt Wege, wie ein Einzelner Schritte gegen Burnout unternehmen kann, und diese Person könnten gut Sie sein.

Unsere Botschaft an dieser Stelle wird nicht diejenige sein, die Sie vielleicht aus den unterschiedlichsten Selbsthilfe-Ratgebern und -Programmen kennen – wie man sein Leben in die Hand nimmt, sich in Form hält und glücklich wird. Wir wollen diese Bemühungen nicht schlecht machen. Es ist wichtig und richtig, auf sich Acht zu geben, und es gibt viele Wege, wie man sowohl sein physisches als auch seelisches Wohlbefinden stärken kann. Aber über diese Möglichkeiten kann man sich anderswo informieren, und so werden wir sie an dieser Stelle nicht wiederholen.

Unsere Sichtweise ist vielmehr, dass persönliche Anstrengungen allein nicht ausreichen, um mit Burnout fertig zu werden. Um die Missverhältnisse zwischen Person und Arbeit zu lösen, ist es nötig, sich sowohl auf den Einzelnen als auch auf den Arbeitsplatz zu konzentrieren, und nicht nur auf die Person allein. Wie wir in diesem Buch immer wieder argumentiert haben, sind die Ursachen für Burnout mehr in dem Umfeld als in der betroffenen Person zu suchen, folglich müssen Lösungen für dieses Problem innerhalb des sozialen Kontextes des Arbeitsplatzes gesucht werden.

Was wir in diesem und im nächsten Kapitel tun werden, ist, einen Problemlösungsprozess für Burnout zu präsentieren. In diesem Kapitel werden wir zeigen, wie der Prozess in einem Krisenfall angewendet wird; in Kapitel sechs werden wir erläutern, wie er zur Vorbeugung angewendet wird. Abbildung 1 stellt die zwei Ansätze dar, die im Problemlösungsprozess verwendet werden können.

Der Ausgangspunkt des Problemlösungsprozesses ist eines der sechs Missverhältnisse zwischen Mensch und Arbeit. Der Prozess konzentriert sich sowohl auf den Menschen als auch auf die Arbeit, indem spezifische Bedingungen am Arbeitsplatz auf die Emotionen und das Arbeitsverhalten des Einzelnen bezogen werden. Er überprüft, wie sich mögliche Veränderungen auf die drei Dimensionen von Burnout auswirken – Erschöpfung, Zynismus und Ineffizienz – und wie eine Änderung in die entgegengesetzte Richtung, nämlich zur Identifikation mit der Arbeit, eingeleitet werden kann. Der Prozess basiert auf sozialem und kooperativem Verhalten und er zielt darauf ab, die Kommunikation zwischen den Menschen und dem Unternehmen zu fördern. Und wir betonen, dass dies ein dynamischer *Prozess* ist, keine schnelle Problemlösung und kein oberflächliches, immerwährendes Happy End.

Dieser Prozess kann entweder im Krisenmanagement oder zur Vorbeugung angewendet werden. Im ersten Fall ist Burnout die momentane Realität; im zweiten ist es die wahrscheinliche zukünftige Situation. Im Krisenmanagement ist das Ziel, sofortige Lösungen zu finden, um ein Problem zu lindern. Vorbeugung hingegen erfordert eine langfristige Ausrichtung auf Strategien, die zukünftige Risiken verringern und zukünftiges Wachstum fördern. In beiden Fällen ist jedoch der Problemlösungsprozess an sich grundsätzlich derselbe: das Problem ist ein gewisses Missverhältnis und die Lösung muss den Bezug zwischen dem Arbeitsumfeld und den individuellen Mitarbeitern herstellen.

Wie also beginnt dieser Prozess? Wie wir gesagt haben, kann dieser entweder durch ein Individuum oder ein Unternehmen initiiert werden. Wenn einzelne Mitarbeiter den Prozess ins Rollen bringen, dann ist das meist deshalb so, weil die Arbeitssituation für sie und ihre Kollegen einen Krisenpunkt erreicht hat. Burnout ist zu einem bedeutenden Problem geworden, und da auf der Unternehmensebene nichts unternommen wird, um es zu lösen, ergreifen die Menschen selbst die Initiative. Statt sich zurückzuziehen oder zu kündigen, kann ein Einzelner eine größere Arbeitsgruppe dazu anregen, das Problem eines bestimmten Missverhältnisses anzupacken und Lösungsansätze

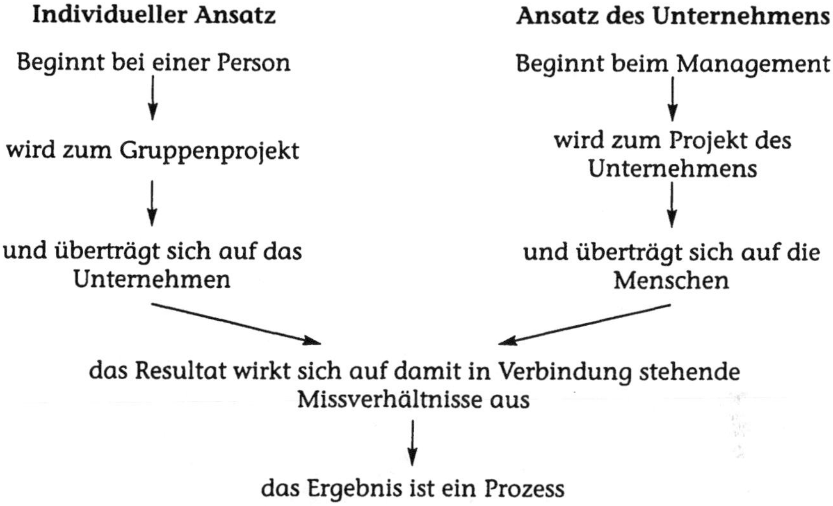

Abbildung 1. Zwei Ansätze zum Problemlösungsprozess

zu finden. Wenn der Prozess hingegen auf der Unternehmensebene beginnt, so ist es häufiger ein Versuch, Burnout zukünftig zu vermeiden als auf eine Krise zu reagieren. Das Management erkennt die möglichen Kosten von Burnout und beschließt, aktiv zu werden, um diese in Grenzen zu halten. Das bedeutet nicht, dass Unternehmen keine Krisenmanagementprozesse einleiten oder dass Einzelne nicht vorbeugende Maßnahmen treffen – natürlich kann auch das vorkommen –, aber das entgegengesetzte Verhaltensmuster ist typischer, und daher werden wir die Prozesse in diesem Buch vorstellen.

Das Missverhältnis zwischen Arbeit und Mensch individuell angehen

Auch wenn Burnout als Problem viel zu groß erscheint, um von einem Einzelnen allein bewältigt zu werden, heißt das nicht, dass man aufgeben oder nicht einmal versuchen sollte, etwas dagegen zu unternehmen. Jeder kann aktiv werden und so den Prozess einleiten, mit dem Burnout gestoppt wird.

Alles, was man dazu braucht, ist Folgendes:

- Das Verständnis der sechs Wege von Missverhältnis zu Burnout
- Die Fähigkeit, mit Kollegen zu arbeiten
- Die Bereitschaft, den Prozess der Veränderung mitzutragen

Dieses Buch hat Ihnen geholfen, zu verstehen, was Burnout ist und wodurch es entsteht. Die sechs Arten, wie Mensch und Arbeit in einem Missverhältnis zueinander stehen, sind die entscheidenden Ursachen von Burnout, und so muss jede Analyse des Problems hier ansetzen.

Die Fähigkeit, mit anderen zu arbeiten, ist essentiell, da der Alleingang in den seltensten Fällen funktioniert. Tatsache ist, dass Sie nicht isoliert arbeiten. Ihre Arbeit steht mit den Tätigkeiten der Mitarbeiter in Verbindung. Was immer also Ihre Arbeit betrifft, wird sich wellenartig auf alle anderen auswirken. Angesichts der Tatsache, dass der Arbeitsplatz zunehmend gemeinschaftliches Handeln erfordert, wird man mit den Kollegen zusammenarbeiten müssen, um so wirkungsvoll mit Burnout umgehen zu können.

Veränderung braucht Zeit, besonders wenn es sich um ein langfristiges, chronisches Problem wie Burnout handelt. Dies erfordert Engagement, Hartnäckigkeit und Geduld und die Bereitschaft, den Prozess voranzutreiben, bis sich Erfolge zeigen.

Es gibt einige Schlüsselschritte in dem Prozess, Burnout zu stoppen. Wir werden diese kurz beschreiben, und zwar in allgemeiner Form, so dass der Leser diese in den drei folgenden Fallstudien leicht erkennen kann.

Schritt 1: Es beginnt bei einer Person

Der Prozess beginnt, wenn eine Person eine Arbeitsgruppe veranlasst, das Problem Burnout und die Lösungsmöglichkeiten anzusprechen. Dieser individuelle Anstoß muss nicht von einer dafür zuständigen Person kommen. Häufig schränkt die formelle Autorität die Fähigkeit einer Person ein, eine Führungsrolle zu übernehmen. Aber unabhängig davon, wer den Anstoß gibt, muss diese Person die Führungsrolle übernehmen. Dies bedeutet, die nötigen Grundlagen erarbeiten, die Gruppe zur Mitarbeit motivieren und sie durch den Prozess führen. Die Herausforderung ist, eine Gruppe anzuregen, direkte Handlungsschritte zu setzen, um die Situation zu verbessern.

Schritt 2: Es wird zum Gruppenprojekt

Eine Person kann den Prozess beginnen, aber es bedarf einer Gruppe, um ihn zu entwickeln und in Gang zu halten. Um Probleme am Arbeitsplatz zu korrigieren, sind die gemeinsamen Anstrengungen der Arbeitsgruppe erforderlich. Man muss sich darauf einigen, welchem Missverhältnis man sich zuerst widmet und dann die Prioritäten für die erforderlichen Handlungsschritte setzen. Die Mitglieder müssen sich dabei gegenseitig unterstützen und bemühen, die Veränderungsbewegung in Schwung zu halten.

Schritt 3: Es überträgt sich auf das Unternehmen

Welche Art von Lösungen für den Umgang mit Burnout auch vorgeschlagen werden, sie können nicht in einem Vakuum in die Praxis umgesetzt werden. Obwohl diese Schritte von einem Einzelnen oder einer Gruppe initiiert werden können, müssen sie innerhalb des Unternehmens umgesetzt werden.

Schritt 4: Das Resultat wirkt sich auf damit in Verbindung stehende Missverhältnisse aus

Die einzige Möglichkeit, erfolgreich etwas gegen Burnout zu unternehmen und die Identifikation mit der Arbeit zu fördern ist, sich mit den sechs in diesem Buch vorgestellten Missverhältnissen zu beschäftigen. Dies bedeutet nicht, dass jeder Schritt gleichzeitig alle sechs Missverhältnisse behandeln muss – der Prozess ist einfacher und klarer, wenn er sich nur auf eines konzentriert. Die sechs Bereiche des Unternehmens, in denen Missverhältnisse auftreten, stehen jedoch irgendwie miteinander in Verbindung, so dass jeder Handlungsschritt in einem der Bereiche zumindest in einigen anderen auch Verbesserungen bewirkt.

Schritt 5: Das Ergebnis ist ein Prozess

Die grundlegende Botschaft an dieser Stelle ist, dass es nicht darauf ankommt, ein „Happy End" zu erreichen, sondern einen fortlaufenden Prozess erfolgreicher Anpassung an einen sich ständig verändernden Arbeitsplatz. Es ist nicht notwendig, jeden Aspekt eines komplexen Veränderungsprozesses bewusst zu behandeln. Beginnt der Prozess einmal, erhält er eine Eigendynamik in Richtung Veränderung und Verbesserung.

Nachdem wir die Schritte in diesem Prozess kurz vorgestellt haben, sehen wir uns nun im Folgenden an, wie diese erfolgreich in die Praxis umgesetzt wurden. Wir werden uns dafür mit drei Menschen befassen, die wir bereits in Kapitel eins vorgestellt haben, und erläutern, wie sie mit Hilfe des Prozesses mit einem bestimmten Missverhältnis, das zu Burnout führte, fertig wurden. Im Fall von Eleanor war das Missverhältnis die Arbeitsüberlastung, für Stan war es ein Mangel an Kontrolle und für John war es unzureichende Belohnung.

Der Versuch, den Arbeitsumfang zu verringern

Wie wir in Kapitel eins gesehen haben, konnte Eleanor den ständig wachsenden Anforderungen ihres Managerjobs – sie war für Versicherungsagenden bei Autounfällen in einer großen Versicherungsgesellschaft zuständig – nicht gerecht werden. Sie kannte die Grenzen ihrer Energie und ihr Engagement im Privatleben; dennoch fürchtete sie, ihren Arbeitsplatz zu verlieren, wenn sie die erforderliche Leistung nicht erbringen würde. Trotz des wachsenden Arbeitsumfangs hatte ihr das zentrale Management die Anweisung gegeben, die Zahl ihrer Mitarbeiter zu verringern. Eleanor hatte genug Erfahrung in dieser Branche und kannte die Kollegen gut genug, um sicher zu sein, dass die anfallende Arbeit ihre Kapazitäten überschritt.

Es beginnt bei einer Person

Die Lösung lag für Eleanor nicht auf der Hand, aber sie wusste, dass sie gemeinsam mit ihrer Abteilung ein neues Gleichgewicht zwischen der zur Verfügung stehenden Energie und den Anforderungen finden musste. Sie bereitete sich für das Gruppentreffen gut vor. Zuerst traf sie sich mit dem Vizepräsidenten, um die Strategie des Unternehmens und die Rolle, die ihre Abteilung beim Aufbau einer stärkeren Position in einer immer heftiger konkurrierenden Versicherungswelt übernahm, zu besprechen. Zweitens las sie Berichte über die Kosten-Nutzenrelation ihrer Abteilung. Drittens studierte sie die Publikationen dieser Branche hinsichtlich Innovationen im Bereich der Versicherungsansprüche und fand neue Standards und Praktiken. Dann erstellte sie eine Zusammenfassung ihrer Recherchen und verteilte sie vor dem Treffen an die Mitglieder der Abteilung, um Pläne und Strategien zu besprechen.

Es wird zum Gruppenprojekt

Das Treffen begann damit, dass drei Mitarbeiter erklärten, wie unzufrieden sie mit dem derzeitigen Stand der Dinge waren. Sie fühlten die Belastung der Erschöpfung und die Frustration, die mit dem hastigen und unvollständigen Erledigen der Arbeit einhergingen. Sie fühlten sich durch das Unternehmen unter Druck gesetzt, da es die Bearbeitung einer so großen Anzahl von Schadensfällen forderte, dass eine gründliche Untersuchung der Fakten nicht möglich war.

Eleanor lenkte die Diskussion auf die Werte, die die Belegschaft mit ihrer Arbeit verband. Der erste Wert war die Aufmerksamkeit, die den Problemen der Kunden geschenkt wurde. Häufig sind diese ja in einer Notsituation, wenn sie sich an die Schadenersatzstelle einer Versicherung wenden. Ein zweiter Wert war Gründlichkeit und Genauigkeit. Drittens bekannten sich die Gruppenmitglieder zu effizienter, produktiver Handlungsbereitschaft. Viertens war es äußerst wichtig für sie, individuell auf den Kunden einzugehen. Jeder dieser vier Werte erforderte Zeit, Energie und Ressourcen seitens der Arbeitsgruppe.

Eleanor bat daraufhin die Gruppe zu überlegen, wie sich diese Werte bei dem derzeitigen Arbeitspensum einhalten lassen würden. Es war nicht schwierig, Beispiele von Vorfällen zu finden, bei denen Zeitdruck sie dazu veranlasst hatte, die Sache abzukürzen, wenn es darum ging, Richtlinien zu interpretieren oder Nachforschungen anzustellen. Obwohl es in den letzten sechs Monaten keinen eindeutigen Fall von erfolgreichen betrügerischen Forderungen gegeben hatte, gab es doch eine Reihe von Fällen, in denen sich der zuständige Sachbearbeiter hinsichtlich der Stichhaltigkeit einer Forderung nicht ganz sicher war. Die Gruppe errechnete, dass die Gesamtsumme für diese zweifelhaften Forderungen das Gehalt von fünf Mitarbeitern überschritt. Die Gruppe stellte auch eine Zunahme in der Häufigkeit und Intensität von gereizten Gesprächen mit Kunden fest. Diese Probleme wurden als direktes Resultat des Zeitdrucks im Büro angesehen.

Eleanor ersuchte die Gruppe, das Problem als eine Frage von Prioritäten zu betrachten. Die Verringerung des Personals zusammen mit einem Ansteigen des Arbeitsumfangs bedeutete, dass die restlichen Mitarbeiter weniger Zeit und Energie für jeden einzelnen Fall aufwenden konnten als früher. Eine Lösung für dieses Problem wäre also, mehr Zeit zu finden, um das Niveau des Engagements der Mitarbeiter in der Bearbeitung von Fällen beizubehalten, indem die nicht auf Schadensfälle bezogenen Tätigkeiten effizienter durchgeführt werden. Aber die Gruppe war davon überzeugt, dass die Initiativen, die sie früher in diesem Jahr ergriffen hatte, das Leistungspotential des Bürobetriebes als Ganzes bereits bis zur Obergrenze ausgeschöpft hatten. Eine andere Strategie wäre es, Freizeit zu opfern – morgens und abends Überstunden zu machen –, um so den hohen Qualitätsstandard beizubehalten. Aber dies war ihre derzeitige Lösungsstrategie, und sie funktionierte nicht.

Eleanor schlug vor, dass die Gruppe die Arbeitsüberlastung in den Griff bekommen könnte, indem sie einige Werte über andere stellen würde. Nach einer langen Diskussion entschied sich die Gruppe dazu, das individuelle Eingehen auf den Kunden in den Vordergrund zu stellen. Eleanor übernahm dabei die Aufgabe, mit zwei Mitarbeitern eine Stellungnahme zu verfassen, in der sich die Abteilung zu diesen Werten bekannte.

Es überträgt sich auf die Organisation

Eleanor teilte dem Vizepräsidenten auch schriftlich mit, welche finanziellen Auswirkungen verspätete oder weniger gründliche Untersuchungen hatten. Sie schätzte die laufenden Kosten von übereilten Untersuchungen für das Unternehmen und wies darauf hin, dass das Schaffen von zwei zusätzlichen Arbeitsplätzen in ihrer Abteilung eine kostensparende Möglichkeit für die Abteilung sei, um ihr früheres Niveau an Genauigkeit und Gründlichkeit wiederherzustellen.

Obwohl diese Lösung bedeutete, dass die Gruppe sich an den derzeitigen Stand der Dinge anpassen musste, schloss dies auch eine Kommunikation außerhalb der Gruppe mit dem Vizepräsidenten ein, in der die geschätzten Kosten von möglichen betrügerischen Forderungen unterstrichen und zusätzliche Ressourcen angefordert wurden. Durch die Forderung nach weiteren Mitarbeitern brachte Eleanor die übergeordnete Organisation in die Werteüberlegungen der Gruppe ein: War das Unternehmen der Meinung, dass ihren Werten Aufmerksamkeit geschenkt werden sollte? Wenn sich das Unternehmen eindeutig zu den von der Gruppe vertretenen Werten des Kundenservices bekannte, würde es ihre Bemühungen unterstützen, die Kundenforderungen zu erfüllen. Ohne ein solches Bekenntnis könnte sich die Gruppe in der Situation befinden, Werte im Kundenservice zu vertreten, die für das Unternehmen nicht mehr aktuell waren. Die Kommunikation mit der übergeordneten Organisation bietet einen breiteren Kontext, in dem ein Lösungsansatz für ein Missverhältnis entwickelt werden kann.

Eleanor berechnete die Kosten, die entstehen würden, wenn auf Genauigkeit und Gründlichkeit nicht mehr so viel Wert gelegt werden würde. Mit Hilfe der Aufzeichnungen der zwei vorhergehenden Jahre schätzte sie die Anzahl der Forderungen, bei denen dank der gründlichen Untersuchungen ihrer Belegschaft die Betrugsabsicht nachgewiesen wurde, und errechnete im Vergleich dazu die für das Unternehmen entstehenden Kosten bei oberflächlicheren Untersuchungen. Als sie die Zahlen dem Vizepräsidenten präsentierte, war seine anfängliche Reaktion, dass die Prioritäten der Gruppe völlig falsch waren: Sie sollten Genauigkeit und Gründlichkeit in den Vordergrund stellen und nicht das Eingehen auf den Kunden. Eleanor, die diese Reaktion erwartet hatte, hatte im Vorfeld die Kosteneffizienz eines persönlichen Kundenservice untersucht. Sie hatte die Anzahl der Klienten, die einen starren, aufdringlichen Umgang seitens ihrer Mitarbeiter nicht akzeptieren würden, errechnet und erinnerte den Vizepräsidenten an den starken Wettbewerb im Versicherungsgeschäft.

Es war eine lange Sitzung mit intensiven Diskussionen. Die schwierigste Herausforderung für Eleanor war, ihre Sorge um das Wohlergehen ihrer Mitarbeiter und um ausgezeichnetes Kundenservice mit den finanziellen Bedenken des Vizepräsidenten in Einklang zu bringen. Sie musste vollkommen klare Worte zu den Werten der Kundendienstleistung und den finanziellen Zielen des Unternehmens finden. Sie musste die finanziellen Vorteile von guter Arbeitsmoral und gutem Kundendienst ins Treffen führen. Am Ende der Besprechung erklärte sich der Vizepräsident bereit, auf Eleanors Bitte um mehr Mitarbeiter versuchsweise auf ein Jahr einzugehen. Am Ende dieser Periode würde die Anzahl an zusätzlichen Mitarbeitern basierend auf dem Abschneiden der Abteilung in Bezug auf Kundenzahlen, das Erkennen von problematischen Forderungen und die gesamte finanzielle Leistung neu bewertet werden.

Das Resultat wirkt sich auf damit in Verbindung stehende Missverhältnisse aus

Eleanors Gruppe hatte die Kontrolle über das Missverhältnis des Arbeitsumfanges, das Burnout begünstigt, übernommen. Die Gruppe konnte jedoch das Problem der Arbeitslast nicht lösen, ohne auch Themen wie Werte und Kontrolle zu überdenken. Ein klares Verständnis für Werte erlaubte es der Gruppe, zwischen den verschiedenen legitimen Forderungen, die an ihre Zeit und Energie gestellt wurden, zu wählen. Sie mussten zwischen diesen Anforderungen eine sinnvolle Auswahl treffen; eine zufällige Auswahl der Anforderungen würde einfach nur ihren Zynismus verstärken, weil dadurch der Eindruck entstünde, das nichts wirklich eine Rolle spiele. Die Erfahrung, an diesem Prozess beteiligt zu sein, stärkte auch ihren

Gemeinschaftssinn. Die Gruppe hatte so intensiv zusammengearbeitet, dass ihre Mitglieder einander besser kennen gelernt hatten. Und die Kommunikation mit der übergeordneten Organisation führte zu einer stärkeren Identifizierung der Gruppe mit dem Unternehmen.

Das Ergebnis ist ein Prozess

Die Folge dieses Prozesses war, dass die Gruppe ein Gleichgewicht gewann, das nachhaltig zu sein schien. Die Gruppe war sich zweifellos bewusst, dass auf diese Krise weitere Probleme folgen würden, die weitere Veränderungen ihrer Arbeitsweise erfordern. Ihre wichtigste Errungenschaft war, dass ein sich selbst tragender Prozess zur Verbesserung ihrer Arbeitssituation initiiert wurde, und nicht die Lösung aller ihrer derzeitigen und zukünftigen Schwierigkeiten.

Um die Wirkung dieses Schrittes einzuschätzen, beobachtete Eleanor in den folgenden Monaten ihre eigenen Gefühle und die der Mitarbeiter. Sie reagierte auf Anzeichen von Erschöpfung und Zynismus in ihrer Abteilung. Die Gruppe beurteilte die erbrachten Leistungen vierzehntägig, wobei die vier Werte für die Kundendienstleistungen genauso wie die Leistungsmesser Arbeitsumfang, Anzahl von zweifelhaften Fällen und durchschnittliche Bearbeitungszeiten berücksichtigt wurden.

Versuchen, etwas Kontrolle zu erlangen

Stan fühlte, dass er keine Kontrolle mehr über die Art und die Qualität der Betreuung, die er als Psychologe leistete, hatte. Um ein wenig Abstand von seiner Arbeit zu bekommen, nahm er ein paar Wochen Urlaub und ging Kajakfahren im Puget Sound. Eines Abends, als er nach einem langen Tag auf dem Wasser wieder in seiner Unterkunft war, kam Stan mit zwei anderen Kajakfahrern ins Gespräch. Er stellte die angenehme, wohltuende Müdigkeit, die körperlicher Anstrengung im Freien folgt, dem Zustand mutloser Erschöpfung gegenüber, die er nach einer Arbeitswoche empfand, wo er einer engstirnigen Bürokratie ausgeliefert war, die für ihn und seine Patienten nur Verachtung übrig zu haben schien. Einer der Kajakfahrer, der sich in diesem Moment ziemlich befreit von den Forderungen der materialistischen Welt fühlte, fragte: „Ist das die Bezahlung durch das Unternehmen wirklich wert?" und Stan wusste nicht mehr, was er darauf antworten sollte.

Es beginnt bei einer Person

Während der restlichen Zeit seines Aufenthalts im Kajaklager kreisten Stans Gedanken nur noch um diese eine Frage. Nach seiner Rückkehr in die Stadt entschloss er sich, etwas zu unternehmen. Zuerst informierte er sich darüber, wie viele psychotherapeutische Sitzungen nötig sind, um verschiedene psychologische Probleme erfolgreich zu behandeln. Er fand heraus, dass die durchschnittliche Anzahl von Sitzungen der maximalen Anzahl entsprach, die laut den Richtlinien seines Unternehmens in Anspruch genommen werden konnten. Aber diese Untersuchung bestätigte auch, dass eine beträchtliche Anzahl von Menschen mit einem bestimmten Problem mehr Beratungsstunden als der Durchschnitt brauchte. Er las sich den ethischen Verhaltenskodex für Psychologen noch einmal durch und beachtete dabei in erster Linie die Forderung, die Bedürfnisse der Patienten an die erste Stelle zu setzen.

Es wird zum Gruppenprojekt

Stan setzte sich mit einem Dutzend Psychologen in Verbindung, die für dieselbe Versicherungsgesellschaften arbeiteten und lud sie zu einem Treffen in seinem Haus ein. Er sagte, dass sie einen kritischen Punkt erreicht hätten, da sie immer mehr die Kontrolle über die Verantwortung für die Patientenbetreuung verlieren würden.

Stan begann das Treffen mit einer Schilderung seiner Frustration, der Erschöpfungszustände, des Zynismus und der Hilflosigkeit, die seine Gefühle während der letzten Monate beherrscht hatten. Er sagte, dass er ganz eindeutig an Burnout litt. Er stand knapp davor, seinen Job aufzugeben. Er hatte dieses Treffen einberufen, da es ihm schien, als sei er mit dieser Erfahrung nicht allein. Ihre Arbeit für das Unternehmen ermöglichte es den Psychologen nicht oft, sich zu treffen und ihre Arbeitserfahrungen auszutauschen; sie alle boten individuelle Dienstleistungen in Kliniken in der ganzen Stadt an und hatten unterschiedlichste Arbeitszeiten.

Stans erste Frage an die anderen war, ob sie ebenfalls das Gefühl hätten, keine Kontrolle mehr zu haben; seine zweite Frage war, ob diese Erfahrung bei ihnen Burnout erzeugte. Ihre Antwort auf beide Fragen war ein zustimmendes „Ja!" und die Gruppe führte in der Folge eine lebhafte Diskussion über ihre Unzufriedenheit mit der Arbeit. Man war sich allgemein darüber einig, dass in der Arbeit kein Platz für die Ideale blieb, wegen derer man diesen Beruf ergriffen hatte. Die Sorge um die Patienten wurde immer hinter das Profitmotiv des Unternehmens gestellt. Hinzu kam, dass sie nicht genügend Einfluss hatten, um auf einem humanen Ansatz in der Psychotherapie zu bestehen. Jede Woche bestand aus einer Anzahl von frustrierenden Kompromissen.

Für Stan und die anderen in der Gruppe war das wichtigste Anliegen, Kontrolle über ihre Arbeit als Psychologen zu bekommen – zum Nutzen ihrer Patienten. Der grundlegende Konflikt war der zwischen dem Wert, den sie der Aufmerksamkeit für die Patienten schenkten, und dem Wert, den das Unternehmen der Effizienz beimaß.

Das Unternehmen benötigte klar umrissene Behandlungszeitpläne: Das private Gesundheitswesen konnte nicht ohne vorhersehbare Kosten arbeiten, und der größte Kostenfaktor war die verfügbare Zeit des Psychologen. Ein zweiter Unternehmenswert war die Terminvergabe: Der Gesundheitsplan der Versicherungsgesellschaften garantierte den Patienten die Behandlung durch einen Psychologen, wenn sie einen brauchten. Das Unternehmen wollte nicht, dass die Patienten warten mussten, während die restliche Belegschaft mit terminisierten Fällen beschäftigt war. Lange Wartelisten würden verärgerte Patienten bedeuten, die Druck auf ihre Arbeitgeber ausüben würden, auf Betreuungsprogramme anderer Anbieter umzusteigen. Hinzu kam, dass das Unternehmen seinen Bedarf an zukünftigem Personal auf der Basis einer bestimmten Verteilung von psychologischen Problemen, die eine bestimmte Anzahl von Psychologen erforderte, berechnete. Wenn die Kosten und die Verfügbarkeit der Psychologen nicht abzusehen waren, wäre das Unternehmen nicht fähig, seinen Verpflichtungen innerhalb seiner budgetären Möglichkeiten nachzukommen.

Wie das Unternehmen schätzten auch die Psychologen Verfügbarkeit. Sie hielten es für wichtig, dass Dienstleistungen verfügbar waren, wenn man sie brauchte. Auch die Effizienz war für die Psychologen von Bedeutung. Sie waren sich bewusst, dass hohe Kosten niemandem nützten – das Unternehmen würde entweder die Kosten an den Patienten weitergeben oder die Psychologen durch Angestellte ersetzen, die die Patienten billiger behandeln würden. Die Psychologen fassten die Werte des Unternehmens wie Verfügbarkeit und Effizienz also nicht als irrelevant oder schädlich auf, das Problem war nur, Prioritäten zu setzen.

Nach längeren Diskussionen einigte sich die Gruppe darauf, dass die Beschränkung der Behandlungssitzungen die Werte im Bereich Verfügbarkeit und Effizienz auf eine Art bevorzugte, die in direktem

Widerspruch zu ihren eigenen Werten im Bereich der persönlichen Dienstleistung und der Aufmerksamkeit stand.

Es überträgt sich auf das Unternehmen

Stan und die Gruppe erstellten einen Vorschlag, den die Versicherungsgesellschaft erhielt. Ein wichtiger Punkt darin war, dass die Psychologen sich als Gruppe auf eine bestimmte Durchschnittsanzahl von Behandlungssitzungen für eine Reihe psychologischer Probleme festlegten. Das Unternehmen sollte es ihnen freistellen, die Anzahl der Sitzungen zu erhöhen, wenn dies die speziellen Umstände eines bestimmten Patienten erforderten. Eine Gruppe von Psychologen würde sich treffen, um über Fälle zu sprechen, bei denen ihre Kollegen eine Erweiterung der Behandlung beschlossen hatten. Basierend auf dieser Überprüfung würden sie Empfehlungen für alternative Behandlungsansätze machen. Sie würden die so erhaltene Information auch dafür benützen, weitere Verhandlungen mit dem Unternehmen bezüglich Richtlinien zu führen, um so die Anzahl der nötigen Behandlungssitzungen für bestimmte Probleme zu ermitteln. So sollte dieser Vorschlag ein neues Gleichgewicht zwischen den widersprüchlichen Werten der Verfügbarkeit / Effizienz und der individuellen Dienstleistung / Aufmerksamkeit herstellen.

Nachdem man eingehend mit anderen Psychologen, die auch solche Dienstleistungen anbieten, gesprochen hatte, stellte Stans Gruppe dem Unternehmen den Vorschlag vor. Das Management hatte Vorbehalte zu diesem Vorschlag, da er Unsicherheit bezüglich der Kosten und der Personalplanung mit sich brachte. Eine größere Kontrolle für die Psychologen ging zu Lasten der Kontrolle durch das Management, und dieses war nicht sicher, ob der Nutzen die Unannehmlichkeiten rechtfertigte. Diese zwei Perspektiven führten zu einer lebhaften Debatte. Die Sichtweise des Managements stellte die finanzielle Kontrolle als entscheidendes Anliegen in den Vordergrund, während die Psychologen die Qualität ihrer Dienstleistung und ein zumutbares Arbeitsleben betonten. Das Management zweifelte daran, dass eine Gruppe von unabhängigen Freiberuflern ihre einzelnen Abrechnungen kontrollieren könne. Sie nahmen an, dass jeder Psychologe versuchen würde, mehr Behandlungen in Rechnung zu stellen. Sie glaubten, dass die Budgetmittel für psychologische Dienste lange vor Ende des Jahres verbraucht sein würden und das Unternehmen nur die Wahl zwischen der Bewilligung zusätzlicher Budgetmittel oder dem Verärgern seiner Patienten hätte. Für die Psychologen war die größte Herausforderung, das Management davon zu überzeugen, dass das derzeitige Leistungsniveau aufgrund der Zwänge, denen man ausgesetzt war, nicht aufrechterhalten werden konnte. Zweitens mussten sie das Management davon überzeugen, dass sie fähig waren, ihre finanziellen Angelegenheiten zu regeln.

Letzten Endes wurde das Management durch die Existenz von Burnout unter den Psychologen, die Untersuchungsergebnisse über die Notwendigkeit von zusätzlichen Behandlungen und der Bereitschaft der Psychologen, die volle Verantwortung für das Erreichen ihrer Behandlungsziele zu übernehmen, überzeugt. Die zwei Seiten einigten sich auf eine einjährige Testphase für die neue Regelung.

Wieder einmal ergab sich die folgende Situation: Obwohl die Lösung die Anpassung der Gruppe an den derzeitigen Stand der Dinge erforderte, war es auch gelungen, die Kommunikation außerhalb der Gruppe mit dem Unternehmen einzuleiten sowie um zusätzliche Mittel anzufragen. Die Psychologen akzeptierten die Politik der Organisation nicht als etwas, an das sie sich nur anpassen mussten, sondern als etwas, das sie verändern konnten.

Das Resultat wirkt sich auf damit in Verbindung stehende Missverhältnisse aus

In diesem Fall hat die Gruppe ein Missverhältnis der Kontrolle angesprochen, das zu Burnout führte. Die Mitglieder fanden jedoch heraus, dass sie das Kontrollproblem nicht lösen konnten, ohne auf Aspekte wie Arbeitsumfang, Belohnungen und Werte einzugehen. Um die Kontrolle über ihr Arbeitsleben zu gewinnen, mussten sie letztlich Entscheidungen hinsichtlich der Arbeitsbelastung und der Verteilung von Belohnungen treffen. Sie forderten mehr Kontrolle über ihre Arbeit, um so ihren gemeinsamen Werten besser gerecht zu werden. Die Erfahrung, diesen Prozess mitzutragen, hat auch ihren Gemeinschaftssinn gestärkt. Sie haben mehr über einander erfahren und eine stärkere Identität als Gruppe aufgebaut.

Das Ergebnis ist ein Prozess

Wieder einmal ist das Ergebnis ein fortlaufender Prozess, nicht ein Happy End. Die Gruppe fand ein Gleichgewicht, das nachhaltig zu sein schien. Das Unternehmen akzeptierte ihren Vorschlag versuchsweise und drückte seine Skepsis aus, dass die Psychologen kollegiale Kontrolle über eine sehr kontroversielle Angelegenheit ausüben könnten. Die Gruppe würde schnell die Fähigkeit entwickeln müssen, Konflikte unter ihren Mitgliedern und zwischen ihr und dem Unternehmen zu lösen.

Stan und seine Gruppe beobachteten die Auswirkungen der Intervention, indem sie ihre Reaktionen auf die Arbeit diskutierten. Sie waren nun leistungsfähiger, was gleichermaßen von ihrer Beteiligung an der Intervention selbst wie von den Auswirkungen der neuen Vorgangsweisen herrührte. Eine Umfrage unter den Psychologen der Gruppe ergab, dass die Anzeichen für Burnout in allen drei Bereichen geringer waren: Erschöpfung, Zynismus und Ineffizienz. Burnout wurde nicht nur informell und in Umfragen untersucht, die Gruppe verglich auch die Leistungsindikatoren, also die Anzahl der Sitzungen und den Fortschritt für die Patienten. Im Laufe dieser Diskussionen stellte die Gruppe neue Themenschwerpunkte für zukünftige Diskussionen mit dem Unternehmen auf.

Sechs Monate nach Anlaufen des neuen Programms wurde Stan von einem Psychologen kontaktiert, der in einer anderen Stadt für dasselbe Unternehmen arbeitete, um mehr über den Prozess, den dieser in Gang gesetzt hatte, zu lernen. Stan war besonders erfreut zu erfahren, dass ein Manager dieses Unternehmens diesem Psychologen das Programm empfohlen hatte. Die Manager hatten scheinbar erkannt, dass die Dinge sogar mit weniger zentraler Kontrolle in der Organisation reibungslos ablaufen können.

Versuchen, mehr Belohnung zu erhalten

John war verbittert über den Mangel an entsprechender Belohnung, die er für seine Arbeit als Lehrer an einer öffentlichen Schule erhielt. Die Bezahlung und die Vergünstigungen schienen eine unzureichende Entschädigung für die emotionalen Anforderungen der Arbeit zu sein, die vielen Stunden, die er mit gründlicher Vorbereitung zubrachte, und die Kontakte, die er zu Eltern, zum Verwaltungspersonal und zu den Schülern halten musste.

Es beginnt bei einer Person

John teilte seine Frustration mit einer kleinen Gruppe von Lehrern an seiner Schule. Obwohl er davon überzeugt war, dass es besser war, seine Gefühle anderen mitzuteilen als diese in sich aufzustauen, war er sich auch der Tatsache bewusst, dass das wiederholte Sich-Luft-Machen niemandem diente. Es war an der Zeit, diese gemeinsamen Schimpftiraden zu überwinden.

John überzeugte fünf andere Lehrer, sich mit ihm während der Ferien zu treffen. Vor dem Treffen las er sich Unterlagen der Lehrergewerkschaft hinsichtlich Gehalt und Vergünstigungen durch. Diese bestätigten, was er schon wusste – dass die Gehälter und Vergünstigungen der Lehrer für die nächsten zwei Jahre vertraglich festgelegt waren. Es bestätigte auch seine Vermutung, dass die Lehrergehälter und Vergünstigungen eher von der Verfügbarkeit neuer Absolventen von Lehrerbildungsanstalten, die auf Arbeitssuche waren, abhängig waren als von den Anforderungen der Arbeit. Die große Anzahl von Arbeit suchenden Lehrern hielt die Löhne niedrig. Es war klar, dass die Lehrer nicht in der Lage sein würden, die Löhne in ihren derzeitigen Jobs kurzfristig zu ändern. John war davon überzeugt, dass die aktuelle Situation inakzeptabel war und dass die Lehrer das Problem von einer anderen Seite angehen müssten.

Es wird zum Gruppenprojekt

Zu Beginn des Treffens legte John die Ergebnisse seiner Untersuchungen dar. Er wies auf die Ungleichheit zwischen dem Gehalt der Lehrer und jenem von Menschen mit vergleichbaren Qualifikationen, Verantwortung und Anforderungen in den jeweiligen Berufen hin. Er stellte fest, dass es für die Gruppe unmöglich war, das Gehaltsniveau kurzfristig zu ändern.

Seine Schlussfolgerung lautete, dass sie drei Möglichkeiten hätten:

1. Ihre derzeitige Arbeit für einen besser bezahlten Lehrerjob anderswo aufzugeben.
2. Ihre Leistungen der Bezahlung anzupassen.
3. Die immateriellen Belohnungen des Jobs zu verbessern.

Die Gruppe war sich einig, dass diese Liste ihre Möglichkeiten zusammenfasste. Sie sah die erste Möglichkeit als sowohl unerreichbar als auch nicht wünschenswert an. Sie war unerreichbar, da die Lehrergehälter in der ganzen Stadt ziemlich ähnlich waren und die familiären Beziehungen gegen einen Umzug sprachen. Sie war nicht erstrebenswert, da sie ihr Problem als chronisch für den Lehrberuf erachteten und sich dafür verantwortlich fühlten, eine Lösung zu finden, statt ihm nur entrinnen zu wollen. Sie beschlossen, die zweite und dritte Möglichkeit auszuarbeiten.

John umriss die Situation: „Die Arbeit bringt uns einen fixen Geldbetrag ein, solange wir den minimalen Anforderungen gerecht werden. Es mag einige Lehrer an unserer Schule geben, die kaum mehr als dieses Minimum leisten, doch die Norm ist vielmehr, dass weitaus besser gearbeitet wird. Für mich bedeutet das, dass wir für andere Arten von Belohnung arbeiten: die Erfahrung, unseren Schülern beim Lernen zu helfen, die Befriedigung, einen neuen Lehransatz für ein schwieriges Thema zu entwickeln oder der Respekt unserer Kollegen. Es gibt tatsächlich Probleme mit der finanziellen Entschädigung für diesen Beruf, aber hinzu kommt, dass wir die anderen Arten von Belohnung kaum bekommen."

Die Gruppe diskutierte die Arten der Belohnung, die in ihrer Arbeit für sie wichtig waren. John zufolge resultieren die wichtigsten Arten der Belohnung aus der Interaktion mit den Schülern und aus dem Lehrprozess. Die Achtung ihrer Kollegen war eine wesentliche Belohnung, da andere Lehrer die Herausforderungen des Lehrberufes verstanden und den Unterschied zwischen qualitativ hochwertiger und nur scheinbar guter Arbeit würdigen konnten. Sie waren der Meinung, dass die Verwaltung, besonders der Bezirksschulrat, dazu neigte, sich von tollen technischen Errungenschaften, die den Lernprozess aber oftmals kaum unterstützten, blenden zu lassen.

Es war jedoch schwierig, diese Belohnungen zu erhalten, da von vielen Seiten Druck ausgeübt wurde. Ein großes Problem war die stetige Zunahme des Arbeitsumfangs und die Kürzung der Mittel während der derzeitigen prekären finanziellen Lage. Reduzierungen beim Hilfspersonal führten dazu, dass die Lehrer viele Nebenaufgaben im Schulbereich übernehmen mussten, die von Probelehrern besser erledigt werden könnten. Kürzungen im Bereich des Fachpersonals bedeuteten, dass die Lehrer auch mit der Betreuung der Bibliothek betraut wurden. Die Folge der Einsparungsmaßnahmen hier war, dass dadurch nicht nur die Arbeitsbelastung der Lehrer erhöht, sondern auch die Nutzung der Bibliothek verringert wurde: Die Lehrer organisierten sie nicht so perfekt bzw. konnten ihren Schülern nicht so gut zeigen, wie man sich dort zurechtfindet, wie das ein professioneller Bibliothekar tun würde. Die Lehrer bezeichneten diesen Schritt als einen „Abbau in Richtung Ineffizienz". Da sie mehr Zeit mit unproduktiven Tätigkeiten an der Schule verbrachten, hatten sie weniger Zeit, sich auf die Stunden vorzubereiten und zu unterrichten. Sogar die positive Beurteilung durch die Kollegen wurde seltener, da niemand die Gelegenheit hatte, herauszufinden, was die anderen taten.

Die Lehrer schlossen daraus, dass die Werte der Schule unklar zu sein schienen. Die Verwaltung sprach von der Notwendigkeit, angesichts der derzeitigen wirtschaftlichen Schwierigkeiten effizient zu handeln, aber das, was vom Lehrer zusätzlich geleistet werden musste, machte die Arbeit weniger effizient. Die Lehrer führten Arbeiten durch, die von Personen mit anderer Ausbildung und anderen Berufen kostengünstiger geleistet werden konnten, während eine weniger gründliche Vorbereitung auf die Stunden dazu führte, dass nicht so effektiv gelehrt werden konnte, weil dies den spezifischen Bedürfnissen der Schüler weniger entsprach. Das Schulmanagement hatte die wichtigste nicht-monetäre Belohnung geschmälert – die Anerkennung durch geschätzte Kollegen.

John und seine Kollegen machten eine Liste, in der sie jene Tätigkeitsbereiche anführten, in die sie Zeit und Energie investierten, die aber nur geringen Gegenwert für die Lehrer, die Schüler oder die Verwaltung der Schule hatten.

An der Spitze der Liste stand die technische Arbeit im Computerlabor der Schule, das zunehmend als überholt galt. Die Lehrer waren sich einig, dass nicht vernetzte Computerprogramme kaum einen sinnvollen Beitrag zum Lernprozess des Schülers leisteten. Die meisten Schüler verwendeten die Computer dazu, sich gegenseitig E-Mails zu senden und die vielen verschiedenen Spiele zu spielen, die auf den Computern installiert waren, um diese benutzerfreundlich zu machen. Aber für solche Aktivitäten schien es außerhalb der Schule ausreichende Möglichkeiten zu geben, während das Alter und die Konfiguration dieser Computer einen produktiven Einsatz im Klassenzimmer unmöglich machten. Ihr Plan war deshalb, sich nicht mehr um die Computer zu bemühen: Wenn sie nicht mehr funktionierten, würden sie einfach ausrangiert.

Der zweite Bereich, mit dem sie sich befassten, war die Bibliothek. Sie wollten nicht länger als Lückenbüßer für den Bibliothekar fungieren. Sie glaubten, dass das derzeitige System schlimmer war, als überhaupt keine Bibliothek zu haben. Es war nicht lohnend und brachte keine effektive Ressource. Die Schulbibliothek würde geschlossen bleiben, bis Geldmittel vorhanden wären, um die Bibliothekarsstelle entsprechend zu besetzen.

Der Vorschlag hatte nicht nur zum Ziel, ihren Einsatz für andere, weniger produktive Tätigkeiten zu verringern, er forderte auch eine klare und nachvollziehbare Verbesserung hin zu einem qualitativ hochwertigen Unterricht. Die Lehrer würden dies allen zugänglich überwachen, indem über das ganze Semester hinweg monatlich eine

Auszeichnung an jemanden an der Schule verliehen werden sollte, der effektives und innovatives Lehren praktizierte. Die Auszeichnung könnte an eine Gruppe von Lehrern gehen, die projektübergreifend arbeiten, an einen einzelnen Lehrer oder an eine Klasse.

Es überträgt sich auf das Unternehmen

Die Gruppe verfasste eine Beschreibung des Programms und diskutierte ihre Ideen mit den anderen Lehrern an der Schule, wobei sie deren Vorschläge in die Endversion einbezog. Die Antwort des Managements war zurückhaltend. Die Verwaltung befand sich in einem Dilemma. Einerseits sollten die Vorschriften des Schulbezirks hinsichtlich der technischen Ausbildung und der Bibliothekseinrichtung eingehalten werden, andererseits sollte das Bekenntnis der Lehrer zu einem produktiven Unterricht unterstützt werden. Sie stand unter dem Druck der Eltern und der politischen Seite, die größere Produktivität im Lehrbereich forderten. Sie sahen die Initiative der Lehrer als ersten Schritt in einem Prozess, in dem sie die Abläufe bestimmen konnten, ohne sich auf den Auftrag der Schulbehörde zu berufen oder dem Druck von besorgten Eltern beugen zu müssen. Und einige Leute in der Verwaltung dachten, dass ein anhaltender Druck auf die Lehrer eine effektive und notwendige Möglichkeit sei, um überbezahlte und nicht genügend produktive Lehrkräfte aus dem System zu drängen.

Diese abweisende Haltung des Managements brachte Unruhe in die Gruppe. Einige Lehrer wollten die Initiative völlig aufgeben. Sie fürchteten, als Unruhestifter gebrandmarkt zu werden. Obwohl ihr Arbeitsleben stressig war, fürchteten sie, dass das Management die Lage noch verschlimmern könnte. Nach vielen hitzigen Diskussionen verließen zwei Lehrer die Gruppe, während die anderen ein formelles Ansuchen um ein Treffen mit der Schulverwaltung stellten, um ihren Fall zu präsentieren.

Vor diesem Treffen stellten die Lehrer ihre Sichtweise anlässlich eines Elternsprechtages dar. Sie hofften, die aktive Unterstützung dieser Gruppe für ihren Vorschlag zu erhalten. Dies würde die Angelegenheit ins Licht der Öffentlichkeit rücken und einen Teil der Bedenken des Direktors – mögliche Probleme mit den Eltern – beseitigen. Als sich die Lehrer also später mit der Schulverwaltung trafen, wurden sie vom Vorstand der Eltern-Lehrer-Vereinigung begleitet, der sich enthusiastisch zum Vorschlag und dessen Potential, die Ausbildungsqualität der Schüler zu verbessern, äußerte. Um eine direkte, öffentliche Konfrontation mit den Lehrern zu vermeiden, gelang es dem Direktor, die Geldmittel für eine Teilzeitstelle aufzubringen, um die Bibliothek und das Computerlabor für einige wenige Stunden pro Tag offen zu halten und so den Minimalanforderungen der Bezirksschulbehörde für diese Dienstleistungen zu entsprechen. Der Direktor war sich bewusst, dass langfristig eine bessere Lösung gefunden werden musste, im Moment jedoch erhielten die Initiativen der Lehrer eindrucksvolle Publicity und Unterstützung.

Obwohl diese Lösung wieder einmal mit sich brachte, dass die Gruppe sich an die Umstände anpassen musste, beinhaltete sie doch auch einige Schritte zur Selbstbehauptung, wie beispielsweise das Gespräch mit der Schulverwaltung über einen anderen und kostensparenderen Weg, Dinge zu erledigen. Im Gegenzug lernten die Bezirksbehörde und die Schulverwaltung, dass sie individuellere Lösungen für die Managementprobleme der Schule entwickeln mussten.

Das Resultat wirkt sich auf damit in Verbindung stehende Missverhältnisse aus

Johns Gruppe konzentrierte sich auf unzureichende Belohnung und wie diese einen Beitrag zu Burnout leistet. Um aber zu einer Lösung zu kommen, musste die Gruppe ebenfalls Faktoren wie Werte, Kontrolle, Fairness und Arbeitsumfang bedenken. Die Erfahrung, den Prozess mitzutragen, stärkte ebenfalls ihren Gemeinschaftssinn.

Das Ergebnis ist ein Prozess

Wieder ist das Ergebnis ein Prozess und kein Happy End. Wieder hat die Gruppe ein neues Gleichgewicht, das nachhaltig zu sein schien, erreicht. Die Schulverwaltung akzeptierte ihren Vorschlag. Sie setzte ihre begrenzten finanziellen Ressourcen so ein, dass die gesetzlichen Vorschriften der Bezirksschulbehörde erfüllt werden konnten. Dem Direktor war bewusst, dass er im kommenden Jahr mit bedeutenden finanziellen Herausforderungen konfrontiert sein würde, da jetzt ja seine Multifunktionslösung für die Bibliothek und das Computerlabor nicht mehr existierte.

John teilte seinen Kollegen mit, dass der wichtigste Indikator für Erfolg das so genannte „Unmutsniveau" war: nämlich wie oft Lehrer sich im Konferenzzimmer darüber beschwerten, dass die Arbeit für sie nicht lohnend sei. Andere wichtige Indikatoren waren die Qualität der innovativen Projekte, die im folgenden Jahr durchgeführt wurden, und die Zufriedenheit der Menschen, die sich am Prozess beteiligt hatten.

Individuelle Initiative innerhalb des Unternehmens ergreifen

In diesem Kapitel haben wir die Geschichten dreier Menschen vorgestellt, die als Antwort auf die Anzeichen von Burnout die Energie und den Enthusiasmus aufbrachten, die Unzulänglichkeiten des Unternehmens anzusprechen. Eleanor, Stan und John übernahmen Führungsrollen in ihren Arbeitsgruppen und leiteten einen Gruppenprozess ein, der dazu führte, dass ein Missverhältnis zwischen ihnen und der Arbeit korrigiert wurde. Sie bauten auf die Stärke, die sie aufgrund ihres Fachwissens hatten, und ihre Bedeutung für den Arbeitgeber hinsichtlich des Erreichens des Unternehmensziels. Sie alle sahen sich der Schwierigkeit gegenüber, von der Basis aus Veränderungen einzuleiten.

Ein Vorteil, den sie alle teilten, war, dass jeder von ihnen einer Organisation angehörte, die von sich selbst behauptete, um das Wohlergehen des Personals und der Kunden bemüht zu sein. Meist waren die Zwänge, in denen sich diese drei Menschen befanden, auf Schwachstellen auf der Managementebene zurückzuführen: Das Unternehmen hatte Richtlinien formuliert, ohne diese vorher gründlich mit ihren Mitarbeitern abzusprechen. Das Wohl der Arbeitnehmer war wichtig, obwohl dieser Ansatz im Entscheidungsfindungsprozess nicht die oberste Priorität einnahm oder nicht effektiv in den Managementstrategien implementiert wurde.

Die Situation für Arbeitnehmer in einem Unternehmen, in dem die Belegschaft ausgebeutet wird, wird unterschiedlich sein. Diese Menschen werden wahrscheinlich drastischere und direktere Strategien anwenden müssen, um ihre Meinung auszudrücken. Ihre Anstellung könnte sogar in Gefahr sein, bevor sich die Dinge sinnvoll ändern. Folgender Fall ist ein Beispiel dafür:

> In einem Unternehmen im Produktionsbereich waren die Arbeiter mit den letzten Änderungen der Unternehmenspolitik nicht zufrieden, die sich auf Belohnung, Arbeitsumfang und Fairness auswirkten. Das Unternehmen war vom Stunden- zum Akkordlohn übergegangen und zahlte Überstunden nicht mehr aus. Das Ergebnis war, dass die Arbeiter für weniger Geld mehr arbeiten mussten. Eine Gruppe von Arbeitern versuchte, mit dem Management zu sprechen, aber man sagte ihnen, dass sie kündigen könnten, wenn sie

> mit den Arbeitsbedingungen nicht zufrieden wären. Darunter waren viele Einwanderinnen, die ihre Familien unterstützten, und sie wollten nicht den Verlust ihrer Arbeitsstelle riskieren. Die Arbeiter versuchten dann, eine Gewerkschaft zu organisieren. Über mehrere Monate hindurch waren sie jedoch das Opfer von verschiedensten Behinderungstaktiken, wie beispielsweise der Drohung, gefeuert zu werden, oder von Übergriffen auf ihr Eigentum. Dann arbeitete das Unternehmen mit dem Einwanderungs- und Einbürgerungsservice bei der Durchführung einer Arbeitsplatzrazzia zusammen, und über fünfzig Arbeiter wurden genau vor dem Zahltag abgeschoben. Die verbleibenden Arbeiter kündigten, und während der nächsten Tage schloss sich die Mehrheit einer regionalen Gewerkschaft an. Letzten Endes konnte die Gewerkschaft bessere Arbeitsbedingungen für die Belegschaft erzielen.

Obwohl einige Jobsituationen so schlimm wie diese sein können, sind die Bedrohungen in anderen Fällen subtiler gelagert. In einer Anwaltskanzlei beispielsweise, die „eine Neuverteilung der Arbeitsplätze", also eine Verringerung der Angestelltenzahlen durchführte, machte ein Personalmanager gegenüber einigen im Sekretariat beschäftigten Mitarbeitern irreführende negative Andeutungen – er warnte sie, dass es eine Neuverteilung der Arbeit geben würde, dass ihre Zukunft unsicher wäre –, und so wurden sie langsam so weit verängstigt, dass sie freiwillig kündigten, ohne dadurch Verbindlichkeiten für die Kanzlei zu schaffen. In anderen Organisationen sind die Androhungen mehr ein Bluff, in Anbetracht des sozialen Drucks auf Unternehmen, sich gegenüber ihren Arbeitnehmern verantwortungsvoll zu verhalten. Trotzdem können diese Einschüchterungstaktiken immer noch eine bedrohliche Auswirkung auf Veränderungsinitiativen haben.

In den vorangegangenen drei Fallbeispielen wurde eine erfolgreiche Lösung durch ein außergewöhnliches Engagement der Belegschaftsmitglieder, eine gemeinsame Erfahrung unter den Kollegen und einige glückliche Umständen erreicht. Dies ist bestenfalls ein risikoreiches Unterfangen. Der Prozess läuft geradliniger ab, wenn ein CEO erkennt, dass das Unternehmen mit seinen Mitarbeitern besser umgehen muss, was natürlich auch seine Schwierigkeiten mit sich bringt. Krisenmanagement auf der Ebene des gesamten Unternehmens erfordert beträchtliche Ressourcen. Und obwohl ein detailliertes Eingreifen einigen Angestellten helfen mag, kann sich dies für Menschen, die glauben, nicht an Burnout zu leiden, auch als störend und hinderlich erweisen.

Es ist für alle Betroffenen besser, wenn Unternehmen auf eine Art und Weise geführt werden, dass Burnout überhaupt nicht erst auftritt. In Kapitel sechs werden wir uns ansehen, wie eine solche Vorbeugung bewerkstelligt werden kann. Und wir werden einen zusätzlichen Vorteil des Vorbeugeansatzes kennen lernen: Es wird nicht nur das Burnout-Risiko verringert, sondern auch die positive Einstellung zur Arbeit gestärkt.

6

Burnout verhindern und Identifikation aufbauen

Weshalb wartet man also darauf, dass Burnout auftritt, ehe man etwas Konstruktives dagegen unternimmt? Weshalb beschäftigt man sich nicht mit dem Problem, solange es klein und noch nicht bedeutend ist? Wie wir in Kapitel vier festgestellt haben, ist das Vorbeugen gegen Burnout nicht nur ein ehrenwertes Ziel – vielmehr ist es wirtschaftlich sinnvoll. Es ist weitaus besser, in die Vermeidung von Burnout zu investieren als dann die Kosten zu begleichen, die es nach sich zieht. Aber die Verminderung der Wahrscheinlichkeit von Burnout ist nur ein Teil eines Ansatzes zur Vorbeugung. Es ist noch viel wichtiger, alles zu tun, damit sich die Menschen weiterhin mit ihrer Arbeit identifizieren können.

Eine Konzentration auf die Identifikation bedeutet, dass man sich auf die Energie, die Eingebundenheit und Leistungsfähigkeit konzentriert, die Arbeitnehmer in ihre Arbeit investieren und im Laufe ihrer Arbeit entwickeln. Wenn das Hauptaugenmerk auf die Entwicklung von Engagement gelegt wird, dann entstehen dadurch leistungsfähigere Unternehmen. Erfolgreiche Unternehmen haben eine starke Unternehmenskultur, die mit ihren Zielen übereinstimmt. Diese bedeutenden Unternehmen, die im Qualitätswettbewerb erfolgreich sind, legen ein ernstes Bekenntnis zu ihrer Arbeit ab. Ausgezeichnete Leistung ist nicht nur einfach ein Slogan, der in der Werbung oder in Bilanzen verwendet wird. Ein Bekenntnis zu Qualität ist in jedem Bereich solcher Unternehmen zu finden. Das Wichtigste ist, dass die Arbeitnehmer auf allen Ebenen des Unternehmens in ihren Bestrebungen, ausgezeichnete Leistungen zu erbringen, unterstützt werden. Mit motivierten und fähigen Arbeitnehmern ist das Management in seinen täglichen Entscheidungen gefordert, Barrieren, die produktive Arbeit verhindern, zu beseitigen, während es die langfristige Aufgabe ist, ein Unternehmensumfeld zu schaffen, das ihnen immer effizientere Unterstützung bietet.

Die Kernfrage ist nicht nur, wie Probleme gelöst werden sollen, sondern auch wie neue Möglichkeiten geschaffen werden können.

In diesem Kapitel werden wir uns in erster Linie auf eine Zielfindung konzentrieren und nicht auf einfaches Problemlösen. Das bedeutet nicht, dass eine Problemorientierung unwichtig ist – diese ist sogar manchmal äußerst wichtig –, aber sie stößt bald an ihre Grenzen. Ein Unternehmen kann nicht jede Situation, in der Angestellte sich überarbeitet, frustriert oder nicht geschätzt fühlen, voraussehen und vermeiden. Aber eine Zielfindung ist in ständiger Entwicklung begriffen. Sie kann die Reaktionsfähigkeit des Unternehmens, effektiv auf die Zwänge, mit denen es unvermeidlich konfrontiert werden wird, zu reagieren, verbessern. Die Initiativen, die wir uns in diesem Kapitel ansehen werden, gehen über das tagtägliche Management hinaus und haben zum Ziel, die Beziehungen zwischen den Menschen und ihren Arbeitsplätzen zu verbessern. Ihr endgültiges Ziel ist es, etwas Positives aufzubauen und nicht einfach, etwas Negatives zu eliminieren.

Das Missverhältnis zwischen Arbeit und Mensch aus der Sicht des Unternehmens

In dieser langfristigen Sichtweise geht der grundlegende Ansatz, den wir empfehlen, eher von der Unternehmensebene als von der Ebene einer Einzelperson aus. Dieser Ansatz konzentriert sich auf die Bedingungen am Arbeitsplatz und nicht so sehr auf die einzigartigen Eigenschaften des Einzelnen. Er konzentriert sich auf die Strukturen und Prozesse, die das Leben in einem Unternehmen prägen, und nicht auf die möglichen Krisen der Belegschaft. Es bedarf echter Anstrengungen zur Zusammenarbeit innerhalb größerer Unternehmen, um Lösungen auf breiter Basis zu finden und diese umzusetzen.

Der unternehmerische Ansatz geht auf das Arbeit-Mensch-Missverhältnis aus der Sichtweise des Arbeitsplatzes und nicht aus der des Arbeitnehmers ein. So werden Bereiche des Unternehmenslebens analysiert. Die sechs Bereiche, um die es geht – Arbeitsumfang, Kontrolle, Belohnung, Gemeinschaft, Fairness und Werte –, werden durch die Handlungsweise und Strukturen des Unterneh-

Managementprozesse und -strukturen

Mission und Ziele
Zentrales Management
Kontrolle
Kommunikation
Leistungsbeurteilung
Gesundheit und Sicherheit

Sechs Bereiche des Unternehmenslebens

Arbeitsumfang
Kontrolle
Belohnung
Gemeinschaft
Fairness
Werte

Identifikation mit der Arbeit

Energie
Engagement
Leistungsfähigkeit

Abbildung 2. Der Zusammenhang zwischen Prozessen und Strukturen und der Identifikation mit der Arbeit

mens geformt. Das Management kann diese Handlungsweise und Strukturen kontrollieren, und deshalb sind sie die Ansatzpunkte für eine Intervention des Unternehmens. Das Management kann beispielsweise das Fairnessdenken eines Arbeitnehmers nicht mittelbar verändern oder dieser Person ein Gefühl von Kontrolle vermitteln. Aber das Management kann Strategien entwickeln – wie etwa die Qualifikation, die Kontrolle über einen Bereich ausüben zu können, oder Sicherheitsmaßnahmen –, die sich auf das Gefühl für Fairness oder Kontrolle des Arbeitnehmers auswirken. Abbildung 2 zeigt, wie Managementprozesse und -strukturen die sechs Bereiche des Unternehmenslebens beeinflussen und wie sich diese im Gegenzug auf die Identifikation mit der Arbeit auswirken.

So ist es das Ziel einer Unternehmensstrategie, Managementstrukturen und Prozesse zu entwickeln, die die Identifikation fördern und

Burnout verhindern. Dazu benötigt man die aktuellsten Informationen über die Situation im Unternehmen in Bezug auf diese sechs Bereiche, über die Managementpraktiken oder -strukturen, die diese sechs Bereiche formen, und über die Position der Arbeitnehmer auf der Burnout-Identifikationsskala.

Wenn aber die Arbeit die Ausgangsbasis in diesem Ansatz ist, wer bringt dann den Prozess ins Rollen? Wie wir im vorangegangenen Kapitel gesehen haben, kann jeder den Kriseninterventionsprozess einleiten und viel erreichen, wenn er mit Kollegen zusammenarbeitet, um das Missverhältnis zwischen Arbeit und Mensch anzugehen. Um jedoch jene weit reichende Veränderung, wie in dem vorangegangenen Absatz beschrieben, zu erreichen, ist die Führungsrolle des zentralen Managements von entscheidender Bedeutung. Unserer Meinung nach kann gutes Management Burnout verhindern und so zur Identifikation mit der Arbeit führen.

Schritt 1: Es beginnt beim Management

Es überrascht vielleicht, dass in der derzeitigen Krise der Arbeitswelt fortschrittliche Manager ernsthaft damit befasst sind, in ihrem Unternehmen Engagement aufzubauen und Burnout zu verhindern. Diese erfolgreichen Vorstände und Manager sind vom verstärkten Wettbewerbsdruck am Privatsektor oder verringerten Geldmitteln im öffentlichen Sektor nicht isoliert; sie sind sich dieses Drucks völlig bewusst, aber sie betrachten die Förderung von Engagement als ersten Schritt, um dagegen anzukämpfen. Diese Menschen sind davon überzeugt, dass sie das Arbeitsumfeld der in ihrem Unternehmen arbeitenden Menschen verbessern müssen, um ihrer Verantwortung als CEO oder Vizepräsident gerecht zu werden. Sie sind darum bemüht, unter ihren Arbeitnehmern einen Gemeinschaftssinn aufzubauen, und nicht nur ihre Fähigkeiten und ihre Energie auszunützen. Neben der Aufgabe, ein gut funktionierendes Unternehmen aufrecht zu erhalten, konzentrieren sie sich aber auch ganz klar darauf, Kosten einzusparen. Sie haben sowohl soziale als auch finanzielle Verantwortung zu tragen.

Ein grundlegender Unterschied zwischen diesen Managern und denjenigen mit kurzfristigeren Perspektiven für ihre Arbeitnehmer – ist ihre Vision für das Unternehmen. Manager, die sich zur Schaffung von Engagement mit der Arbeit bekennen, schauen in die Zukunft. Ihre Angestellten sind häufig hoch qualifizierte Arbeitskräfte, deren Arbeit lebenslanges Lernen erfordert. Die Arbeit des Unternehmens erfordert Initiative und die Entscheidungsfähigkeit von Mitarbeitern an der vorderstern Front. Sie ist zu komplex, um mit standardisierten Abläufen bewältigt zu werden: Es sind immer Menschen, die kreative Problemlösungen finden.

Diese Kombination der Faktoren führte bei einigen CEOs – aber bei weitem nicht bei allen – zu der Schlussfolgerung, dass ein Umfeld, das Engagement aufbaut, für den langfristigen Erfolg des Unternehmens entscheidend ist. Diese Manager sind bereit, sich voll und ganz zu Initiativen zu bekennen, die zu Identifikation mit dem Unternehmen führen, wenn sie davon überzeugt sind, dass diese Veränderungen bewirken. Da sie die Macht haben, die Abläufe in einem Unternehmen zu bestimmen, können sie diese Bemühungen zu einer Priorität für jeden Mitarbeiter machen. Sie können Geldmittel und andere Ressourcen für diesen Prozess bereitstellen und Berater für einen effizienteren Ablauf heranziehen. Des Weiteren haben sie durch ihre Position einen Überblick über das gesamte Unternehmen (nicht nur über einzelne Teile davon), so dass sie die potentiellen Auswirkungen von Veränderungen in der Unternehmenspolitik beurteilen können.

Schritt 2: Es wird zum Projekt des Unternehmens

Ein Bemühen des Unternehmens, Identifikation zu schaffen und Burnout zu verhindern, ist naturgemäß ein Projekt, das alle mit einschließt. Es ist nicht etwas, das den Menschen *auferlegt* wird, sondern etwas, das *mit* den Menschen gemacht wird. Damit das Eingreifen letztlich erfolgreich ist, muss es das Unternehmen als Ganzes mittragen. Es muss eine gemeinsame Vision des Zwecks des Projekts und des Wertes, der für das Unternehmen letztendlich bleibt, geben. Alle Ebenen und Abteilungen müssen sich dazu bekennen, ein Teil des Projektes zu sein, vom Anfang bis zum Ende. Dies bedeutet, dass an verschiedene Menschen zweckmäßige Rollen während des Prozesses verteilt werden müssen und wichtige Führungspersönlichkeiten und Interessengruppen neben dem zentralen Management diesen Prozess unterstützen müssen.

Kommunikation ist essentiell für den Erfolg jedes Projektes eines Unternehmens. Das Unternehmen muss die Sichtweisen der Arbeitnehmer auf die sechs Bereiche des Lebens eines Unternehmens und die relevanten Managementprozesse und -strukturen berücksichtigen. Um sich ein Bild zu machen, muss das Unternehmen mehr als nur einen nach oben gerichteten Informationsfluss haben. Bei einem erfolgreichen Prozess fließen die Information horizontal innerhalb der Abteilungen eines Unternehmens sowie vertikal in beiden Richtungen der Hierarchie. Diese Aufgabe überschreitet in Ausmaß und Art und Weise den üblichen Kommunikationsprozess in großen Organisationen. Der Informationsfluss über Menschen ist dort meist entweder sehr abstrakt und allgemein gehalten oder zu spezifisch und anekdotenhaft.

Allgemeine Informationen über die Arbeitnehmer bringen die Sache häufig nicht auf den Punkt – stellen also keine Verbindung zwischen Menschen und Problemen und Möglichkeiten in ihrer Arbeit her –, weil Einzelpersonen stereotyp dargestellt werden. Ein Bericht über die Ansichten von Krankenschwestern beispielsweise wird meist sein Ziel verfehlen. Es gibt eine Vielzahl von speziellen Tätigkeitsbereichen für Krankenschwestern, und innerhalb dieser muss jede Krankenschwester mit einzigartigen Herausforderungen und Gegebenheiten fertig werden. Jede Krankenschwester hat persönliche Ängste und Bestrebungen, die ein bestimmtes Verhältnis zur Arbeit ergeben. Genau das Gegenteil ist bei anekdotenhafter Information der Fall: Sie ist zu spezifisch. Obwohl eine Geschichte über die Erfolge und Schwierigkeiten, die eine Person bei der Arbeit erlebt, viele Details des Alltags enthalten kann, mögen dies eher nur die Bedenken einiger Mitarbeiter sein und nicht die zentralen Anliegen des Unternehmens.

Menschen, die ein besseres Arbeitsumfeld schaffen wollen, benötigen Informationen, die ihnen helfen, das komplexe Verhältnis der Arbeitnehmer zu ihrer Arbeit zu verstehen. Diese Informationen müssen die Meinung möglichst vieler Einzelpersonen beinhalten, um alle Bereiche abzudecken, aber sie müssen auch einfach und verständlich gehalten sein. Manager, die Änderungsinitiativen durchführen, müssen die Dynamik im Verhältnis zwischen Arbeitnehmern und ihrer Arbeit verstehen, wenn sie die Stärken, auf die das Unternehmen bauen kann, feststellen wollen. Sie müssen die für die Belegschaft „heißen" Themen kennen, um wirkliche Handlungsschritte bei entscheidenden Problemen zu setzen. Sie müssen erkennen, an welchem Punkt eine Veränderung der Managementpolitik eine Verbesserung im Leben des Unternehmens herbeiführt. Und die Belegschaftsmitglieder brauchen eine Möglichkeit, ihre Standpunkte dem Management und sich gegenseitig darzulegen, um so zu verstehen, dass sie dem Unternehmen etwas bedeuten und einen aktiven, wichtigen Beitrag leisten. Deshalb ist für dieses Projekt eine gut durchdachte und gründlich ausgeführte Mitarbeiterumfrage unerlässlich.

(Wir werden im folgenden Abschnitt beschreiben, wie eine gute Mitarbeiterbefragung aussehen soll.)

Schritt 3: Es überträgt sich auf die Menschen

Obwohl das Projekt vom Unternehmen ausgeht, muss es in direkter Beziehung zu den im Unternehmen tätigen Menschen stehen. Welche Funktion sie auch haben, welcher Abteilung sie auch angehören, alle Arbeitnehmer müssen erkennen können, welche Relevanz das Projekt für ihre Arbeit hat. Diese Verbindung wird am deutlichsten, wenn sie engagierte, aktive Teilnehmer am Prozess werden. Und wenn sie einen Beitrag zum Selbstverständnis des Unternehmens leisten, werden sie sich bereitwilliger an der Durchführung dieser Intervention beteiligen. Um wirklich wirksam zu werden, müssen die Begriffe der allgemeinen Unternehmenspolitik so formuliert werden, dass sie für verschiedenste Arbeitsgruppen und Einzelpersonen relevant sind.

Eine Intervention des Unternehmens kann sich auf ein einziges Gebiet des Unternehmenslebens beschränken oder mehrere Teilbereiche davon umfassen. In jedem Fall ist das zugrunde liegende Prinzip, Strategien zu entwickeln, um zu überprüfen, inwiefern Arbeitnehmer und Arbeitsplatz aufeinander abgestimmt sind. Wenn die Missverhältnisse zwischen Arbeit und Mensch verringert werden können, so dass Menschen harmonische Verhältnisse zu ihrer Arbeit in den sechs Bereichen aufbauen können, dann wird ihre Arbeit durch größere Energie, Engagement und Effizienz bereichert werden.

Schritt 4: Das Resultat wirkt sich auf damit in Verbindung stehende Missverhältnisse aus

Das Projekt kann seine Intervention auf ein oder mehrere Missverhältnisse ausrichten. Unabhängig vom beabsichtigten Ausgang wird der Prozess selbst wahrscheinlich bestimmte Bereiche betreffen, insbesondere Gemeinschaft, Fairness und Werte. Wenn es in dem Prozess mehr Kommunikation und Zusammenarbeit zwischen Einzelpersonen und Arbeitsgruppen gibt (und besonders zwischen jenen, die nicht regelmäßig Kontakt miteinander haben), dann wird dies das gegenseitige Wissen und Verstehen und damit ihren Gemeinschaftssinn steigern. Wenn in dem Prozess die Menschen mitreden können, Probleme thematisiert und Konflikte gelöst werden, dann wird es dadurch ein größeres Gefühl für Fairness am Arbeitsplatz geben. Und wenn sich der Prozess auf Werte des Unternehmens konzentriert und deren Auswirkung auf die Arbeit der Menschen, die sie zum Erreichen der Mission des Unternehmens ausüben, dann wird die daraus entstehende Definition von Werten die Wertekonflikte und deren schädliche Auswirkungen reduzieren.

Schritt 5: Das Ergebnis ist ein Prozess

Wenn die Abläufe und Strukturen eines Unternehmens den Menschen angepasst sind, kann ein Unternehmen ein harmonisches Verhältnis zwischen den Menschen und ihrem Arbeitsumfeld fördern. Durch Fördern von Engagement und Verhindern von Burnout steigert eine Untersuchung die Fähigkeit des Unternehmens, seine Zielsetzung zu verfolgen. Das Ergebnis ist eine harmonischere Gemeinschaft im Unternehmen – dies ist aber an sich noch kein „Happy End". Es ist vielmehr ein andauernder Prozess, durch den das Unternehmen sich fortlaufend an sich ständig ändernde Umstände anpassen kann, damit eine Identifikation mit der Arbeit möglich ist. Anders ausgedrückt ist der Problemlösungsprozess in Übereinstimmung mit gemeinsamen Werten des Unternehmens keine kurzfristige Notlösung. Die Investition in diesen Unternehmensprozess stellt nicht nur einen unmittelbaren, sondern auch einen langfristigen Nutzen dar.

Herausfinden, was vorgeht

Eine wirksame Unternehmensstrategie, um Burnout zu vermeiden und Identifikation aufzubauen, beginnt mit einer Befragung des Personals in Bezug auf Schlüsselaspekte des Lebens des Unternehmens. Genauso wie eine Finanzprüfung ein Standardverfahren ist, um zu ermitteln, wie eine Organisation mit ihren steuerlichen Verpflichtungen umgeht, stellt eine Personalprüfung fest, wie eine Organisation mit ihrer Verpflichtung gegenüber der Belegschaft umgeht. Mit anderen Worten zeigt sich dadurch das Ausmaß, in dem der Arbeitsplatz ihre Produktivität und ihr Engagement fördert.

Ein essentielles Kriterium für die Durchführung einer Personalumfrage ist ein genauer, rechtzeitiger und sinnvoller Informationsfluss über die gegenwärtige Situation. Mit diesen Informationen kann das Unternehmen seine begrenzten Ressourcen benutzen, um die zentralen Anliegen effektiver zu behandeln. Ohne diese Information könnte es dazu kommen, dass das Management Programme zur Verbesserung der Lage der Mitarbeiter initiiert, die aber völlig am Wesentlichen vorbeigehen. Die Programme mögen vielleicht in einigen Bereichen des Unternehmens geeignet erscheinen, aber unnötig oder sogar kontraproduktiv für andere Arbeitsgruppen sein. In Zeiten einer angespannten Wirtschaftslage können es sich Organisationen nicht leisten, auf diese Art und Weise Zeit und Energie zu verschwenden.

So gibt es also zwei Hauptphasen in der Strategie der Organisation: herauszufinden, wie es um das Personal der Organisation bestellt ist, und diese Informationen dann dazu zu verwenden, die Organisationskultur zu verbessern. Die erste Phase beinhaltet die Befragung der Mitarbeiter und danach das Interpretieren der Ergebnisse. Genauer gesagt soll in der ersten Phase Folgendes ermittelt werden:

- Das Ausmaß von Burnout und Engagement der Arbeitnehmer.
- Das Ausmaß des Missverhältnisses zwischen der Arbeit und den Menschen in den sechs Bereichen der Organisation.
- Die Beziehung zwischen den Managementstrukturen und -prozessen und den sechs Bereichen.

Die zweite Phase der Strategie soll feststellen, wie sich die Umfrage auf die Organisation auswirken wird. Die Ziele dieser Phase sind es, laufende Prozesse aufzubauen:

- Die Verbesserung der Kommunikation innerhalb der Organisation, sowohl zwischen den Mitarbeitern untereinander als auch zwischen Personal und Management.
- Änderungen innerhalb der Organisation einzuführen, die die Identifikation mit der Arbeit fördern und Burnout verhindern.

Ein wirksames Management der Gesamtstrategie ist entscheidend für den Erfolg der darauf folgenden Veränderungen. Ebenfalls von entscheidender Bedeutung ist die aktive Teilnahme aller Mitarbeiter und des Managements an allen Aspekten des Prozesses: Vorbereitung, Implementierung, Auslegung und Anwendung.

Ein guter Start ist wichtig

Die Mitarbeiter können sehr oft dazu motiviert werden, an der Personalumfrage engagiert teilzunehmen, wenn das Management sich verpflichtet, die Resultate dieser Umfrage für eine Veränderung der

Unternehmensspolitik zu verwenden. Das zentrale Management dokumentiert dieses Bekenntnis, wenn es bestimmte Handlungen setzt:

- Die Zielsetzungen der Personalumfrage klar zu definieren.
- Eine Arbeitsgruppe mit Mitgliedern aus allen Bereichen der Organisation zu bilden, um die Gestaltung und die Durchführung der Umfrage zu managen.
- Einen Plan für die Veröffentlichung und das Arbeiten mit den Resultaten der Umfrage zu entwickeln.
- Projektgruppen zu bilden, um zentrale Fragen, die sich aus der Umfrage ergeben, zu behandeln und Vorschläge zur Veränderung zu formulieren.
- Einen Prozess zur Umsetzung dieser Vorschläge zu entwickeln.

Besonders wichtig ist hier eine gründliche Planung, bevor die Umfrage letztlich durchgeführt wird. Eine solche Planung baut nicht nur ein Bekenntnis zum Unternehmen auf, sondern macht den gesamten Prozess effizienter und erfolgreicher. Unternehmen verlieren häufig ihren Schwung, wenn sie die Ergebnisse einer Umfrage abwarten, und dann erst zu überlegen beginnen, wie die Informationen verwendet werden sollen und wer für die verschiedenen Resultate verantwortlich ist. Bis all dies erledigt ist, haben viele Belegschaftsmitglieder vielleicht das Interesse an der Umfrage verloren oder deren Ergebnisse könnten von darauf folgenden Ereignissen überschattet werden. Wenn es von Anfang an einen klaren Plan bezüglich der Verwendung der Umfrageergebnisse gibt, dann wird die Relevanz und Aktualität der Umfrage erhöht.

Die richtigen Fragen stellen

Bei unseren Untersuchungen zum Thema Burnout haben wir Umfragemethoden extensiv eingesetzt. Unsere Arbeit mit Managern in verschiedenen Bereichen von Organisationen hat zur Entwicklung unserer eigenen Personalumfrage geführt, die unsere Burnout-Skala durch vollständige Informationen über die sechs Bereiche des Arbeit-Mensch-Missverhältnisses ergänzt. Die Personalumfrage soll eine praktische Informationsquelle für Menschen sein, die Identifikation mit der Arbeit aufbauen wollen. Unsere Erfahrung hat deren Nützlichkeit bestätigt.

Ein Teil der Umfrage, die Burnout-Skala – das „Maslach Burnout Inventory“ oder kurz MBI – misst die Erfahrung jedes Einzelnen auf der Skala, die von Burnout bis zur Identifikation mit der Arbeit reicht.

Andere Fragen bewerten die Wahrnehmungen der Belegschaftsmitglieder in den sechs Bereichen des Unternehmenslebens wie Arbeitsumfang, Kontrolle, Belohnung, Gemeinschaft, Fairness und Werte. Die Personalumfrage geht auch über diese sechs Bereiche hinaus, um relevante Managementstrukturen und -prozesse zu bewerten und lässt klare Beurteilungen über Themen wie direkte Überwachung oder zurückhaltendes Management, Kommunikationsnetzwerke, Gesundheits- und Sicherheitsbewusstsein, Leistungsbeurteilungssysteme und die Leistung von Arbeitsgruppen zu. Die Umfrage liefert Informationen über die derzeitige Art der Entscheidungsfindung, die Beziehung zwischen den Entscheidungsfindungsabläufen und den Eindruck der Mitarbeiter von Kontrolle in ihrer Arbeit, das Verhältnis zwischen Kontrolle und Energie, Engagement und Leistungsfähigkeit der Arbeitnehmer. Zusammen geben diese Informationen Einblick in den derzeitigen Stand der Dinge hinsichtlich der Entscheidungsfindung und des möglichen Einflusses, den Änderungen in der Art der Entscheidungsfindung auf Arbeitnehmer in allen wichtigen Abteilungen des Unternehmens haben. (Für weitere Informationen zur Personalumfrage und zum Maslach Burnout Inventory – siehe Anhang.)

Zusätzlich zu diesen grundlegenden Faktoren kann die Umfrage mitunter auch einige auf das Unternehmen zugeschnittene Fragen erfordern, um besondere Umstände zu bewerten, die für die sechs Bereiche des Unternehmenslebens relevant sind. Unterschiedliche Unternehmen vertreten sehr unterschiedliche Werte. Die beste Art und Weise, firmenspezifische Fragen zu erstellen, ist es, Schwerpunktgruppen zu bilden, um relevantes Material zusammenzustellen. Nicht jeder innerhalb des Unternehmens muss diesen Schwerpunktgruppen angehören, aber es ist wichtig, dass jede funktionelle Arbeitsgruppe des Unternehmens vertreten ist. Die Aufgabe dieser Schwerpunktgruppen ist es, eine vollständige Liste der Faktoren des Unternehmens, die sich auf diese sechs Bereiche beziehen, zu erstellen. So ermitteln sie wichtige Faktoren, die Arbeitumfang, Kontrolle, Belohnung, Gemeinschaft, Fairness und Werte beeinflussen. Für Unternehmen mit wenig Erfahrung in der Führung von Schwerpunktgruppen kann es nötig sein, einen externen Berater beizuziehen. Die von den Schwerpunktgruppen gesammelten Informationen werden in die Gestaltung der Umfrage miteinbezogen.

Die richtigen Antworten erhalten

Ein wichtiges Thema bei der Durchführung der Umfrage ist es, sicherzustellen, dass so viele Personen wie möglich daran teilnehmen. Wenn die Umfrage überhaupt sinnvoll sein soll, dann muss sie die Erfahrungen und Meinung eines jeden widerspiegeln und nicht nur die von bestimmten Untergruppen; nicht nur die Meinung der Menschen, die mit ihrer Situation zufrieden sind, sondern aller Arbeitnehmer. Ein gut geplanter Umfrageprozess gibt den Menschen Zeit, daran teilzunehmen, versichert ihnen, die Angaben vertraulich zu behandeln, und verpflichtet sich, die Resultate auch wirklich zu verwenden. Zeit für die Beantwortung der Umfrage einzuplanen sowie der Einsatz von Ersatzkräften, um Personal freizustellen, sind dabei grundlegende Aufgaben des Managements. Die Verwendung eines externen Umfrageberaters kann das Vertrauen der Mitarbeiter in die vertrauliche Behandlung ihrer Antworten erhöhen.

Die Ergebnisse analysieren

Wenn die Ergebnisse der Umfrage analysiert werden, sollten die Antworten mit den Unterabteilungen einer großen Organisation in Verbindung gebracht werden. Dies ist notwendig, weil Menschen in verschiedenen Abteilungen verschiedene Bedenken und Anliegen haben, so dass auch verschiedene Interventionen nötig sind. Im Dienstleistungsbereich treten ganz andere Möglichkeiten und Herausforderungen auf als beim Betreuungspersonal; das Personal mit Kundenkontakt und das mittlere Management haben ebenfalls verschiedene Anliegen. Die Umfrage stellt die Fragen so, dass sich diese auf die Arbeit eines jeden Einzelnen in der Organisation beziehen, um so einen gemeinsamen Anhaltspunkt zu finden, aber die Antworten werden so analysiert, dass die gesetzten Schritte den Erfordernissen einer bestimmten Abteilung der Organisation entsprechen.

Brauchbare Ergebnisse erhalten

Wenn die Umfrage durchgeführt und die sich daraus ergebenden Informationen analysiert wurden, sollte ein Bericht über die Ergebnisse verfasst werden. Ein brauchbarer Umfragebericht bietet eine kurze Zusammenfassung der Erkenntnisse, die allgemein verständlich sein und zum Nachdenken anregen sollen, und entspricht genau den Zielsetzungen einer Personalprüfung. Er zeigt den Zustand der

Gemeinschaft als Ganzes an, liefert aber auch Informationen über die spezifischen Missverhältnisse, mit denen Mitarbeiter in ihrer Arbeit konfrontiert werden.

Das Berichtsstadium ist entscheidend für den Erfolg der Intervention. Für viele Personalumfrageprojekte erweist sich dieses Stadium als Stolperstein, weil der wesentliche Aspekt des Berichts, also jener, der Organisation bei der Problemlösung behilflich zu sein, nicht erkannt wird. Einige dieser Berichte sind äußerst lang, enthalten endlose Seiten von Tabellen zur Auftretenshäufigkeit, und der Leser wird mit einer Flut von technischem Jargon und Datenmaterial konfrontiert. Die Organisation jedoch braucht nicht Tonnen von Datenmaterial. Sie braucht vielmehr Antworten auf spezifische Fragen. Damit ein Bericht sinnvoll sein kann, muss er kurz und prägnant sein und den Zielsetzungen der Umfrage entsprechen. Um dies zu erreichen, muss die Gruppe, die die Umfrage durchführt, qualifiziert sein und einen Plan haben, wie eine aussagekräftige Analyse durchzuführen ist. Wenn eine Analyse informativ sein soll, dann muss es ein grundlegendes Verständnis einer großen und komplexen Informationsmenge und einen gründlichen Plan für die Analyse wie auch für den Bericht geben.

Nach Abschluss der Umfrage kann die Organisation mehrere Strategien verfolgen, die Resultate zu diskutieren und zu verwenden, um die Interventionen zu lenken. Jeder Arbeitsgruppe in der Organisation Informationen über ihr Profil im Vergleich zur Gesamtorganisation zu geben ist eine der Strategien. Diese Informationen dienen als Vergleichswerte für Umfragethemen. Ist Burnout beispielsweise in einigen Bereichen häufig zu finden und in anderen wiederum nicht vorhanden? Hat eine Arbeitsgruppe ein großes Problem mit Wertekonflikten, während eine andere Bedenken hinsichtlich des Arbeitsumfanges und der Belohnung äußert? Solche vergleichenden Informationen bilden auch eine Basis für das Bestimmen des Verhältnisses zwischen der Arbeitsgruppe und dem Unternehmen, ob sie sich nun mit den Zielsetzungen des Unternehmens in Einklang befindet oder diesen widerspricht.

Eine andere Strategie ist, einige Kernthemen, die sich aus den Resultaten der Umfrage ergeben haben, zu definieren und dann eine strategische Projektgruppe zu bilden, um Initiativen für jedes Thema zu entwickeln. Eine bestimmte Abteilung innerhalb des Unternehmens ist vielleicht mit einer herausragenden Situation im Bereich der Gemeinschaft und der Fairness konfrontiert, und eine Projektgruppe, die genau dieses Problem behandeln soll, könnte gebildet werden. Oder vielleicht lässt sich das Kontrollthema im gesamten Unternehmen finden; in diesem Fall würde eine Projektgruppe mit einer breiteren Basis benötigt werden, um einige für das gesamte Unternehmen gültige Lösungen zu schaffen.

In allen Fällen prüfen diese Projektgruppen alternative Vorschläge, um mit diesen Problemen fertig zu werden und geben der übergeordneten Unternehmenseinheit Empfehlungen. Wieder – wie die Schwerpunktgruppen, durch die die Fragestellungen der Umfrage entwickelt werden – müssen diese Projektgruppen repräsentativ für die Abteilungen oder Unternehmensebenen sein, mit denen sie sich befassen. Wenn eine ihrer Empfehlungen später von Menschen innerhalb des Unternehmens angenommen oder implementiert wird, dann müssen diese das Gefühl haben, Mitsprache bei der Formulierung der Empfehlung gehabt zu haben.

Eine dritte Unternehmensstrategie kann nötig sein, um Konflikte zu lösen. Der Umfrageprozess könnte Konflikte aufdecken, die seit einiger Zeit schwelen und verhindern, dass sich die Arbeitnehmer mit ihrer Arbeit identifizieren können. Einige Konflikte bestehen zwischen den Menschen innerhalb einer Arbeitsgruppe, andere zwischen zwei Gruppen oder zwischen einer Gruppe und der übergeordneten Organisation. Der Aufbau eines effektiven Prozesses zur Konfliktlösung ist ein wichtiges Ziel für jedes Unternehmen, und dies zu erreichen wird den Gemeinschaftssinn und die Fairness erheblich stärken.

Die Unternehmenskultur verbessern: Eine Fallstudie

Der Prozess des Identifikationsaufbaues mit der Arbeit beginnt mit einem Managementplan und funktioniert durch gemeinsame Projekte in Schlüsselbereichen des Unternehmenslebens. Die Intervention konzentriert sich in erster Linie auf eine Managementstruktur oder -praktik, die einen oder mehrere der sechs Bereiche, in denen das Mensch-Arbeit-Missverhältnis auftritt, beeinflusst. Die Umfrage zeigt Themen auf, die das größte Potential haben, die Identifikation der Belegschaft mit ihrer Arbeit zu beeinflussen. Projektgruppen entwickeln Initiativen, um in diesen Bereichen Änderungen herbeizuführen.

So weit, so gut. Aber der schwierigste Teil des Prozesses steht noch bevor. Die Implementierung von Änderungen ist am schwierigsten, da die Erfolgserwartungen oft nicht realistisch sind. Interventionen des Unternehmens brauchen Zeit. Ihr Ziel ist viel ehrgeiziger als das Beheben einer spezifischen Spannungs- oder Frustrationsquelle einiger Menschen. Ihr Ziel ist es, die Praktiken und Strukturen zu verändern, die das Arbeitsleben von Menschen im ganzen Unternehmen beeinflussen. Diese Änderungen sind nicht nur schwieriger umzusetzen, sondern auch schwieriger zu bewerten. Initiativen des Unternehmens haben nie sofort bei jedem Erfolg – ihr Erfolg stellt sich erst mit der Zeit ein. Anfangs sind die erforderlichen Anstrengungen, die Dinge auf eine neue Art und Weise zu erledigen, größer als der Nutzen einer Innovation. Mit dem Entwickeln der nötigen Fähigkeiten und Erwartungen wird der Nutzen offensichtlicher. Ein wichtiger Aspekt bei der Durchführung einer Intervention ist, den Prozess während seiner Übergangsphase in Gang zu halten. Interventionen des Unternehmens bedürfen auch einer Bewertung auf breiter Basis, um ihre Auswirkung auf die Managementstruktur oder -praktik, auf die sie abzielen, und auf die daraus folgende Identifikation der Belegschaft mit ihrer Arbeit festzustellen.

Wie also sieht ein Prozess einer Intervention durch ein Unternehmen aus? Und welche Schritte werden gesetzt, um Burnout zu verhindern und Engagement zu fördern? Werfen wir einen genaueren Blick auf die Fallstudie eines Krankenhauses, um zu sehen, wie sich der zuvor beschriebene Prozess in diesem Umfeld entwickelt.

Es beginnt beim Management

David Molloy, der CEO des Metropolitan Hospital, wurde durch seine Erfahrung als Hausarzt und Manager zum Anhänger einer identifikationsorientierten Managementpolitik. In seiner Zeit als Hausarzt erkannte er, welche komplexen Anforderungen die moderne Welt an Menschen am Arbeitsplatz und zu Hause stellt. Als Manager vertraute er dem Expertenwissen und dem Engagement der Menschen, mit denen er arbeitete; er hatte aber auch Vorbehalte über das Ausmaß, inwieweit Organisationen im Gesundheitsbereich die Bemühungen der Belegschaft unterstützen können. In seinem früheren Job als stellvertretender ärztlicher Leiter an einem anderen Krankenhaus hatte Molloy die Praktiken des Qualitätsmanagements auf die Medizin angewandt.

Der Vorstand des Metropolitan Hospital – ein Krankenhaus mit 750 Betten, 3500 Vollzeitarbeitskräften und 500 Teilzeitarbeitskräften – sah voraus, dass sich das Krankenhaus in den nächsten fünf Jahren mit der schwierigsten Situation seit seiner Gründung vor einem Jahrhundert konfrontiert sehen würde. Die derzeitige Staatsregierung näherte sich dem Ende ihrer Amtsperiode, die durch Unruhe im Arbeitsbereich, stagnierende Entwicklung des Privatsektors und politischen Skandal gekennzeichnet war. Die Regierung hatte sich dem Krankenhaus gegenüber ziemlich großzügig gezeigt, aber diese demonstrative Sorge um das Wohl der Menschen konnte den Schaden, der durch ihr schlechtes politisches Abschneiden insgesamt während der letzten vier Jahre entstanden war, nicht wettmachen. Die Oppositionspartei würde also sicherlich gewinnen, und sie propagierte weniger Regierungseinmischung, die Übernahme von finanzieller Eigenverantwortung und insbesondere verringerte Beteiligung des Staates am Gesundheitswesen. Man glaubte allgemein, dass das Metropolitan Hospital bedeutende Einsparungsmaßnahmen durchführen würde, und das bald.

Der Vorstand ernannte David Molloy zum CEO mit dem Ziel, Management durch Mitsprache in einer vormals stark zentralisierten Organisation zu fördern. Molloys Vorgänger hatte das Krankenhaus autokratisch durch zwei Managementkomitees geführt; jeweils eines für jeden Standort. Der Vorstand sah voraus, dass diese Struktur und dieser Managementstil nicht dem dynamischen wirtschaftlichen und politischen Umfeld des Gesundheitssystems im öffentlichen Sektor in den 90er Jahren angemessen waren. Seine Schlussfolgerung lautete, dass aktive Unterstützung durch die Gemeinschaft für das Überleben der Institution entscheidend wäre und dass diese stark von der Qualität der Krankenpflege abhängen würde. Der Vorstand bestand auch darauf, dass in Molloys neuer Unternehmenspolitik auf jeden Fall die Kosten der Krankenhausführung reduziert werden. Es würde keine teuren Programme zur Verbesserung der Qualität des Arbeitslebens geben und der Arbeitsumfang würde sicherlich durch die als Folge des Personalbudgets reduzierte Belegschaft steigen. Weiters war zu erwarten, dass sich die Anforderungen an die Mitarbeiter im ganzen Krankenhaus erhöhen würden, da das Krankenhaus die Anzahl seiner Patienten verringerte, um sich auf schwerste Fälle zu konzentrieren und die Anzahl der Tage herabsetzte, die Patienten nach einem Eingriff im Krankenhaus verbringen mussten.

So begann Molloy seine Amtszeit mit einer klaren Anweisung des Vorstandes, eine schlankere, flexiblere Managementstruktur zu entwickeln, die ihr Hauptaugenmerk auf die Qualität legen würde. Sein Ansatz beinhaltete drei wichtige Komponenten: 1.) das Management der zwei Standorte in ein einziges Managementteam umzuwandeln, 2.) die Fähigkeiten der Arbeitsgruppen mit Patientenkontakt zu entwickeln, damit diese ihren Teil des Krankenhauses managen können, und 3.) im ganzen Krankenhaus die Identifikation des Personals mit der Arbeit zu fördern, insbesondere sein Engagement für eine qualitativ hochwertige Krankenpflege.

Es wird zum Projekt der Organisation

Für das Metropolitan Hospital war eine Managementinitiative, die eine weit reichende Beteiligung seitens des Personals forderte, etwas Neues und Ungewöhnliches. Für die meisten war sie ein willkommener Bruch mit der Tradition, aber in vielen Abteilungen wurde sie mit Misstrauen gesehen. Besonders das mittlere Management war um die Sicherheit der Arbeitsplätze besorgt, da eine der Zielsetzungen die Verringerung der Anzahl von Posten im Managementbereich betraf. Diese Manager fürchteten ebenfalls die potentiellen Forderungen von den Krankenhausabteilungen mit direktem Kontakt zu den Patienten, die vor kurzem größere Befugnisse erhalten hatten. Die Vorgesetzten in diesem Bereich verfügten über keine grundlegenden Managementfähigkeiten, da diese Tätigkeiten außerhalb ihres Erfahrungsbereichs lagen. Sie wussten nicht, wie man eine Bilanz liest, da sie ihr Budget nicht selbst verwaltet hatten, und das Finanzinformationssystem des Krankenhauses war nicht darauf ausgerichtet, den Gruppenleitern rechtzeitig klare, gut organisierte Informationen zur Verfügung zu stellen. Betty Fitzgerald, die neue stellvertretende Pflegedienstleiterin und damit Chefin aller 1.800 Krankenschwestern und Pfleger, wurde damit betraut, dem Personal dabei zu helfen, sich diese Fähigkeiten anzueignen. Ihr war klar, dass das Krankenhaus noch weit davon entfernt war, der Belegschaft durch Dezentralisierung mehr Handlungsspielraum zu geben.

Es überträgt sich auf die Menschen

Molloys Managementteam bildete Projektgruppen für Qualitätsmanagement und Personalmanagement. Diese zwei Projektgruppen setzten sich aus verschiedensten Mitgliedern der zwei Standorte des Krankenhauses zusammen. Die für das Qualitätsmanagement verantwortliche Projektgruppe wurde von Julia Crosby geleitet, deren Erfahrung im Bereich der Programmevaluierung und der Organisationsentwicklung ihren Blick für Schwierigkeiten bei der Beurteilung von qualitativ hoch stehenden Dienstleistungen geschärft hatte. Der Leiter der Personalabteilung, Fred Thornhill, stand der Projektgruppe Personalmanagement vor. Diese bestand weiters aus Vertretern unterschiedlicher Berufsgruppen: einer Krankenschwester, einem Techniker, einem Arzt und Managern. Molloy nahm an den Treffen beider Gruppen teil.

Die erste Aufgabe der zwei Gruppen war die Entwicklung eines Plans zur Steigerung der Qualität und zur Erkennung von Themen im Bereich der Human Resourcen, die für das Personal wichtig waren. In den Diskussionen während dieses Planungsprozesses mit den Projektgruppen erläuterte Molloy, wie eine Personalumfrage der Sache nützlich sein könnte. Nach weiteren Diskussionen setzte das Managementteam ein Komitee ein, um eine Umfrage unter der Belegschaft zu organisieren. Das Hauptaugenmerk der Umfrage war darauf gerichtet, das Bekenntnis der Belegschaft zur Bereitstellung qualitativ hochwertiger Dienstleistungen zu ermitteln. Die Mitarbeiter wurden darin gebeten, anzugeben, was ihnen beim Erreichen dieses Ziels half oder sie behinderte.

Das Ergebnis wirkt sich auf damit in Verbindung stehende Missverhältnisse aus

Die Umfrage am Metropolitan Hospital machte deutlich, dass in allen sechs Bereichen des Organisationslebens Verbesserungen notwendig und möglich waren. Durch eine Reihe von Projektgruppen leitete das Krankenhaus Bemühungen zur Zusammenarbeit ein, wodurch Managementstrukturen und -praktiken geändert werden sollten, um dadurch die Belegschaft in allen sechs Bereichen stärker zu unterstützen.

Arbeitsumfang: Die Umfrageergebnisse wiesen auf einen starken Zusammenhang zwischen Arbeitsumfang und Erschöpfung hin, was nicht weiter verwunderlich war, da das Krankenhaus mit zunehmender Nachfrage seitens der Patienten und Ärzte für Dienstleistungen konfrontiert war, während das Budget kleiner wurde. Hinzu kam, dass die Antworten auf eine unstrukturierte Frage darauf hinwiesen, dass viele Schwestern und Pfleger Bedenken gegen das computergestützte Arbeitskontrollsystem des Krankenhauses hatten. Sie hatten den Eindruck, dass das System die Aspekte ihrer Arbeit, die nicht messbar waren, abwertete. Sie waren der Ansicht, dass beispielsweise das System die Rolle der Schwestern und Pfleger bei der Therapie oder der emotionalen Unterstützung der Patienten nicht angemessen bewertete, während es festgelegte Pflegeabläufe in den Vordergrund stellte. Des Weiteren äußerte das Pflegepersonal Zweifel an der Gültigkeit des Systems, indem sie angaben, dass es allgemein üblich war, am Ende eines arbeitsreichen Tages Datenmaterial so aufzuzeichnen, dass dadurch die Station im besten Licht erschien und nicht die Genauigkeit im Vordergrund stand. Alles in allem hatten die Bedenken des Pflegepersonals nicht so sehr mit der Arbeitsbelastung zu tun, sondern eher damit, wie die Organisation die geleistete Arbeit anerkannte und schätzte.

Fitzgerald, die Leiterin des Pflegedienstes, gründete eine Projektgruppe, um das System der Arbeitsaufzeichnung des Pflegedienstes zu untersuchen. Diese Gruppe verlangte eine detailliertere Analyse der Bedenken, die in der Umfrage ausgesprochen wurden und bemerkte dabei, dass eine Reihe von Abteilungen diese Bedenken über alle Bereiche des Krankenhauses geäußert hatten. Sie interviewte Schwestern und Pfleger in diesen Abteilungen und untersuchte das vom System über das vorherige Jahr gesammelte Datenmaterial. Eine Reihe von Sichtweisen über das System wurde deutlich, wobei einige Leute argumentierten, dass das System die Themen Aufklärung und Unterstützung der Patienten tatsächlich angemessen bewertete, da es diese als festen Bestandteil von effektiver Pflege betrachtete und nicht als davon getrennte, selbständige Dienstleistungen. Andere wiederum argumentierten, dass das Krankenhaus einen völlig neuen Ansatz zur Messung des Arbeitsumfanges bräuchte. Im Laufe des folgenden Jahres arbeitete die Projektgruppe mit der Firma, die das System vermarktete, zusammen, um das Programm zu verändern (das Unternehmen war bereit, diese Überarbeitung durchzuführen, da ähnliche Themen bereits von anderen Kunden angesprochen worden waren).

Als die Projektgruppe ihren Auftrag erfüllt hatte, waren einige Änderungen im System der Arbeitsaufzeichnung vorgenommen worden, die auf die Bedenken von vielen, jedoch nicht allen Belegschaftsmitgliedern eingingen. Die Antwortformulare des Systems enthielten jetzt eine Spalte, in der angegeben werden konnte, ob ein Patient mehr Unterstützung oder Aufklärung brauchte, als von einem Patienten mit dieser Diagnose zu erwarten war.

Die Intervention hatte eine tief greifende, aber indirekte Auswirkung auf den Arbeitsumfang. Erstens wurde dadurch das Vertrauen des Pflegepersonals in das System gestärkt. Ihr Vertrauen wirkte sich direkt auf ihre Identifikation mit der Arbeit sowie auf ihre Energie, ihr Engagement und ihre Leistungsfähigkeit aus. Aber sie arbeiteten immer noch sehr hart, was der Forderung des Krankenhauses zur Qualitätssteigerung der Leistungen trotz steigender Nachfrage und verringerter Ressourcen entsprach.

Zweitens ermöglichte das System, Beispiele für außergewöhnlichen Arbeitseinsatz des Pflegepersonals in schwierigen Fällen festzustellen. Die Pflegedienstleiter begannen sich in ihren Schulungs- und Orientierungssitzungen auf solche Fälle zu konzentrieren. Durch dieses Vorgehen wurden die zusätzlichen Bemühungen um aufmerksame Patientenpflege als geschätzte Dienstleistung des Krankenhauses anerkannt.

Drittens hat der verstärkte Einsatz von Unterstützung und Schulung im Überwachungssystem des Arbeitsumfangs die Personalausstattung der einzelnen Abteilungen beeinflusst. Die Umverteilung war nicht überraschend oder plötzlich, aber die Versetzung eines zusätzlichen Pflegers in eine Abteilung wirkte sich deutlich auf die Moral dieser Abteilung sowie deren Fähigkeit, mit den Anforderungen fertig zu werden, aus.

Letzten Endes erkannten alle Mitarbeiter im Krankenhaus, worauf es ankam. Sie erkannten die Auswirkung des Systems auf die Gefühle des Pflegepersonals hinsichtlich ihrer Arbeit und die Fähigkeit des Krankenhauses, diese Arbeit zu erledigen. Eine Überarbeitung des Systems war also in beiderlei Hinsicht sinnvoll investierte Zeit.

Kontrolle: Obwohl die Mitarbeiter ihren direkten Vorgesetzten und Pflegedienstleitern ein hohes Maß an Unterstützung zusprachen, äußerten sie Vorbehalte darüber, wie weit sie in die Prozesse zur Entscheidungsfindung ihrer Abteilungen eingebunden waren. Sie hatten sogar noch größere Bedenken, ob und wie sich die in ihren Arbeitsgruppen getroffenen Entscheidungen auf die gesamte Organisation auswirkten. Für sie war das mittlere Management eine Barriere zwischen den Abteilungen mit direktem Patientenkontakt, die verstärkt auf mehr Handlungsspielraum drängten, und dem zentralen Management, das eine Philosophie der gemeinsamen Entscheidungsfindung verfolgte. Die Mitarbeiter waren durch die Diskrepanz zwischen ihren erhöhten Erwartungen hinsichtlich der Kontrolle ihrer Arbeit und den Unzulänglichkeiten der Organisationsabläufe, die ihnen diese Kontrolle geben könnte, frustriert.

Wayne Sartelli, ein Manager der Organisationsentwicklung im Personalbüro, leitete eine Projektgruppe, die mit der Entscheidungsfindung der Organisation befasst war. Dazu benötigte er eine weitere Analyse der Umfragedaten, um die Bereitschaft der Belegschaft auf verschiedenen Ebenen zur gemeinsamen Entscheidungsfindung festzustellen. Davon ausgehend stellte das Team den Grad an Zustimmung auf den verschiedenen Ebenen der Organisation einander gegenüber und untersuchte die Themenbereiche, die sich auf die Zustimmung dieser Gruppen bezogen. Die Ergebnisse stimmten mit der Wahrnehmung des Personals überein, wonach Anliegen auf der mittleren Managementebene stecken blieben. Diese Manager waren über das Störpotential von proaktiveren Abteilungen mit Patientenkontakt besorgt und zweifelten an der konsequenten Unterstützung durch das gehobene Management.

Sartellis Projektgruppe empfahl eine umfassende Schulungsinitiative, um die Fähigkeit des mittleren Managements, einen Konsens zwischen den Abteilungsleitern herzustellen, zu entwickeln. Das Programm ermutigte sie, innerhalb ihres Verantwortungsbereichs Programme zu initiieren, so dass Initiativen der Abteilungen mit minimaler Verzögerung realisiert werden konnten. Sally Ingraham, eine Pflegedienstleiterin in der Projektgruppe, argumentierte, dass Ideen, die eine breitere Unterstützung der Institution erforderten, an das zentrale Management weitergeleitet werden sollten. Sie hatte zu oft erlebt, wie Initiativen, die von ihren Kollegen auf der Intensivstation entwickelt worden waren, scheiterten. Es schien ihr, als ob jeglicher Vorschlag beim geringsten Widerstand von oben von den Pflegedienstleitern fallen gelassen würde. Sie war der Meinung, dass Beharrlichkeit eine grundlegende Voraussetzung für die Einleitung eines Änderungsprozesses in der Organisation war.

Die administrative Neuorganisation des Krankenhauses dehnte die Anwendung von Ingrahams Vorschlag weiter aus. Als das Programm gestartet wurde, schloss es sowohl Pflegedienstleiter wie auch Manager aus anderen Berufssparten ein. Der Umfragebericht stellte klar, inwiefern Manager im gesamten Krankenhaus die gleichen Bedenken teilten. Er eröffnete auch die Möglichkeit, die Führungsrolle grundlegend zu überdenken. Dazu gehörte auch ein 360-Grad-Feedback-Programm, bei dem die Manager von den ihnen unterstellten Mitarbeitern, ihren Managerkollegen und denjenigen, an die sie ihre Berichte lieferten, Feedback erhielten. Dieser Prozess gab den Managern mehr Sicherheit, dass sie ihren Beitrag zu einem reibungslosen Funktionieren des Krankenhausbetriebes lieferten, indem sie eine proaktive Führungsrolle praktizierten.

Belohnung: Das Management war von der kritischen Beurteilung seines Leistungsevaluierungssystems überrascht. Viele Mitarbeiter berichteten, dass sie während der vielen Jahre, die sie am Krankenhaus beschäftigt waren, nie evaluiert worden waren. Von denjenigen, die kürzlich an einer solchen Evaluierung teilgenommen hatten, waren wenige von deren Wert überzeugt. Antworten auf unstrukturierte Fragestellungen zeugten davon, dass der Prozess viel häufiger zu einer reglementierten, oberflächlichen Sicht des Verhaltens eines Angestellten führte als zu einer Anerkennung seiner Bemühungen und seines Fachwissens.

Das Management suchte die Bestätigung der Umfrageresultate in einer offenen Diskussion während eines Treffens der Abteilungsvorstände. Diese Diskussion bestätigte das Ergebnis der Umfrage, dass Leistungsevaluierungen selten vorkamen und kaum Konsequenzen hatten.

Molloy bat Julia Crosby, die Leiterin der Projektgruppe für Qualitätsmanagement, eine Leistungsevaluierungsgruppe zu bilden, um so den Inhalt und den Prozess der Leistungsevaluierung für das kommende Jahr neu zu gestalten. Der Bericht dieser Projektgruppe an das zentrale Management führte zu einer groß angelegten Reform des Systems. Mitarbeiter hatten nun die Möglichkeit, eine detailliertere Beschreibung ihres Beitrages zum Krankenhausbetrieb zu geben. Hinzu kam, dass Anerkennung und Belohnung im neuen System eine zentralere Rolle einnahmen. Die Ergebnisse des neuen Leistungsevaluierungssystems bestimmten die Lohnerhöhungen im Gehaltsschema, das kurz davor in einem Abkommen mit der Gewerkschaft festgelegt worden war.

Gemeinschaft: Die Umfrage zeigte scharfe Kritik am Kommunikationssystem der Organisation auf. Viele Mitarbeiter, insbesondere diejenigen im klinischen Bereich, schienen größeres Vertrauen in die Qualität und die Aktualität von Informationen aus der Gerüchteküche zu haben als in die der offiziellen Publikationen der Organisation.

Wanda Minkowsky, die Direktorin des Informationsdienstes, gründete eine Projektgruppe, um die Ergebnisse der Umfrage publik zu machen. Diese Projektgruppe erstellte eine umfassende Analyse der Kommunikationsstrategien des Krankenhauses – E-Mail, Printmedien und hauseigene Fernsehberichte eingeschlossen. Sie traf sich sowohl mit den Mitarbeitern in den Abteilungen, die die Qualität und Aktualität des offiziellen Informationsflusses besonders kritisiert hatten, als auch mit jenen, die dies ziemlich positiv bewertet hatten. Ein Thema, das besonders deutlich wurde, war die Differenzierung zwischen dem Inhalt und der Art der Berichterstattung: einige Mitarbeiter ärgerten sich über den hohen Anteil der negativen Nachrichten und nicht so sehr über die Art und Weise, wie diese übermittelt wurden. Dann gab es noch die Frage des Vertrauens. Viele Belegschaftsmitglieder wollten nicht glauben, dass das zentrale Management nicht vollständig über die Regierungspolitik bezüglich Budget oder Arbeitsrecht informiert war; in diesem Bereich wurde Wanda selbst direkt und persönlich kritisiert. Andere glaubten, dass das Management genauso schlecht informiert wie die Belegschaft war, und dies löste bei ihnen beträchtliche Angst und Unsicherheit aus.

Die Kommunikationsprojektgruppe entwickelte eine Reihe von Empfehlungen über die Form der Nachrichtenübermittlung (offene Treffen, elektronische Medien, Printmedien), die Aktualität der Informationen und die Personen, die eine aktive Rolle bei der Organisation der Kommunikation spielten. Sie luden informelle Meinungsbildner in der Belegschaft ein, regelmäßig Beiträge zum Newsletter des Krankenhauses über eine Reihe von Themen, die für die Organisationskultur äußerst wichtig waren, zu schreiben. Die Absicht dieser Empfehlungen war, einen stärkeren Gemeinschaftssinn im Krankenhaus zu entwickeln. Ein stärkerer Gemeinschaftssinn unterstützt in direkter Weise das Eingebundensein und die Leistungsfähigkeit, zwei Merkmale der Identifikation mit der Arbeit.

Fairness: Die Umfrage ergab ebenfalls starke Kritik an der langsamen Reaktion des Krankenhauses auf die Gleichbehandlungsgesetzgebung in der Entlohnung. Themen wie die Gleichstellung zwischen Mann und Frau waren wichtig in dieser großen Institution, die einen großen Anteil an hoch qualifiziertem weiblichen Personal aufwies. Die Befragten kritisierten sowohl das Management, dass es die finanziellen Vereinbarungen hinausgezögert hatte, als auch die Gewerkschaften, dass sie den Verhandlungsprozess durch zu viel Taktieren in die Länge gezogen hatten. Der Verhandlungsprozess hatte für beträchtlichen Konfliktstoff unter den Fachberufsgruppen gesorgt, die alle für den relativen Wert ihrer Gruppe gegenüber anderen argumentiert hatten. Die langsamen Verhandlungen verzögerten die Lösung der Angelegenheit und schufen ein Klima des Unmutes und der Konkurrenz.

Das Krankenhausmanagement sah das Ergebnis dieser Umfrage als Anstoß, das Thema der Gleichbehandlung in der Bezahlung zu lösen. Innerhalb einer Woche nach Verteilung des Umfrageberichts erreichte das Management eine Einigung mit allen betroffenen Gewerkschaften bei der Gleichbehandlung im Entlohnungsschema des Krankenhauses. Der Rückgang der Streitigkeiten führte dazu, dass mehr Energie in die Arbeit investiert werden konnte, und schuf eine Basis für größeres Eingebundensein in sinnvolle Arbeit.

Werte: Die Umfrage ergab einen großen Überblick über die wichtigsten Werte des Krankenhauses. Eine Definition der Werte, die vor der Umfrage durch den Krankenhauskaplan Paul Ramos durchgeführt worden war, hatte vier Werte identifiziert, die von Mitarbeitern in allen Bereichen des Krankenhauses getragen wurden: Patientenpflege auf höchstem Niveau, offene und aufrichtige Kommunikation, Respekt unter den Menschen und lebenslanges Lernen. Die Umfrage zeigte auch, dass die Belegschaft – wenn sie ihre Arbeit sinnvoll fand, also wenn sie qualitativ hochwertige Pflege leisten konnte und dies zu ihrer professionellen Entwicklung beitrug – ein stärkeres Gefühl für Eingebundensein hatte und sich für leistungsfähiger hielt. Bei Mitarbeitern, die einen Konflikt zwischen ihrer Arbeit und diesen Werten empfanden, traten Gefühle von Erschöpfung und Zynismus mit größerer Wahrscheinlichkeit auf. In der ganzen Umfrage gab es weitere Anzeichen für das Verhältnis zwischen starken Werten bei der Arbeit und Identifikation mit der Arbeit.

Die Projektgruppe, die sich mit den Werten der Organisation befasste, integrierte die Umfrageergebnisse über Werte in ihr Konzept der Krankenhausplanung. Dieses Konzept diente als Bezugspunkt, um die Entwicklung von Kernaktivitäten und Zielvorstellungen für das Krankenhaus zu bewerten. In vielerlei Hinsicht bietet ein breiter Konsens über zentrale Werte einer Organisation eine Basis, um die anderen fünf Missverhältnisse zwischen Mensch und Arbeit auszugleichen. Das Wissen darüber, was für eine Organisation wichtig ist, bietet Orientierung im Ansprechen von Problemen in Zusammenhang mit Arbeitsumfang, Kontrolle, Belohnung, Gemeinschaft und Fairness.

Das Ergebnis ist ein Prozess

Zusammen stellten diese Interventionen eine Reihe von Unternehmensinitiativen dar, die alle sechs Bereiche umfassten, in denen das Missverhältnis zwischen Arbeit und Mensch auftreten kann. Die Informationen aus der Umfrage identifizierten die für das Unternehmen akuten Themen und gaben Hinweise auf Abläufe und Strukturen, durch die das Management die Qualität des Arbeitslebens steigern konnte. Die Umfrage ergab keine Anzeichen für das Auftreten von Burnout im ganzen Krankenhaus, obwohl einige Bereiche über ein hohes Maß an Erschöpfung, Zynismus oder Ineffizienz berichteten. Das Ziel des Interventionsprozesses war nicht, ein aktuelles Burnoutproblem zu lösen, sondern die Qualität des Unternehmenslebens zu steigern und damit Burnout in Zukunft zu verhindern. Das heißt also, dass die Umfrage sich nicht darauf konzentrierte, verborgene Probleme auszumachen, sondern eher, dem Management Möglichkeiten zu eröffnen, direkte und verifizierbare Zugänge zu den emotionalen und kognitiven Zuständen der Menschen bei der Arbeit zu entwickeln.

In einer gewissen Weise stärkte der Prozess der Umfrage und der Veröffentlichung des Berichtes den Gemeinschaftssinn im Krankenhaus und zeugte vom Bekenntnis zu den zentralen Werten des Unternehmens: qualitativ hochwertige Patientenpflege, offene und aufrichtige Kommunikation, Respekt und lebenslanges Lernen. In den meisten Fällen bekam eine Projektgruppe den speziellen Auftrag, einen Aktionsplan zu entwickeln, um so auf ein Anliegen, das in der Umfrage angesprochen wurde, einzugehen. Diese Initiativen hatten unterschiedliche Ergebnisse: einige waren ein durchschlagender Erfolg, andere wurden durch unvorhersehbare Ereignisse verzögert. Die Umfrage leistete einen direkten Beitrag zur Lösung des Anliegens, dass Männer und Frauen gleich bezahlt werden sollten, was in den Bereich der Arbeitsverhandlungen fiel. Sie lieferte dem Unternehmen Informationen aus der Perspektive der Werte, die außerhalb der standardmäßigen polarisierten Arbeitsverhandlungen lagen, wodurch Druck sowohl auf das Management als auch auf die Gewerkschaften zur Lösung des Problems ausgeübt wurde.

Eineinhalb Jahre nach Abschluss der Umfrage wurde das Metropolitan Hospital zu einer Fusion mit einem anderen großen Krankenhaus der Stadt gezwungen, was zu weiteren Umbrüchen in den Managementstrukturen und der alltäglichen Arbeit der Belegschaft führte. Der Fortschritt des Krankenhauses in Richtung Identifikation mit der Arbeit und seine Erfahrung mit partnerschaftlichen Ansätzen bei gemeinsamen Problemen halfen ihm, mit diesem Übergang fertig zu werden, schirmten es aber dadurch nicht von einem turbulenten Umfeld ab. Stattdessen hatte das Krankenhaus dank seiner Erfahrungen die Fähigkeit entwickelt, sich unter Krisenbedingungen zu bewähren.

Was hat man daraus gelernt

Unser Argument in diesem Kapitel war, dass Unternehmenstrategien, die Harmonie zwischen den Arbeitnehmern und ihrer Arbeit erzeugen, der Schlüssel zur Verhinderung von Burnout sind. Bei richtiger Durchführung ist die Burnoutvermeidung ein wesentlicher Bestandteil eines guten Managements.

In Kapitel fünf haben wir gesehen, wie sich Einzelne zusammen mit anderen in ihren Arbeitsgruppen für Probleme, die zu Burnout führen, einsetzen können. Diese Kriseninterventionen können erfolgreich verlaufen, aber sie hängen stark vom Einblick, der Energie, der Durchsetzungsfähigkeit und der Geduld von Schlüsselfiguren innerhalb des Unternehmens ab. Im Gegensatz dazu hat ein Eingreifen der Organisation unter der Führung des zentralen Managements eine breitere Wirkung und mit größerer Wahrscheinlichkeit Erfolg. Die Umsetzung dieser Art von Intervention braucht vielleicht länger und sie erfordert die Zusammenarbeit von mehr Menschen, aber ihre Auswirkung ist weit reichender. Langfristig wird sie eine größere Anzahl von Arbeitnehmern betreffen. Wichtiger noch ist, dass ihre Konzentration auf die Schaffung von Identifikation eine direkte Auswirkung auf die Fähigkeit des Unternehmens haben wird, ihre Zielsetzung zu verfolgen. Eine Organisation, die aktiv Identifikation ihrer Belegschaft zu fördern versucht, ist eine effektivere Organisation.

Im Metropolitan Hospital zeigte sich dieses Verhältnis in einer anderen Umfrage, nämlich einer Umfrage zur Zufriedenheit der Patienten, die von einer Beraterfirma zur gleichen Zeit wie die Personalumfrage durchgeführt wurde. Eine Analyse beider Umfragen zeigte, dass Patienten in den Abteilungen, wo sich die Mitarbeiter mit ihrer Arbeit identifizieren konnte, mit den Dienstleistungen des Krankenhauses und ihren Kontakten mit der Belegschaft zufriedener waren als in den Abteilungen, in denen ein hohes Maß an Erschöpfung und Zynismus festzustellen war. Patienten bemerken, wie es dem Personal geht und es ist ihnen nicht gleichgültig.

Das doppelte Ziel, Burnout zu verhindern und Identifikation aufzubauen, ist in der heutigen Arbeitswelt möglich und wichtig. Es ist nicht leicht für einen Einzelnen, diese Ziele zu erreichen. Vielmehr müssen Menschen zusammenarbeiten, um Erfolg zu haben. Und wenn wir uns selbst alle zum langfristigen Prozess des Fortschritts des Unternehmens bekennen, dann werden wir mit Arbeitsumfeldern belohnt, die sowohl produktiver und belastungsfähiger als auch humaner sind.

7

Menschliche Werte fördern

In der heutigen Arbeitswelt sind wirtschaftliche Werte die primäre Triebkraft, alles andere ist ihnen untergeordnet. Obwohl sich diese Betonung der wirtschaftlichen Werte auf die Menschen auswirkt, werden menschliche Anliegen nur dann direkt berücksichtigt, wenn sie wirtschaftlich einen Vorteil bringen. Konflikte am Arbeitsplatz, Arbeitsüberlastung oder andere Missverhältnisse zwischen Arbeit und Mensch werden nicht angesprochen, solange ihr Zusammenhang mit erhöhten Kosten oder verringerten Gewinnen nicht klar ist. Um die Notwendigkeit, etwas gegen Burnout zu unternehmen, zu unterstreichen, gibt es eine Standardmethode: man berechnet die wirtschaftlichen Auswirkungen, um zu zeigen, wie kostspielig Burnout sein kann – und dies ist tatsächlich das Argument, das wir in Kapitel vier vertraten.

Jetzt aber wollen wir ein anderes Argument anführen: nämlich, dass menschliche Werte an sich in der Arbeitswelt eine hohe Priorität haben sollten. Nicht aufgrund der wirtschaftlichen Folgen, nicht aufgrund des daraus resultierenden positiven Images in der Öffentlichkeit, sondern weil es richtig ist, den menschlichen Werten eine bevorzugte Bedeutung beizumessen. Unsere gesamte Gesellschaft – mit all den moralischen Prinzipien, die sie hochhält – basiert auf der Wertschätzung der Menschen und dessen, was sie erreichen können. Ob es nun um Freiheit, Familie, das Streben nach Glück oder Frieden geht, diese sozialen Werte setzen voraus, dass der größte Nutzen dann entsteht, wenn Menschen ihre einzigartigen menschlichen Qualitäten in den eigenen Dienst und den anderer stellen können. Dieser fundamentale Glaube an den Wert der Menschlichkeit sollte am Arbeitsplatz dieselbe grundlegende Bedeutung haben wie im Privatleben und in der Gemeinschaft.

Aber es gibt auch einen anderen Grund, für menschliche Werte zu plädieren – und zwar, dass sie sinnvoll sind. Ein Hauptgrund, weshalb Menschen ein Verhältnis mit einem Unternehmen aufbauen, ist, etwas Wichtiges zu vollbringen. Die Synergie zwischen ihren persönlichen Werten und jenen des Unternehmens, die sie diesen Arbeitsplatz auswählen ließ, kann eine starke Triebkraft in der Arbeit darstellen. Es ist eine Quelle kreativer Energie, die Gruppen und ganze Unternehmen dazu ermutigt, außergewöhnliche Leistungen zu vollbringen und Menschen mit unterschiedlichem kulturellen, politischen und wirtschaftlichen Hintergrund zur Zusammenarbeit befähigt. Des Weiteren rechtfertigt ein Unternehmen sein Vorhandensein innerhalb einer Gemeinschaft damit, dass es zur gesamten Lebensqualität beiträgt, und nicht nur zu seinem wirtschaftlichen Wohlergehen. Diese Art von wertsteigerndem Beitrag ist wichtig, wenn ein Unternehmen langfristig erfolgreich sein will.

In diesem Kapitel werden wir also den hohen moralischen Anspruch vertreten und nicht einfach nur den niederen wirtschaftlichen Aspekt berücksichtigen. Dies liegt nicht daran, dass wir der Meinung sind, wirtschaftliche Werte seien nicht wichtig – natürlich sind sie das –, sondern vielmehr, weil wir glauben, dass menschliche Werte genauso wichtig sind. Und wir denken, dass diese wichtige Tatsache so klar dargestellt werden muss, dass sie über das übliche Lippenbekenntnis hinausgeht.

Unserer Meinung nach geschieht dies am besten, indem man aufzeigt, welchen Unterschied eine Berücksichtigung menschlicher Werte am Arbeitsplatz ausmachen kann. Dies bedeutet, dass man von abstrakten Aussagen zu konkreten Handlungen übergehen muss. Und wieder bedeutet dies, dass man sich den Prozess ansehen muss, wie ein Unternehmen und seine einzelnen Mitglieder ihre gemeinsamen Werte herausfinden und wie sie in die Praxis umgesetzt werden. Dieses Kapitel wird sich also auf einen Prozess der Klärung von Werten konzentrieren. Anhand der drei restlichen Fallbeispiele, die wir in Kapitel eins kurz vorgestellt haben, werden die Schritte erläutert, die im Prozess unternommen werden müssen: Martha, die Labortechnikerin (die einen Zerfall der Gemeinschaft erlebte); Bill, der Netzwerkmanager der Universität (Mangel an Fairness), und Steve, der Bankangestellte, der für die Vergabe von Darlehen verantwortlich war (Wertekonflikt).

Werte am Arbeitsplatz

Wenn man über Werte nachdenkt, hält man sie meistens für etwas Positives. Schließlich sind Werte Ideale, die wir hochhalten und schätzen, Zielvorstellungen, die wir anstreben. Unsere Werte beeinflussen unser Verhalten positiv, weil sie uns in unserer Arbeit sowohl die Richtung weisen als auch Sinn geben. Klare Werte eines Unternehmens sind eine lebenswichtige Ressource, da sie Burnout verhindern, indem sie die Wahrscheinlichkeit für die sechs Missverhältnisse zwischen Arbeit und Mensch, die wir in diesem Buch behandelt haben, verringern. Wenn die Menschen in Einklang mit ihren Werten und Fähigkeiten handeln, dann werden sie sich mit ihrer Arbeit besser identifizieren können und so weniger anfällig für Burnout sein.

Aber wenn Werte unklar sind oder nicht erkannt werden, dann bedeutet das daraus resultierende Vakuum, dass es keine positive Führung gibt, und dies kann sich sogar negativ auf das Unternehmen auswirken. In einigen Fällen ist das Problem, dass die Menschen nie ernsthaft darüber nachgedacht haben, was in ihrer Arbeit wichtig ist. In anderen Fällen haben sich die Umstände in dem Unternehmen während der aktuellen Krise so sehr verändert, dass die Menschen ihre Werte neu überdenken müssen, um mit den neuen Problemen, die sich stellen, fertig zu werden. Wieder andere Unternehmen sind gespalten; Einzelne und Gruppen gehen verschiedene Wege, vertreten in ihrer Arbeit gegensätzliche Werte. In vielen Fällen wirken sich widersprüchliche Werte auf die tagtägliche Arbeitsleistung aus. Der Konflikt kann zwischen den persönlichen Werten und jenen des Unternehmens bestehen, wenn z.B. Arbeitnehmer sich entscheiden müssen, ob sie ihre Karriereziele verfolgen oder Zeit mit ihrer Familie verbringen möchten. Oder es kann ein Konflikt zwischen den Werten des Unternehmens bestehen, wenn z.B. ein Lehrer entscheiden muss, ob er mehr Zeit mit den Schülern mit Lernschwierigkeiten verbringen will oder mit begabten Schülern, die schneller lernen als ihre Altersgenossen. Wenn diese Konflikte sowohl intensiv als auch schwer lösbar sind, können all diese Probleme zu Burnout beitragen.

Leitwerte

Die Werte eines Arbeitsplatzes werden meist am deutlichsten durch die Unternehmensführung ausgedrückt; in Slogans oder durch das Missionstatement. Ein Firmenslogan ist für gewöhnlich ein kurzer, einprägsamer Satz, wie „Der Fortschritt ist unser wichtigstes Produkt" oder „Wir stellen die guten Dinge ins Rampenlicht" oder „Realitätsnahe Lösungen für die Arbeit, die Sie leisten". Diese Slogans vermitteln der Außenwelt die Zielsetzung des Unternehmens und helfen, das Unternehmen in Relation zu seinen Mitbewerbern zu definieren. Im Gegensatz dazu ist ein Missionstatement mehr an die Arbeitnehmer als an die allgemeine Öffentlichkeit gerichtet, genauso wie eine Formulierung der Leitlinien des Unternehmens zum Erreichen seiner Ziele. Es bestätigt der Belegschaft, dass ihre Arbeit einer sinnvollen, dauerhaften und bedeutenden Sache dienlich ist.

Ein Missionstatement ist ganz klar ein Schritt in die richtige Richtung, aber eines nur zu haben genügt nicht. Der nächste entscheidende Schritt ist nämlich, diese zentralen Werte des Unternehmens umzusetzen. Ein Missionstatement ist nicht dazu geeignet, dies zu bewirken, und zwar aus folgenden Gründen:

- Es sagt nichts darüber aus, wie Werte angewandt werden, um die zur Erreichung dieser Mission notwendigen Strategien auszuwählen und zu implementieren.
- Es gibt nicht an, wie Wertkonflikte gelöst werden sollen.
- Es trägt der Verschiedenheit von Werten, die auf der individuellen und Gruppenebene innerhalb eines großen, komplexen Unternehmens bestehen können, nicht Rechnung.

Mit anderen Worten bietet ein Missionstatement nicht die Mechanismen, um die definierten Werte des Unternehmens in den täglichen Handlungen der Arbeitnehmer umzusetzen. Damit diese Werte jedoch wirklich Bedeutung haben, muss sich das Unternehmen überlegen, wie es diese Worte in Taten umwandeln kann.

Diskrepanzen zwischen Werten und Handlungen

Die Werte eines Unternehmens können aufgrund zweier grundlegender Ursachen im tagtäglichen Betrieb in den Hintergrund gedrängt werden: Das Unternehmen kann sich entweder nicht an seine Werte halten oder es will es nicht. Während der aktuellen Krise im Arbeitsumfeld haben einige Unternehmen die Kontrolle verloren, die nötig ist, um ihre Ziele effektiv zu verfolgen. Verringerte Budgetmittel der Regierung machen die langfristigen Planungsstrategien in Institutionen des öffentlichen Sektors zunichte. Im privaten Sektor handeln Unternehmen entgegen ihre langfristigen Zielsetzungen als Reaktion auf kurzfristigen finanziellen Druck. Dem gehobenen Management, das für die Implementierung der Strategien verantwortlich ist, mangelt es vielleicht an den nötigen Ressourcen und an Kontrolle.

Die zweite Gruppe von Unternehmen sind jene, wo das Missionstatement nur eine Funktion in der Öffentlichkeitsarbeit hat, aber keine strategische. Das heißt, dass das Unternehmen sich nicht wirklich zu den Idealen, denen es sich verschrieben hat, bekennt. In diesem Fall werden die Arbeitnehmer zynisch und verbittert dem gegenüber, was sie als Heuchelei seitens des Managements sehen, und fühlen sich vielleicht sogar von dem Unternehmen betrogen.

In gewisser Weise spiegeln diese Wertekonflikte verschiedene Standpunkte innerhalb großer Unternehmen wider. Leitende Führungskräfte widmen sich den Entwicklungen im wirtschaftlichen Bereich und den Richtlinien, die das Wachstum des Unternehmens oder sogar ihr Überleben bedrohen. Arbeitnehmer, die direkten Kundenkontakt haben, sind unmittelbarer um die Qualität des Produktes, die Verfügbarkeit von wichtigen Dienstleistungen oder die Kundenzufriedenheit besorgt. Langfristig ergänzen und unterstützen sich diese Perspektiven gegenseitig. Das Überleben und das wirtschaftliche Wohlergehen eines Unternehmens steigert seine Fähigkeit, ausgezeichnete Arbeit zu leisten, während die Notwendigkeit, qualitativ hochwertige, schnell verfügbare Produkte oder Dienstleistungen zu liefern, zum Überleben des Unternehmens und seinem wirtschaftlichen Wohlergehen beiträgt. Aber kurzfristig widersprechen sich diese beiden Perspektiven häufig. Vertreter beider Perspektiven sind der Meinung, dass die andere Seite das Gesamtwohl zugunsten von schnellen Lösungen vernachlässigt, während sie sich selbst für das Gesamtwohl einsetzen.

Wenn es eine Diskrepanz zwischen Werten und Handlungen gibt, dann wird ein Unternehmen schnell in allen sechs Missverhältnis-Bereichen Probleme bekommen. Wenn wir beispielsweise die Unternehmen in den drei Fallbeispielen betrachten, die in diesem Kapitel behandelt werden, dann werden wir sehen, dass diese gute Missionstatements und Listen von zusätzlichen Maßnahmen haben. Ihre Probleme entstanden nicht, weil sie ihre Mission und Werte nicht beachteten, sondern weil ihre Werte die alltägliche Arbeit nicht bestimmten.

- Im Krankenhauslabor, in dem Martha arbeitete, war das Problem, dass sich der Leiter des Labors in seiner Arbeit nicht von den Werten des Unternehmens leiten ließ. Es fehlten ihm sowohl die Fähigkeiten als auch die Motivation, um von dem Recht auf Mitsprache im Unternehmensmanagement Gebrauch zu machen. Das Problem lag auch beim Management, und zwar insofern, als das Krankenhaus nicht dafür sorgte, dass der Laborleiter Fähigkeiten und Einstellungen entwickelt, die mit den Werten des Unternehmens in Einklang stehen.

- An der Universität, an der Bill arbeitete, bestand das Problem darin, dass die Personalpolitik im Widerspruch zu dem Wert, der auf Expertenwissen gelegt wurde, stand. Bill als Netzwerkmanager durfte die Arbeit, für die er angestellt worden war, nicht machen und wurde sowohl ungerechtfertigt zur Verantwortung gezogen als auch ungerecht entschädigt.
- In der Bank, in der Steve arbeitete, war das Problem ein Konflikt zwischen zwei Werten, von denen beide mit der Zielsetzung der Bank nicht übereinstimmten. Als Kreditsachbearbeiter hatte Steve keine Mittel, um diesen Konflikt zu lösen, und es fiel ihm schwer, in seiner Arbeit ein erträgliches Gleichgewicht zwischen den widersprüchlichen Zielsetzungen aufrechtzuerhalten.

Diese drei Situationen erfordern mehr, als von der Mission eines Unternehmens zu erwarten ist. Es bedarf eines erweiterten Prozesses, um die Werte auf verschiedenen Ebenen des Unternehmens zu ermitteln und sie mit den Verhaltensweisen am Arbeitsplatz zu verknüpfen.

Unternehmenswerte definieren

Die Definition der Werte ist ein Prozess, durch den ein Unternehmen das formuliert, was es für wichtig erachtet. Es ist ein Prozess, durch den die Belegschaft eines Unternehmens ihre persönlichen Werte, die gemeinsamen Werte ihrer Arbeitsgruppe und die Werte, die vom gesamten Unternehmen vertreten werden, ausdrückt. Es ist ein Prozess, in dem sowohl das Verhältnis zwischen diesen drei Gruppen von Werten als auch die Verbindung zwischen Werten und Handlungen ermittelt wird. Es ist ein Prozess, in den Management und Belegschaft – nicht nur das Management alleine – stark mit einbezogen sind und in dem ein weites Spektrum an Aktivitäten und Perspektiven des Unternehmens untersucht wird. Dieser Prozess, der die Werte des Unternehmens definieren soll, hat mehrere Zielsetzungen:

Die zentralen Werte, die ein Unternehmen zusammenhalten, erkennen. Was sind die Schlüsselwerte, die von allen Arbeitnehmern des Unternehmens geteilt werden und so das Herzstück der Unternehmenskultur ausmachen?

Festzustellen, welche Bandbreite von Arbeitsgruppenkultur es innerhalb des Unternehmens gibt. Welche verschiedenen Abteilungen tragen auf verschiedenste Weise zum Gesamtziel des Unternehmens bei und welche unterscheidbaren Werte sind jeder Gruppe zuzuordnen?

Festzustellen, wie spezifische Werte innerhalb des Unternehmens umgesetzt werden können. Für welche Handlungen haben die Angestellten Befugnisse, und welche davon sind die wichtigsten?

Werte zu identifizieren, die sowohl Mittel als auch Wege bestimmen. Die Frage an dieser Stelle ist nicht so sehr, welche Ziele das Unternehmen erreichen will, sondern welche Methoden das Unternehmen im Verfolgen seiner Ziele einsetzt.

Eine Methode zu entwickeln, wie aktuelle Wertekonflikte innerhalb des Unternehmens gelöst werden können. Welche Werte sind wichtiger und sollen anderen gegenüber bevorzugt behandelt werden?

Ein Prozess zur Definierung der Werte

Wie kann ein Unternehmen diese Themen angehen? Grundsätzlich ist ein Prozess zur Definition der Werte ein Dialog, der von einer Projektgruppe des Unternehmens geleitet wird. In einer großen Organisation umfasst diese Projektgruppe Mitarbeiter aus verschiedenen Standorten und Berufen. Es sollten sowohl das Zentralmanagement als auch der Produktions- oder Dienstleistungsbereich stark vertreten sein. Die Aufgabe der Projektgruppe ist, den Prozess zu initiieren, in Gang zu halten, die Ergebnisse mitzuteilen und die Veränderungen im Unternehmen zu implementieren. Wie Sie sicher erraten haben, kann der Prozess zur Definition der Werte leicht in die in Kapitel sechs beschriebene Unternehmensstrategie eingegliedert werden.

Den Prozess initiieren

Das Zentralmanagement gibt bekannt, dass das Unternehmen einen Prozess zur Definition der Werte einleitet, vielleicht als Teil einer Personalumfrage (wir haben die Personalumfrage in Kapitel 6 beschrieben). Schon die Ankündigung dieser Initiative ist ein Beweis für die Bereitschaft des Managements, sich bei der Führung des Unternehmens von Werten leiten zu lassen.

Der Prozess beginnt mit Schwerpunktgruppen, ähnlich jenen, die in Kapitel sechs beschrieben wurden. Auch hier sollten die Gruppen die verschiedenen Abteilungen eines Unternehmens repräsentieren. Unter Verwendung einer unstrukturierten Fragestellung stellen die

Teilnehmer der Schwerpunktgruppe eine umfassende Liste von Werten zusammen, die ihre Arbeit beeinflussen, einschließlich der Werte, die sie aus ihrem persönlichen Leben mitbringen, der Werte, die als Leitfaden der von ihnen vertretenen Arbeitsbereiche dienen, und der Werte der übergeordneten Organisation. Die Schwerpunktgruppen sollten sowohl jene Werte einbeziehen, die öffentlich vertreten werden, als auch jene, die nur bei genauerer Prüfung der Aktivitäten des Unternehmens evident werden.

Wenn das Unternehmen wenig Erfahrung damit hat, ein Missionstatement zu entwickeln oder Werte zu diskutieren, ist es am einfachsten, mit Beispielen von Werten zu beginnen, die sich auf die Arbeit des Unternehmens beziehen – z. B. Kundenservice, Warenproduktion, Effizienz, Erlangen von Wohlstand. Konsulenten, entweder aus der Belegschaft des Unternehmens oder externe Fachleute, können Firmen mit geringer Erfahrung bei der Leitung von Schwerpunktgruppen unterstützen und die Informationen, die gesammelt werden, verarbeiten.

Während dieser Prozessphase erstellt jede Schwerpunktgruppe eine Liste von Werten, definiert sie genau und liefert Beispiele dafür, welche Rolle jeder dieser Werte im Unternehmen spielt. Danach integriert die Projektgruppe die Berichte aller Schwerpunktgruppen und fasst sie zu einer kurzen, konsolidierten Liste von Werten des Unternehmens zusammen. Hier ein Beispiel:

> Martha nahm an einer Gruppe teil, die sich aus Vertretern verschiedener Spitalsabteilungen und Stationen zusammensetzte. Die Gruppe bewertete Kollegialität als etwas, das die Mitarbeiter bei der Arbeit schätzten und das die Effizienz des Spitals förderte. In ihren Diskussionen waren sie sich einig, dass Kollegialität ein Wert ist, der auf offener und ehrlicher Kommunikation und Respekt für andere beruht. Die Gruppe empfahl, dass der Teil der Personalumfrage, der die Einschätzung der Werte betraf, auch Fragen beinhalten sollte, die den Respekt unter den Kollegen, die Kollegialität und die offene und ehrliche Kommunikation ermitteln.

Den Prozess in Gang halten

Die von der Schwerpunktgruppe erstellte Liste wird in die Personalumfrage einbezogen, die unter den Mitarbeitern des gesamten Unternehmens durchgeführt wird. Die Mitarbeiter werden gefragt, was sie persönlich von jedem der angeführten Werte halten, wie stark ihrer Meinung nach das Bekenntnis des Unternehmens zu diesen Werten ist und wie schwierig jeder umzusetzen ist. Sie werden auch gebeten, die Werte in ihren eigenen Worten zu beschreiben und eine kurze Geschichte über ein tatsächliches Ereignis zu erzählen, das sich auf diese Werte bezieht.

Dieser Prozess liefert Informationen darüber, welche relative Bedeutung die verschiedenen Bereiche des Unternehmens diesem Wert beimessen, und über das Ausmaß, in dem das Unternehmen nach Einschätzung der Mitarbeiter einen Wert einem anderen vorzieht. Er gibt auch Aufschluss darüber, wie diese Werte in den Augen der Menschen die tägliche Arbeit des Unternehmens beeinflussen (oder auch nicht). Hier ein Beispiel:

> In ihren Antworten auf die Umfrage der Bank äußerten Steve und seine Kollegen ihre Schwierigkeiten mit dem Konflikt zwischen den Unternehmenswerten von Cash-Flow-Maximierung und ausgezeichnetem Kundenservice fertig zu werden. Im Abschnitt über Kundenservice betonten sie die relative Wichtigkeit der Fähigkeit, sich auf den Kunden einzustellen, im Vergleich zu anderen Werten, wie zum Beispiel Effizienz, persönlichem Service und rascher Erledigung. Als Steve aufgefordert wurde, in eigenen Worten auszudrücken, was die Bank unter gutem Kundenservice versteht, schrieb er: „Wir erfüllen die Bedürfnisse der Kunden, indem wir bestimmen, was wir als das Beste für sie halten." Seine Geschichte dazu machte deutlich, was er als die widersprüchlichen Werte der Bank betrachtete. Er beschrieb einen Fall, in dem ein älteres Ehepaar überredet wurde, ein Bankkonto zu eröffnen, das umfassendere Leistungen enthielt, als sie brauchten und das teurer war.

Die Ergebnisse weiterleiten

Jede Arbeitsgruppe im Unternehmen erhält Informationen über ihre eigenen Werte und welchen Bezug sie zu jenen der übergeordneten Organisation haben. Diese Informationen sind ein Teil der Personalumfrage, währenddessen jede Abteilung sowohl ein vollständiges Profil ihrer eigenen Umfrageergebnisse als auch das gesamte Unternehmensprofil erhält. Diese Informationen dienen als Basis für die Diskussion der Werte der Gruppe und deren Verhältnis zu den Werten der übergeordneten Organisation.

Einige entscheidende Punkte dazu:

- Unterscheiden sich die Werte der Gruppe von den Prioritäten des Unternehmens?
- Gibt es direkte Konfliktpunkte zwischen den Werten der Gruppe und dem Unternehmen?

- Gibt es direkte Konfliktpunkte zwischen den Werten der Gruppe als Ganzes und jenen der einzelnen Mitarbeiter?
- Sind die Werte relevant sowohl für die Strategien der Arbeitsgruppen als auch für die Zielsetzungen? Anders gesagt, sind die Werte der Gruppe ein Thema des Prozesses und der Ziele?

Auf Basis dieser Analyse und Diskussion kann jede Arbeitsgruppe ihre eigenen Werte definieren. Dieser Prozess war besonders in Bills Abteilung wichtig, weil er und seine Kollegen keine Möglichkeit gefunden hatten, ihre technische Arbeit in einer Weise zu erledigen, die von der Universität anerkannt und geschätzt wurde.

Veränderungen in das Unternehmen integrieren

In der Schlussphase prüft die Kerngruppe die Berichte der Arbeitsgruppen der ganzen Organisation. In dieser Phase hat ihre Arbeit folgende Ziele:

Eine präzise Feststellung jener Werte, über die ein eindeutiger Konsens im Unternehmen besteht. Diese Feststellung ist eine anschaulich dargestellte Zusammenfassung der Werte, nicht nur eine Liste. Sie zeigt auf, wie sich jeder Wert auf die Zielsetzungen des Unternehmens bezieht, und die primäre Strategie des Unternehmens, jeden dieser Werte umzusetzen.

Einen Bericht über die unterschiedlichen Auffassungen von Werten bzw. über Konflikte innerhalb des Unternehmens und über die Schwierigkeiten, die Werte in Handlungsweisen umzusetzen, zu verfassen. Zusätzlich zur Klarstellung und Diskussion dieser Problembereiche könnte der Bericht auch Empfehlungen zu ihrer Lösung enthalten.

Mit diesen Informationen als Rüstzeug kann das zentrale Management seinen Vorsatz verwirklichen, das Unternehmen mit Hilfe der Werte zu verbessern. Ein Definitionsprozess der Werte legt zum Beispiel unweigerlich die Konflikte offen, die zwischen den Perspektiven der Menschen und einer Reihe von Einstellungen zur Arbeit, zu Herausforderungen und Beschränkungen bestehen. Diese Konflikte können die Fähigkeit von Unternehmen, sich in einem starken Wettbewerb besser zu positionieren, beeinträchtigen. Daher ist es eine Schlüsselfunktion des Managements, Prozesse zur Konfliktbereinigung zu etablieren. Das kann durch informelle Diskussionen oder formelle Schlichtung geschehen, wobei manche Ansätze auf einen Einzelnen, andere auf eine Gruppe ausgerichtet sein können. Hier kann ein genau formuliertes Missionstatement eine einigende Kraft sein, die einen Bezugspunkt zur Konfliktlösung bietet. Schlussendlich liegt die Rechtfertigung von Werten des Einzelnen oder der Gruppe in ihrem Beitrag zur Mission.

Werte gezielt einsetzen

Ein Definitionsprozess der Werte ist ein weit reichendes Ereignis im Leben eines Unternehmens. Er ist auch ein zweckmäßiger Schritt. Er steuert die Handlungen, die das zu Burnout führende Missverhältnis reduzieren. Er trägt signifikant zur Herstellung der notwendigen Harmonie bei, die eine Voraussetzung für eine Identifikation mit der Arbeit darstellt. Sehen wir uns an, wie dieser Prozess in unseren drei Fallstudien funktioniert.

Gemeinschaft aufbauen

Martha, die Labortechnikerin, hatte ein Auseinanderbrechen der Gemeinschaft erlebt. Die Probleme betrafen die Beziehung des Managers zum Personal und die Beziehungen der Mitarbeiter untereinander. Die Menschen arbeiteten nicht auf eine Weise zusammen, die ihre Effizienz stärkte. Stattdessen laugten Kritik und Konflikte ihre Energie aus und ließ sie zynisch über den Beitrag des Labors zum Wohlbefinden der Patienten und der Arbeit des Krankenhauses reagieren.

Welche Werte zeigten sich in diesem Arbeitsumfeld? Die Handlungen des Managers wiesen darauf hin, dass er die Ausübung von einseitiger Kontrolle hoch bewertete und der kollegialen Entscheidungsfindung mit Mitspracherecht keinen Wert beimaß. Für die Mitarbeiter stellte der Wettbewerb und das Vermeiden von Kritik einen Wert dar, aber nicht Kollegialität und Selbstbehauptung. Dieser Zustand widersprach den Werten der übergeordneten Organisation, die eine große Initiative zur Förderung von Mitsprache bei der Entscheidungsfindung gestartet hatte. Die Situation stand auch im Widerspruch zu den fachlichen und persönlichen Werten der Mitarbeiter. Die Labortechniker sind dazu verpflichtet, ihre analytischen Fähigkeiten zur Verbesserung des Wohlbefindens der Patienten einzusetzen. Ihr soziales Umfeld behinderte ihre Arbeit. Das Laborpersonal brauchte Hilfe, um im Einklang mit ihren und den Werten der übergeordneten Organisation arbeiten zu können.

Für Martha war die Personalumfrage hilfreich, um gleich zu Beginn die Dringlichkeit der Wiederherstellung einer Gemeinschaft in ihrer Abteilung des Krankenhauses zu unterstreichen. Die Umfrageergebnisse machten klar, dass andere Mitglieder ihrer Abteilung ihr Unbehagen teilten. Die Tatsache, dass die Umfrage überhaupt durchgeführt wurde, sahen Martha und ihre Kollegen als ein Anzeichen dafür, dass die Krankenhausorganisation an ihrer persönlichen Perspektive und der emotionalen Komponente ihrer Arbeit interessiert war. Und sie machte den Managern deutlich, welchen Wert das Krankenhaus auf den Gemeinschaftssinn innerhalb der diversen Abteilungen der übergeordneten Organisation legte.

Angesichts der Umfrageergebnisse arbeitete eine strategische Projektgruppe mit Schwerpunkt auf Gemeinschaft und Zusammenarbeit im Krankenhaus mit Marthas Abteilung zusammen, um offene, ehrliche Kommunikation und Respekt zu entwickeln. Der Beitrag des Labors zum Krankenhaus wurde sowohl in Hinblick auf den Gemeinschaftsgeist als auch auf die fachliche Leistung beurteilt. Allen Mitarbeitern der Abteilung wurde klargemacht, dass der Aufbau der Gemeinschaft Priorität hat.

Für die Mitarbeiter trug der Prozess zur Definition der Werte dazu bei, ihnen die Kernwerte des Unternehmens, nämlich Zusammenarbeit und Gemeinschaft, vor Augen zu halten. Er half dem Labor, ein stärkeres Gefühl der Identität zu entwickeln. Er machte den Mitarbeitern ihre einmaligen Fähigkeiten und Perspektiven bewusst, aber auch die Übereinstimmung ihrer Werte mit jenen ihrer Kollegen in anderen Bereichen des Krankenhauses. Am wichtigsten war in dieser Situation, dass der Prozess eine Maßnahme zur Lösung einiger Wertekonflikte zwischen den Mitarbeitern in diesem Arbeitsumfeld einleitete:

- Indem der Prozess die Perspektiven der Angestellten über das Labor öffentlich machte, erfuhren die Manager, dass es nicht genügen würde, die Mission des Krankenhauses nur scheinbar zu verwirklichen. Das Management würde nicht mehr nur durch oberflächliche Leistungsindikatoren beurteilt werden, sondern auch durch eine direkte Bewertung der Erfahrungen des Personals.
- Als Ergebnis des Wertedefinierungsprozesses in Kombination mit der Personalumfrage wurde erkannt, dass das Labor ein Bereich war, der Training und Entwicklung in kollegialem Management benötigte.
- Der Wertedefinierungsprozess bestätigte, dass Mitarbeiter durch offene und ehrliche Kommunikation etwas zum Funktionieren des Krankenhauses als Ganzes beitragen können.

Fairness fördern

Für Bill, den Netzwerkmanager an der Universität, rührte das Problem mit der Ungerechtigkeit von einem anderen Werteproblem her. Seine Gruppe arbeitete konsequent nach seinen Werten und jenen der übergeordneten Organisation – die Mission der Universität basierte auf Fachwissen und trug zu deren Entwicklung durch Lehre und Forschung bei. Aber ihr Entlohnungssystem stand mit diesem Wert nicht in Einklang, da das Gehalt von der Position oder vom Dienstalter abhing, nicht vom Fachwissen. Darüber hinaus wurde Bills fachliches Können ständig von Leuten herabgesetzt, die viel weniger Wissen, aber viel mehr Macht hatten. Der Innovationspreis wurde angeblich für Fachkenntnis vergeben, aber er wurde angesichts der täglichen Erfahrungen Bills in seiner Arbeit als Heuchelei und Werbetrick betrachtet. Bill wollte etwas viel Wichtigeres, mehr Fairness, Respekt und Anerkennung für das, was er für die Universität leisten konnte, aber die Organisation versagte sie ihm.

Für Bill war die Umfrage am Anfang ein erster Schritt, seiner Frustration Ausruck zu verleihen. Er war jedoch beeindruckt, dass die Universität die Personalumfrage zum Anlass nahm, zu zeigen, dass Fairness und Respekt für sie entscheidende Themen waren.

Der Wertedefinitionsprozess zeigte innere Widersprüche zwischen dem Anspruch der Universität auf qualifizierte Experten und ihre mangelnde Bereitschaft, diese Leute entsprechend zu entlohnen, auf. Die Diskussionen über Werte und die Wertekonflikte in Bills Abteilung waren der Ausgangspunkt zur Beseitigung der Diskrepanz zwischen den technischen Erwartungen der Organisation (deutlich gemacht durch den Innovationspreis) und ihrer fehlenden Anerkennung der Leistungen von Einzelnen in ihrer täglichen Arbeit.

Wertekonflikte reduzieren

Steves Problem in der Bank rührte von einem Konflikt zwischen zwei Werten innerhalb der Bank her: den Cash-Flow zu maximieren und gutes Kundenservice zu bieten. Aus Steves Sicht gab die Geschäftspolitik der Bank dem Cash-Flow den Vorrang gegenüber dem Kundenservice. Das beeinträchtigte aber seine Funktion als Angestellter, auf lange Sicht das Beste sowohl für die Bank als auch für seine Kunden zu erreichen. Diese Geschäftspolitik verminderte sein Leistungsvermögen auf zwei Ebenen: sie schränkte seine Entscheidungsfreiheit bei der Lösung von Wertekonflikten ein und untergrub seine Identifikation mit der Arbeit durch die geringere Bewertung des Kundenservice, dem er sich aber zutiefst verpflichtet fühlte.

Steve war überzeugt, dass die Personalumfrage dem zentralen Management ein Bild der unausgewogenen Wirkung dieser Geschäftspolitik auf die einzelnen Zweigstellen gab. Die von den Mitarbeitern durch die Umfrage dargelegten Probleme und der Wertedefinierungsprozess hoben die Standpunkte der Verwaltung von Steves Zweigstelle klar hervor. Die Erkenntnis der verschiedenen Ansichten in den Zweigstellen wog die Betonung zentraler Werte in einem großen Unternehmen auf. Eine genaue Betrachtung der vier Dimensionen des Kundenservice ermöglichte eine genauere Beachtung der negativen Auswirkungen von pauschalen Richtlinien für die Vorgangsweisen in den verschiedenen Zweigstellen. Letztendlich hatten kleinere Zweigstellen die Möglichkeit, ihre Kunden auf die effizienteste Weise zu bedienen.

Die Personalumfrage und der Wertedefinierungsprozess boten auch ein Forum für eine offene Diskussion der Rationalisierungsstrategie der Bank. Für das Management war es eine Gelegenheit, die Gründe für seine Entscheidungen offenzulegen und zu zeigen, wie die Strategie dem Unternehmen diente. Mitarbeiter, die sich durch den Rationalisierungsprozess ausgeschlossen oder verletzt fühlten, erhielten eine Chance, ihren Standpunkt darzulegen.

Eine neue Arbeitswelt

In diesem Buch haben wir uns durchgehend auf die Verbesserung des Lebens einer großen Organisation konzentriert. Nach wie vor spielen sich die wichtigsten Vorgänge in den großen Organisationen ab, aber diese Änderungen der Arbeitswelt sind nicht die einzigen, von denen diese betroffen ist. Während Unternehmen in der gegenwärtigen Krise ihren Umgang mit Menschen geändert haben, ist vielen Menschen die Geduld ausgegangen und sie haben einen ganz anderen Weg gewählt. Anders gesagt, ändert sich die Arbeitswelt für Menschen genauso wie für Unternehmen. Nicht jeder begnügt sich damit, einfach zu warten, während die Unternehmen sich um neue Ansätze bemühen.

Viele junge Menschen, die heute eine höhere Schule beenden, haben ganz andere Vorstellungen von Arbeit, als eine traditionelle Karriere einzuschlagen. Für viele ist Arbeit eine Reihe von zeitlich begrenzten Verträgen, mit oft nur wenig Zusammenhang zwischen diesen. Es ist zunehmend schwierig geworden, einen sicheren, langfristigen Arbeitsplatz zu finden. Diese Situation ist für viele junge Menschen kritisch, aber nicht für alle.

Eine beachtliche Zahl von jungen Menschen zeigt kein Interesse an einer Arbeit in einem Unternehmen. Sie können daran nichts Positives erkennen. Von außen gesehen erwecken viele große Organisationen den Eindruck, es gäbe wenig Möglichkeiten, dort einen bedeutsamen Beitrag zu leisten. Als Organisationen des privaten oder öffentlichen Bereiches ihre Werte aufgaben, verringerten sie die Kapazität, talentierte Mitarbeiter anzuziehen. Viele Menschen möchten einen sinnvollen Beitrag leisten, und es genügt ihnen nicht, den Gewinn ihres Unternehmens noch mehr gesteigert zu haben. Gleichzeitig können Personalknappheit, stagnierende Gehälter und sinkende professionelle Standards im öffentlichen Sektor auch ein düsteres Bild des Organisationslebens geben. Was wäre daran so großartig, in einem solchen Umfeld zu arbeiten?

Das Organisationsleben ist scheinbar nach dem Eintritt auch nicht attraktiver, und die Probleme drehen sich oft um das Missverhältnis zwischen den Menschen und ihrem Arbeitsplatz. Prinzipiell ist es so: wenn die Organisation den Kontakt zu den Menschen verloren hat – wenn sie deren Werte, Arbeitsmotive und Bedürfnisse ignoriert –, werden diese vielleicht dazu tendieren, die Organisation zu verlassen. Einer der wahrscheinlich bekanntesten Flüchtlinge aus dem Büroalltag ist der Cartoonzeichner Scott Adams, Schöpfer des *Dilbert*-Comics. Adams kündigte seinen langjährigen Schreibtischjob in einem Unternehmen und verdient jetzt Millionen damit, sich über das Büroleben in der gegenwärtigen Krise lustig zu machen, mit seinen typischen Aussagen über Unternehmensschrumpfungen, Ausgabenbeschränkungen und unternehmerischer Doppelzüngigkeit. Und viele seiner boshaften Darstellungen haben mit dem Aufeinanderprallen von wirtschaftlichen und menschlichen Werten zu tun.

Frustriert vom Büroleben haben viele talentierte, gut ausgebildete Menschen zwischen zwanzig und dreißig ihre gut bezahlten Positionen in eingesessenen Firmen aufgegeben, um auf eigenen Füßen zu stehen. Eine junge Frau sagte über ihren Weggang von einer kleinen, unabhängigen Beratungsfirma: „Nun, ich weiß, das ist riskant, aber glaubst du, in diesem Job zu bleiben ist es nicht? Dieses Unternehmen kündigt ständig Leute, egal, wie gut sie sind oder was sie über die Jahre geleistet haben."

Aber auch wenn die Arbeit in einem Unternehmen nicht mehr so sicher ist, die Alternativen sind es auch nicht unbedingt. Worin liegt eigentlich der Reiz, sich selbständig zu machen? Ein Großteil liegt in den Werten. Die Leute, die heute um die zwanzig sind, wuchsen in einer Gesellschaft auf, in der das Streben nach einem sinnvollen Arbeitsplatz legitim schien. Vom Kindergarten bis zur Universität hat das Bildungssystem das Ideal gefördert, später eine Arbeit zu leisten, die wichtig ist und an der man Freude hat. Diese Botschaft wurde nicht nur ständig wiederholt und zum Vorbild genommen, sie wird auch nicht kampflos aufgegeben werden.

Ziel ist es, festzustellen, was mit den in diesem Buch beschriebenen Strategien erreicht werden kann. In den vorhergehenden Kapiteln haben wir zwei Ansätze, wie man Unternehmen verändern kann, diskutiert: aus der Perspektive der Einzelpersonen und aus der Perspektive des Unternehmens. Beide Ansätze sind riskant – keiner bietet Sicherheit und beide können auch fehlschlagen, die Lage verschlimmern. Darüber hinaus bedingen beide Ansätze viel Arbeit und Zeit, um erfolgreich zu sein. Man muss sich einer Organisation schon sehr verpflichtet fühlen, um sich auf den Prozess einzulassen, und diesen bis zum Ende durchzuziehen. Dieses Engagement ist bei solchen Menschen zu erwarten, die sich in ihrer Karriere für lange Zeit dem Unternehmen verpflichtet haben, aber es ist unwahrscheinlich bei neuen Mitarbeitern, besonders bei jenen mit kurzfristigen Verträgen, die speziell dafür konzipiert wurden, dem Unternehmen eine flexible Personalplanung zu ermöglichen.

Wenn Menschen beschließen, aus dem Unternehmensleben auszusteigen, geben sie ihren Werten Vorrang vor dem finanziellen Gewinn, wozu auch wir die Unternehmen ermutigt haben. Obwohl die Leute sich nicht sicher sind, wie sie das nötige Kapital und die Geldmittel für die Rückzahlung von Studentenkrediten oder für den Kauf eines Eigenheims zusammen bekommen werden, gibt es eindeutige Grenzen dafür, was sie für das Erreichen dieser Ziele in Kauf nehmen würden.

Die 26-jährige Kathy ist Berufsberaterin einer Privatfirma, die Behinderten bei der Jobsuche hilft. Vor einigen Jahren war sie noch sicher, dass sie nach dem Abschluss ihres Psychologiestudiums ein klinisches Fachstudium ihrer Wahl beginnen könnte, aber diese Erwartung erfüllte sich nicht. Nach dem ersten Schock über die Ablehnung arbeitete sie als Forschungsassistentin mit einem Kurzzeitvertrag und fand danach die fixe Anstellung in der Beratungsfirma. Sie hatte nie daran gedacht, diese Arbeit zu tun, aber ihr lebhaftes Interesse an Menschen, ihr Selbstvertrauen und ihre gute Grundausbildung in Psychologie halfen ihr, sich rasch einzuarbeiten. Nach drei Jahren hatte sie einen ausgezeichneten Ruf bei der

Firma und ihren Klienten. Sie hatte gute Aussichten auf eine Beförderung in ihrer Firma.
Aber sie war daran nicht interessiert. Kathys Priorität war, ihre Ausbildung zu erweitern, um mehr Kontrolle über ihre Arbeit zu erlangen. Ohne diesen akademischen Grad würde immer jemand anderer das letzte Wort über ihre Arbeit mit den Klienten haben. Sie wollte auch in der Forschung aktiv sein, um die grundlegenden Zusammenhänge ihrer Arbeit besser zu verstehen. In ihrer Arbeitssituation könnte sie niemals die Funktion übernehmen, die sie wollte. Also kündigte sie, um ihr Studium fortzusetzen und als Beraterin in einer Privatpraxis zu arbeiten. Sie hatte eine Vorstellung davon, welche Risiken mit dieser Entscheidung verbunden waren, aber ihr gegenwärtiger Job genügte ihr einfach nicht.

Eine andere Gruppe von Menschen, die alles andere als begeistert ist, sich für eine Veränderung des Unternehmens zu engagieren, ist jene, die eine Chance auf Frühpensionierung hat – meist mit einem langfristigen Pensionsfonds, manchmal auch mit zusätzlichen Abfindungsprämien. Frei von finanziellen Zwängen und frustriert von der zunehmenden Abwertung dessen, was ihnen in der Arbeit wichtig war, verlassen viele das Unternehmen. Manche sehen es als die lang erwartete Chance, sich von der Arbeit zu distanzieren und persönliche Interessen zu verfolgen. Andere sehen es als eine Möglichkeit, sich auf die Werte in ihrer Arbeit zu konzentrieren, ohne die negative Einflussnahme durch das Unternehmensleben in Kauf nehmen zu müssen. Sie können diese Werte verfolgen, ohne sich mit den Anforderungen und Risiken einer Veränderung im Unternehmen auseinandersetzen zu müssen.

In seiner Position als Direktor für Unternehmensentwicklung arbeitete Ted mit einem Managementteam zusammen, um in einem großen städtischen Krankenhaus einen Ansatz von Qualitätsmanagement umzusetzen. Aber bedingt durch einen Regierungswechsel wurde umfangreiche Kosteneinsparung das oberste Gebot. Der CEO wurde durch einen neuen mit einer anderen Philosophie und einem neuen Managementteam ersetzt. Ted wurde eine niedrigere Position als Mitarbeiter des Betreuungspersonals während des großen Rationalisierungsprozesses angeboten.
Diese Arbeit stand in direktem Gegensatz zu Teds Werten. Obwohl er unter ziemlichem finanziellen Druck stand – Kinder, die bald zu studieren anfangen würden und eine langfristige Hypothek – und nur eine bescheidene Abfindung bekam, entschloss er sich, das Krankenhaus zu verlassen und sich als Konsulent, spezialisiert auf

das Lösen von Problemen, Planung und Qualitätsmanagement, selbständig zu machen. Zwei Jahre später bedauert er diesen Schritt nicht. Das Geld ist knapp, die Arbeitszeit lang und die Unsicherheit immens, aber er vertraut auf seine Fähigkeiten und das langfristige Potential seiner Entscheidung.

Es gibt also Alternativen zu dem Versuch, eine Organisation zu verändern. Es ist nicht leicht. Es bedeutet Risiken. Und so ein Schritt ist nicht für alle Menschen die beste Lösung. Aber sie bieten die Chance, so zu arbeiten, wie es den Werten eines Menschen entspricht, und die Belastungen des Unternehmenslebens abzustreifen. Der Nachteil dieser Schritte ist, dass man dadurch die Unternehmenswelt und ihr Potential oft der Leitung von Menschen ohne Mitgefühl überlässt. Wie wir schon am Beginn dieses Buches sagten, ist ein Unternehmen ein Arbeitsumfeld, in dem Menschen größere Dinge erreichen können als sie dazu allein im Stande wären. Es ist ein Mittel, zum Wohl der größeren Gemeinschaft beizutragen, obwohl es auch das Potential hat, dieser Gemeinschaft bedeutenden Schaden zuzufügen. Aus dem Unternehmensleben auszuscheiden mag die beste Entscheidung für manche Menschen sein, aber es mag nicht die beste Entscheidung für die Gesellschaft als Ganzes sein.

Gemeinschaft in einer sich verändernden Arbeitswelt

In der gegenwärtigen Krise ändern sich die Zielsetzungen der Organisationen und die Karriereplanungen Einzelner und stehen oft in Konflikt miteinander. Es ist daher nicht erstaunlich, dass Unternehmen oft widersprüchlich handeln. Sie formulieren Missionen und Ziele, die sie dann nicht in ihrem Alltagsbetrieb umsetzen können. Statt Harmonie und Engagement zu verstärken, führen nicht eingehaltene Bekenntnisse bezüglich eines hohen Standards nur zu Zynismus und Gleichgültigkeit. Trotz der Anstrengungen und ehrlichen Bemühungen vieler berühren die in den Missionen ausgedrückten Werte nicht die Strategien des Managements. Wenige Unternehmen können dem unmittelbaren Druck der aktuellen Arbeitswelt entgehen.

Inmitten von so vielen Konflikten fällt es schwer, ein Gefühl der Zusammenarbeit zu entwickeln. Das wahrgenommene Eigeninteresse in einem Bereich des Unternehmens verleitet andere dazu, ihre Eigeninteressen auch an die erste Stelle zu reihen. Wenn immer mehr Mitarbeiter diese Einstellung übernehmen, zersplittert eine Organisation. Menschen in einem Bereich des Unternehmens können die Prinzipien oder Motive ihrer Kollegen in anderen Bereichen nicht mehr verstehen. Ein Fehlen eines gemeinsamen Anliegens unterminiert den Gemeinschaftssinn in einem Unternehmen.

Ist dieser Verfall der Gemeinschaft ein schwerer Verlust? Absolut. Menschen haben immer ein Gemeinschaftsgefühl in der Arbeit gesucht. Sie waren froh, wenn es existierte und enttäuscht, wenn es fehlte. Eine Arbeit ohne gute Beziehungen zumindest zu einem Kollegen ist unerträglich. Arbeitsengagement erfordert das volle Sich-Einbringen einer Person in das soziale Umfeld des Arbeitsplatzes. Die Unterstützung und Anerkennung durch andere und die Zusammenarbeit mit Kollegen am Arbeitsplatz befähigt Menschen, ihre Energie effizient zu konzentrieren, ihr Engagement zu rechtfertigen und ihre Leistungen zu verbessern – anders ausgedrückt, eine starke Gemeinschaft im Unternehmen verhindert Burnout.

Ist ein Gemeinschaftsgefühl in der heutigen Zeit ein zu idealistisches Ziel? Wir glauben nicht. Der beste Grundstein zum Aufbau einer solchen Gemeinschaft sind in unseren Augen die gemeinsamen Werte. Nicht ein vages und edel klingendes Missionstatement von höchster Stelle, sondern die Billigung der Anliegen an der Basis, die der Arbeit Sinn und Bedeutung geben. Ob sie nun innerhalb einer bestimmten Arbeitsgruppe oder innerhalb der gesamten Organisation artikuliert werden, wirklich gemeinsam getragene Werte können das verbindendste Element in einem Arbeitsumfeld sein. Wir hoffen, dass der in diesem Kapitel vorgestellte Prozess zur Definition der Werte der erste Schritt zur Gestaltung jenes Arbeitsumfeldes ist, das dieses so entscheidende Gefühl für Identifikation mit der Arbeit wiederherstellt.

Nachwort: Auf dem Weg in eine bessere Zukunft

Wenn ein Unternehmensumfeld nicht auf Menschen eingeht – auf ihre Hoffnungen, ihre Grenzen und ihre Artbeitsweise – ist chronisches Burnout unausweichlich das Resultat. Wie wir in diesem Buch immer wieder argumentiert haben, ist es Zeit, den menschlichen Werten in der Arbeit eine höhere Priorität zu geben. Menschliche Werte sind kein Luxus, sondern eine Notwendigkeit, wenn wir die aktuelle Krise überstehen und erfolgreich in die Zukunft gehen wollen. Wie wir gezeigt haben, ist es viel zu kostspielig, den Verfall durch Burnout zu tolerieren. Die einzige Alternative, sowohl aus wirtschaftlichen als auch aus humanitären Gründen, ist, Identifikation mit der Arbeit aufzubauen.

Sechs Wege zur Identifikation

Verschiedene Wege führen zu einer größeren Harmonie zwischen Menschen und ihrer Arbeit – tatsächlich sind es sechs. Die sechs Bereiche des Unternehmenslebens, in denen Missverhältnisse auftreten, sind das unmittelbare Umfeld der Menschen an ihrem Arbeitsplatz, und innerhalb jedes dieser Bereiche liegen die Anfänge des Wegs von Burnout hin zu Identifikation. Jeder dieser sechs Bereiche enthält die kritischen Faktoren, die entweder das Problem des Missverhältnisses verursachen oder die Lösungen für eine gute Übereinstimmung und Identifikation liefern. Diese Faktoren tragen entweder zur Erschöpfung bei oder erhalten die Energie, die Menschen für ihre Arbeit mitbringen. Sie führen entweder zu Zynismus und Entfremdung oder fördern verstärktes Engagement und Bekenntnis zur Arbeit. Sie rufen entweder einen Mangel an Zufriedenheit und ein Gefühl der Unzulänglichkeit hervor oder führen zu größerer Effizienz und Leistung.

Jedes dieser sechs Missverhältnisse stellt einen guten Ausgangspunkt dar, um das Ziel – ein besseres Arbeitsleben – zu erreichen. Wenn wir sie positiv mit Begriffen von Einklang und Identifikation statt negativ als Diskrepanz und Burnout formulieren, lassen sich daraus die folgenden Wegweiser ablesen:

- Ertragbare Arbeitsbelastung
- Gefühle von Entscheidungsfreiheit und Kontrolle
- Anerkennung und Belohnung
- Gemeinschaftssinn
- Fairness, Respekt und Gerechtigkeit
- Sinnvolle und wertvolle Arbeit

Auf jedem der sechs Wege zu diesen Zielen gibt es zwei Herausforderungen: (1) die Harmonie zwischen Menschen und ihrer Arbeit auf eine Weise herzustellen, die (2) zu einer Änderung sowohl des Arbeitsumfeldes als auch der Menschen führt. Angesichts der Hinweise, dass Burnout und Identifikation primär Funktionen der Arbeitssituation sind, ist es entscheidend, dass die Maßnahmen auf den Arbeitsplatz zielgerichtet sind. Menschen können die gesamte Last der Anpassung an den Job nicht verkraften, speziell dann, wenn die Bemühungen um diese Anpassung die Obergrenze erreicht haben und die Kluft immer noch nicht überbrückt ist. Wirksame Lösungen müssen beide Seiten des Missverhältnisses zwischen Arbeit und Mensch anerkennen und berücksichtigen.

Aus diesen Gründen sind in den in Kapitel fünf und sechs beschriebenen Veränderungsprozessen *sowohl* der Mensch *als auch* das Unternehmen involviert. Dauerhafter Fortschritt, unabhängig davon, auf welchem der sechs Wege er begonnen wurde, hängt von einem gegenseitigen Bemühen und gemeinsam getroffenen Vereinbarungen ab, ganz egal, wie die spezifische Lösung aussehen mag. Der Fortschritt hängt jedoch *nicht* von umständlichen bürokratischen Prozeduren und Strukturen zur Bekämpfung von Burnout ab. Das Management eines Unternehmens ist gefordert, Wege zur Stärkung der Identifikation zu finden, ohne sich mit einem zusätzlichen administrativen Aufwand zu belasten.

Den besten Weg wählen

Wo soll man anfangen? Welcher Weg verspricht den größten Erfolg? Welcher ist am einfachsten zu gehen, oder der am wenigsten kostspielige? Leider gibt es keine simplen Antworten auf diese Fragen. Es kommt immer darauf an. Im Speziellen kommt es auf Folgendes an:

- die Art der Arbeit,
- den Charakter des Unternehmens und der Arbeitsgruppe,
- die externen Faktoren, die sich auf das Unternehmen auswirken.

Kontrolle und Autonomie, zum Beispiel, können besonders wichtig für Menschen sein, die von ihrer Ausbildung her gewohnt sind, fachliche Entscheidungen zu treffen, aber jetzt unter einem strengen System des Mikromanagements arbeiten müssen. In dieser Situation befanden sich Stan und seine Therapeutenkollegen, wie wir in Kapitel eins und fünf beschrieben haben. In anderen Berufen kann Kontrolle weniger wichtig sein, dafür aber ist die Belohnung entscheidend. Das war eindeutig der Fall bei John und seinen Lehrerkollegen. Wenn Teamwork und Zusammenarbeit für die Erledigung der Arbeit wichtig sind, könnten Fragen der Gemeinschaft und der Konflikte speziell Bedeutung haben. In Unternehmen, die unter externem Druck zur Kürzung des Budgets und zur Rationalisierung stehen, ist Arbeitsbelastung wahrscheinlich jener Bereich, in dem das Missverhältnis am größten ist.

Daher sollte die Wahl des Lösungsansatzes von zwei Schlüsselfragen ausgehen: Welches Missverhältnis verursacht die größten Probleme? Auf welchem Gebiet ist das Potential für eine Veränderung am größten?

Wie wir in Kapitel sechs gesehen haben, kann eine Personalumfrage ein brauchbares Mittel sein, Antworten auf diese Fragen zu erhalten. Aber es ist wichtig zu erkennen, dass die Antworten auf die beiden Fragen verschieden ausfallen können. Manchmal kann das Missverhältnis groß sein, aber die Lösungsmöglichkeiten gering. Ein typisches Beispiel, speziell während der gegenwärtigen Krise, ist Arbeitsüberlastung – weniger Mitarbeiter werden aufgefordert, mehr zu leisten, unter wirtschaftlichen Bedingungen, die eine Umverteilung der Ressourcen zur Lösung des Problems nicht erlauben.

Der beste Weg ist, ein Missverhältnis größeren Ausmaßes – statt eines geringfügigen – zu wählen, dessen Korrektur das Potential für konkrete Lösungen hat und dessen Umsetzung möglich scheint. Die richtige Wahl zu treffen ist vielleicht nicht so entscheidend wie Sie denken. Erinnern Sie sich an unsere Diskussion der Änderungsprozesse in Kapitel fünf und sechs – die Durchführung des Prozesses an sich hat schon eine Auswirkung auf damit in Verbindung stehende Missverhältnisse. Als Beispiel: eine Strategie, die sich auf die Lösung von Belohnungsfragen konzentriert (wie im Fall von John und der anderen Lehrer), kann auch dazu beitragen, Werte zu klären, die Fairness von Verfahren zu verbessern und ein Gefühl von Gemeinschaft zu schaffen. In Summe zeigt sich, dass der erste Schritt auf dem Weg wichtiger ist, als welchen Weg man wählt. In gewisser Weise treffen sich alle sechs Wege schlussendlich und führen zum selben Ziel.

Missverhältnisse ausgleichen

Eine perfekte Übereinstimmung zwischen Mensch und Arbeit spiegelt sich in perfekter Harmonie in allen sechs Bereichen, in denen es Missverhältnisse gibt. In der Realität der meisten Menschen wird dieses Ideal nicht erreicht, aber das bedeutet nicht, dass diese Realität unerträglich wäre. Auch wenn es in einigen Bereichen Missverhältnisse gibt, können ihre negativen Auswirkungen von der größeren Harmonie in anderen Bereichen ausgeglichen werden. Daher ist es vielleicht nicht notwendig, sich mit allen Missverhältnissen zu beschäftigen, sondern nur mit einigen. Eine anschauliche Darstellung dieses Balanceaktes stellt das folgende Fallbeispiel einer Computerfirma dar:

> Eine größere Anzahl von Mitarbeitern wurde angestellt, um am Design und der Umsetzung eines Großprojektes für eine nationale

Computersoftwarefirma zu arbeiten. Sie mussten sich für mindestens fünf Jahre zur Arbeit an diesem Projekt verpflichten, während dieser Zeit betrug ihre Arbeitszeit gut 80 Wochenstunden. Sie arbeiteten buchstäblich Tag und Nacht und es blieb wenig Zeit für ihre Freunde und Familien übrig. Ein gravierendes Missverhältnis in der Arbeitsbelastung? Selbstverständlich. Extremes Burnout als Ergebnis? Nichts dergleichen. Das erstaunte viele, aber nicht uns. Als wir uns die anderen fünf Bereiche ansahen, fanden wir gute Übereinstimmung und hohe Identifikation:

- Die Mitarbeiter hatten ein hohes Maß an Kontrolle über ihre Arbeit am Projekt und schätzten diese Autonomie sehr.
- Die finanzielle Abgeltung für das Projekt war potentiell sehr hoch, sobald die fünf Jahre erfolgreich abgeschlossen wären. (Und tatsächlich gingen einige sofort nach Abschluss als Millionäre in Pension.)
- Im Projektteam und in der ganzen Firma herrschte ein starkes Gefühl der Kameradschaft und Gemeinschaft – sie waren eine spezielle Gruppe, die ganz spezielle Aufgaben erledigte.
- Die Regeln, die das Engagement für das Projekt bestimmten, waren von Anfang an fair und klar gewesen – „Uns gehört für die nächsten fünf Jahre euer Leben, aber wenn ihr eure Sache gut macht, seid ihr reich und frei zu tun, was immer ihr wollt" – und die Firma löste dieses Versprechen auch ein.
- Jeder Einzelne verinnerlichte die expliziten Werte und die Vision der Unternehmensleitung, dass ihre Innovationen in der Computertechnologie die Welt verändern und lebenswerter machen würden.

Obwohl dieses spezielle Beispiel nicht typisch ist, sollte die Folgerung daraus klar sein: eine Ausgewogenheit zwischen Missverhältnissen ist entscheidend. Menschen sind vielleicht bereit, lange Arbeitszeiten in Kauf zu nehmen und Sonderaufgaben zu erledigen, *wenn* sie sich dafür belohnt und respektiert fühlen oder wenn die Arbeit für sie eine spezielle Bedeutung hat. Im Gegensatz dazu werden die Menschen, wenn es innerhalb des Unternehmens viel Konfliktstoff und mangelnde Fairness gibt, wahrscheinlich nicht gewillt sein, hohe Arbeitsüberlastung und geringe Belohnung zu ertragen.

Es ist unmöglich festzustellen, welche Konstellation von Missverhältnissen die Menschen am Arbeitsplatz leichter tolerieren. Aber im Rahmen unserer Forschung konnten wir einige Beobachtungen machen.

Erstens: Es wird allgemein angenommen, dass es nur eine Dimension für berufsbedingten Stress gibt, nämlich Arbeitsüberlastung. Tatsächlich wird Überlastung oft als Synonym für Stress verwendet.

Aber in unserem Burnout-Modell ist Überlastung nur eines der sechs Missverhältnisse am Arbeitsplatz. Und es ist nicht immer das entscheidendste, speziell wenn die Dinge in anderen Bereichen gut funktionieren.

Zweitens: Wenn Jobs auf Teilzeit-, Kurzarbeit-, Temporär- oder Werkvertragsbasis reduziert werden, zeigt sich, dass die überwiegenden Missverhältnisse der Zerfall der Gemeinschaft und das Fehlen von Fairness sind – und als Folge dessen die Wichtigkeit von materieller Belohnung dramatisch ansteigt.

Drittens: Bei eher längerfristigen Arbeitsverhältnissen sind die primären Themen wahrscheinlich Werte und Fairness. Von allem anderen abgesehen, müssen Mitarbeiter die Arbeit als sinnvoll empfinden und überzeugt sein, dass sie den vollen Einsatz ihrer Zeit und Anstrengungen wert ist.

Ein Aufruf zum Handeln

Es ist Zeit, die Wahrheit über Burnout anzuerkennen – es belastet den Arbeitnehmer emotional und schädigt den Arbeitgeber wirtschaftlich. Und es wird Zeit, erneut zur Vermeidung von Burnout und zum Aufbau von Identifikation aktiv zu werden.

Die neuen Aktivitäten, für die wir plädieren, betreffen das Arbeitsumfeld, nicht nur den Menschen. Man kann nicht weiterhin den starken Einfluss ignorieren, den das soziale Umfeld auf den Einzelnen ausübt. Aber man kann auch nicht annehmen, dass es so stark ist, dass jeder Versuch, es zu ändern, sinnlos wäre. Wir glauben, dass die Kluft zwischen dem Menschen und dem Arbeitsplatz auf eine Weise überbrückt werden kann, die menschliche Werte wieder in die Arbeitswelt einführt und sie dadurch besser auf Menschen eingehen lässt.

Nachdem wir Ihnen jetzt das Rüstzeug gegeben haben, um Burnout zu bekämpfen und Identifikation aufzubauen:

- Wissen Sie, was Burnout ist, und kennen seine drei Dimensionen, seine Ursachen und seine Folgen.
- Kennen Sie die sechs Missverhältnisse, die die Hauptursachen für Burnout sind und die Wege, die davon weg und hin zur Identifikation führen.
- Kennen Sie die Schlüsselschritte bei den zwei Veränderungsprozessen.

– Kennen Sie die verfügbaren Umfragemethoden, die den Veränderungsprozess auf der Organisationsebene erleichtern.

Aber es reicht nicht aus, nur das Rüstzeug zu haben. Sie brauchen auch viel Geduld und den festen Willen, den Prozess in Gang zu halten. Der Erfolg wird sich langsam einstellen, nicht rasch. So gern wir Ihnen schnelle und einfache Lösungen anbieten möchten – nach dem Motto „Nehmen Sie zwei Aspirin, schlafen Sie eine Nacht durch und alles wird gut" –, die nackte Wahrheit ist, dass es keine einfachen Antworten auf das komplexe Problem Burnout gibt.

Aber es gibt Antworten und sie sind das Thema dieses ganzen Buches. Die Antworten beschäftigen sich mit dem Aufbau produktiver Identifikation mit der Arbeit und dem Abbau der Missverhältnisse zwischen Menschen und ihrer Arbeit. Mit Geduld und Beharrlichkeit sowohl seitens des Einzelnen als auch des Unternehmens sind Fortschritte in Richtung einer gesünderen und menschlicheren Arbeitswelt der Zukunft möglich.

8

Anhang: Das Arbeitsumfeld bewerten

Eine Umfrage in einem Unternehmen kann helfen, die Auswirkung von größeren Umstrukturierungsprozessen auf die Arbeitnehmer zu ermitteln. Die Ergebnisse einer solchen Umfrage geben Aufschluss über die Bandbreite der Auffassungen des Personals zu kritischen Themen. Sie zeigen die Bereiche, in denen die Organisation im Vergleich zu ähnlichen Organisationen gut abschneidet, und jene, wo sie mehr Schwierigkeiten als üblich hat. Diese Informationen geben dem Unternehmen Einblick in den gegenwärtigen Stand der Lage.

Das Maslach Burnout Inventory: Persönliche Erfahrungen messen

Das Maslach Burnout Inventory (MBI) ist die definitive Maßeinheit für Burnout und wird von Unternehmen und Experten verwendet, um zu ermitteln, wie Arbeitnehmer ihre Arbeit erleben. Es ist ein verlässlicher Fragebogen, der einen prägnanten Überblick über die Energie, das Engagement und die Leistungsfähigkeit der Arbeitnehmer bei der Arbeit gibt.

Es gibt drei Versionen des MBI. Die ursprüngliche Umfrage für Pflegeberufe ist am besten für Dienstleistungsunternehmen geeignet. Eine leicht modifizierte Umfrage für das Bildungswesen konzentriert sich auf die Lehrberufe. Kürzlich hinzugekommen ist die allgemeine Umfrage, die auf Menschen in einem breiten Berufsfeld anwendbar ist. Letztere unterscheidet sich von den beiden anderen Versionen insofern, als sie sich nicht auf die Beziehung zu den

Dienstleistungsempfängern bezieht. Sie betont stattdessen die Beziehung des Befragten zur Arbeit im Allgemeinen.

Das MBI erfasst die drei Kerndimensionen der Arbeitserfahrung einer Person: Erschöpfung-Energie, Depersonalisation-Engagement und Ineffizienz-Leistung. Die einzelnen Fragen werden auf einer 7-Punkte-Skala bewertet, die von 0 (nie) und 1 (einige Male oder weniger pro Jahr) bis 5 (ein paar Mal wöchentlich) und 6 (täglich) reicht. Arbeitsgruppen, die hohe Ergebnisse bei emotionaler Erschöpfung und Depersonalisation und niedrige bei persönlichem Erfolgserlebnis haben, leiden unter Burnout. Jene mit dem entgegengesetzten Muster – niedrige Ergebnisse bei emotionaler Erschöpfung und Depersonalisation und hohe bei persönlichem Erfolgserlebnis – erleben ein großes Ausmaß an Arbeitsidentifikation.

Das MBI konzentriert sich auf die persönlichen Erfahrungen von Menschen bei der Arbeit. Die Fragen sind vorwiegend so strukturiert, dass ein Gefühl ausgedrückt wird (zum Beispiel emotional ausgelaugt, abgestumpft, überschäumend), das sich auf die Arbeit bezieht. Der Bezug zur Arbeit ist eine definierende Eigenschaft von Burnout. Der enge Zusammenhang zwischen Burnout und Arbeit unterscheidet ihn von allgemeineren emotionalen Zuständen, wie Depressionen, die jeden Bereich des Lebens durchdringen, ohne auf eine spezifische Domäne des Lebens festgelegt zu sein. Damit misst das MBI Burnout als Folge von Arbeitsproblemen und nicht als psychiatrisches Syndrom.

Manager und Forscher verwenden das MBI zusammen mit anderen Messverfahren, um den Bezug zwischen Burnout und Unternehmenspolitik, Produktivität oder sozialer Unterstützung zu erkennen. Diese Arbeit hat zu einem großen Pool an Forschungsergebnissen geführt, die in der dritten Ausgabe des *Maslach Burnout Inventory Manual* (Maslach, Jackson und Leiter, 1996) zusammengefasst sind.

Die Personalumfrage: Komplexen Organisationen zuhören

Eine der produktivsten Ergänzungen des MBI ist die Personalumfrage, die wir in Kapitel sechs als Mittel zur Planung und Bewertung von Interventionen des Unternehmens zum Aufbau von Identifikation mit der Arbeit vorgestellt haben.

Die Personalumfrage wurde in einem gemeinsamen Projekt entwickelt, in dem ein Forschungsteam des Center for Organizational Research and Development der Acadia University in Wolfville, Nova

Scotia, unter der Leitung von Michael Leiter mit Unternehmensmanagern und Dienstleistungsanbietern zusammengearbeitet haben. Sowohl Forscher als auch Manager suchten eine Möglichkeit, Momentaufnahmen davon zu machen, was in einem Unternehmen bei einer größeren Umstrukturierung vorgeht. Die Forscher waren an den Auswirkungen der Veränderungen auf die Menschen interessiert; die Manager an praktischen Lösungen für das Problem, den richtigen Führungsstil für diese Übergangsphase zu entwickeln.

Die Antworten zu beiden Fragestellungen liegen in drei grundlegenden Bereichen: (1) die persönliche Erfahrung der Arbeitnehmer bei ihrer Arbeit im Unternehmen (einschließlich des Burnout-Identifikationsspektrums); (2) die sechs Bereiche des Unternehmenslebens (wo Missverhältnisse auftreten können); und (3) das Management dieses Unternehmensumfeldes. Die Personalumfrage liefert ein Bild davon, wie diese drei Bereiche sich gegenseitig beeinflussen, wenn sich ein Unternehmen entweder auf externen Druck oder durch Eigeninitiative verändert.

Die Personalumfrage misst die Wahrnehmung der Mitarbeiter über das Unternehmen, ihre Beziehung zur Arbeit und ihre persönlichen Erfahrungen am Arbeitsplatz. Innerhalb jedes dieser umfassenden Bereiche gibt es spezifische Schwerpunktthemen. Die Beiträge der Personalumfrage in Kombination mit dem Maslach Burnout Inventory beschreiben das Management-Umfeld, die sechs Bereiche des Unternehmenslebens und die Arbeitserfahrung der Belegschaft. Das Ergebnis ist ein Rahmen zur Planung der Veränderung.

Das Management-Umfeld

Der Abschnitt über das Management-Umfeld misst acht Bereiche der Management-Politik und -Aktivität im Unternehmen.

Wahrnehmung der Veränderung	Ob die Dinge besser oder schlechter werden.
Mission und Zielsetzungen	Wie die Mission und Zielsetzungen der Organisation die Arbeit beeinflussen.
Management	Wie gut das zentrale Management auf Forderungen eingeht.

Aufsicht	Wie Mitarbeiter ihre direkten Vorgesetzten wahrnehmen.
Kommunikation	Wie das Personal über die Organisation informiert wird.
Leistungsbeurteilung	Methoden der Leistungsbeurteilung der Organisation.
Gesundheit und Sicherheit	Gefährdung von Gesundheit, Karriere oder Wohlbefinden.
Arbeit und Privatleben	Die Auswirkungen eines Bereiches auf den anderen.

Die meisten Punkte der Umfrage werden auf einer 5-Punkte-Skala bewertet, die von 1 (gar nicht zutreffend) bis 5 (sehr zutreffend) reicht. Bei einigen Punkten gibt es eine Häufigkeitsskala, wie z. B. bei den MBI-Themen, oder andere Skalen je nach der Formulierung der Frage.

Hier einige Fragenbeispiele:

Wahrnehmung der Veränderung	In den letzten sechs Monaten hat sich die Qualität der Dienstleistung in dieser Organisation verbessert.
Mission und Zielsetzungen	Die Zielsetzungen der Organisation beeinflussen meine tägliche Arbeit.
Management	Meiner Ansicht nach delegieren die Manager ausreichend Befugnisse an die Mitarbeiter.
Aufsicht	Meiner Ansicht nach fördert mein direkter Vorgesetzter innovative/ kreative Überlegungen zur Qualitätsverbesserung.
Kommunikation	Meine Informationsquellen über die Organisation sind meistens korrekt.

Leistungsbeurteilung	Die Reaktion auf meine letzte Leistungsbeurteilung war für mich günstig.
Gesundheit und Sicherheit	Bei meiner Arbeit bin ich verbalen Angriffen der Dienstleistungsempfänger ausgesetzt.
Arbeit und Privatleben	Die Anforderungen meiner Arbeit beeinträchtigen mein Privatleben.

Bei der Beurteilung der Veränderung geben die Mitarbeiter an, ob sie in Schlüsselbereichen des Unternehmenslebens Veränderungen zum Besseren oder Schlechteren feststellen konnten. Das zentrale Anliegen ist hier die Qualität des Produktes oder der Dienstleistung: Wurde sie in den letzten sechs Monaten besser oder schlechter? Die Analyse betrachtet spezifische Bereiche der Veränderung wie Qualität, Stimmung in der Belegschaft oder Beteiligung an der Entscheidungsfindung und dazu noch die Beurteilung der Veränderung insgesamt durch die Mitarbeiter.

Der Abschnitt Mission und Zielsetzungen ermittelt, wie die Mission und Zielsetzungen des Unternehmens im Bewusstsein der Mitarbeiter verankert sind, und ihre Auswirkung auf die tägliche Arbeit. Im Abschnitt über Management und Aufsicht äußern die Arbeitnehmer ihre Ansicht über die Leistung des zentralen Managements des Unternehmens und ihres unmittelbaren Managements. Indem man manchmal dieselbe Frage zu beiden Managementebenen stellt, kann die Umfrage deutlich machen, wo Mitarbeiter Konflikte mit dem Management haben und wo sie unterstützt und ermutigt werden. Der Abschnitt über Kommunikation beurteilt die Fähigkeit des Unternehmens, aktuelle, genaue und relevante Informationen auszutauschen. Der Abschnitt über Leistungsbeurteilung fragt, wann Mitarbeiter das letzte Mal beurteilt wurden und ob sie diese Erfahrung als wertvoll einschätzten. Eine gemeinsame Beurteilung dieser sechs Bereiche zeigt auf, wie sich jene fühlen, die von den Maßnahmen des Managements betroffen sind.

Gesundheit und Sicherheit behandelt die physischen Gefahren (zum Beispiel Zwischenfälle mit Geräten; schlechte Luftqualität), mikrobiologische Gefahren (zum Beispiel Kunden mit Schnupfen; Patienten mit Hepatitis), Gefahren durch die Art der Tätigkeit (Rückenverletzung durch schweres Heben), soziale Gefahren (verbale Angriffe, sexuelle Belästigung) und Gefährdungen der Karriere (Jobs ohne Aufstiegsmöglichkeit; Arbeitsverlust). Die Analyse identifiziert Berufsgruppen oder Arbeitsplätze, die besonders gefährdet sind, aber auch solche, die mit diesen Gefahren besonders gut zurechtkommen. Das „Center for Organizational Research and Development" entwikkelte den „Workplace Hazards Assessment Measure" (WHAM) (= Maßstab zur Beurteilung der Gefahren am Arbeitsplatz) aus einem Modell, das Risiken folgendermaßen definiert: sie steigen mit dem Vorhandensein von Gefahr und sinken mit der Kontrolle, die Arbeitnehmer durch Training und Erfahrung über die Gefahr bekommen. Dieses Modell war beispielsweise bei der Beurteilung des Berufsrisikos von Flugzeugwartungstechnikern erfolgreich. WHAM erlaubt eine detaillierte Überprüfung von Bedenken des Personals über Probleme in Zusammenhang mit einem gefährlichen Arbeitsumfeld.

Arbeit und Familie liefern eine knappe Beurteilung der Wechselwirkung zwischen Arbeit und Familie. Der Abschnitt behandelt sowohl das Potential für Beeinträchtigung als auch für gegenseitige Unterstützung. Er berücksichtigt, dass es im Leben der Arbeitnehmer viele Dimensionen außerhalb der Arbeit gibt. Er behandelt auch die Grenzen des Managementumfeldes: in welchem Ausmaß dringen externe Anforderungen in das Leben der Organisation ein? In welchem Ausmaß beeinträchtigt das Organisationsleben das Privatleben der Mitarbeiter?

Die sechs Bereiche des Unternehmenslebens

Der nächste Abschnitt der Personalumfrage misst die sechs Bereiche des Unternehmenslebens und liefert Indikatoren von Diskrepanz oder Harmonie.

Arbeitsumfang	Ausmaß, in dem die Anforderungen zu bewältigen sind oder überfordern.
Kontrolle	Das Ausmaß der Kontrolle, das Menschen bei ihrer Arbeit empfinden.
Belohnung	Die Wirksamkeit von Belohnungs- und Anerkennungssystemen.

Gemeinschaft	Die Fähigkeit der Organisation, auf Mitarbeiter und Gemeinschaft einzugehen.
Fairness	Respekt und Fairness der Menschen untereinander.
Werte	Persönliche Werte und jene der Organisation in Bezug auf die Arbeit.

Hier einige Fragenbeispiele:

Arbeitsumfang	Dieser Job verlangt mehr, als ich an einem Tag erledigen kann.
Kontrolle	Ich bin mein eigener Herr in der Ausführung der Aufgaben, die mir übertragen werden.
Belohnung	Die Belohnung und Anerkennung, die jemand bekommt, entspricht seinem Beitrag zur Organisation.
Gemeinschaft	Dieser Organisation gelingt es gut, auf die unterschiedlichen kulturellen Aspekte seiner Kunden einzugehen.
Fairness	Die Beziehungen innerhalb der Organisation lassen Respekt erkennen.
Werte	Dieser Job gibt mir die Möglichkeit, eine Arbeit zu leisten, die ich für wichtig halte.

Die Fragestellungen unterscheiden klar zwischen den verschiedenen Bereichen; sie ermitteln zum Beispiel, ob das Unternehmen primär ein Problem mit dem Arbeitsumfang, der Kontrolle oder einer Kombination aus beiden hat. Der Abschnitt über Werte gibt den Mitarbeitern die Gelegenheit, die ihnen für die Arbeit wichtigen Werte zu formulieren und sie den Werten gegenüberzustellen, die ihrer Ansicht nach das Unternehmen vertritt. Dieser Abschnitt der Umfrage liefert ein klares Bild der sechs Missverhältnisse, die wir in diesem Buch besprochen haben.

Persönliche Erfahrungen

Mitarbeiter füllen das Maslach Burnout Inventory zusammen mit der Personalumfrage aus. Die Summe ihrer Antworten auf das MBI zeigt auf, welchen Platz das Unternehmen auf dem Spektrum von Burnout bis Identifikation einnimmt und liefert genaue Beurteilungen der drei Burnout-Komponenten, nämlich Energie, Engagement und Leistungsfähigkeit.

Energie	Ausmaß an emotionaler, kreativer oder physischer Energie.
Engagement	Grad der Anteilnahme oder des Zynismus bezüglich der Arbeit.
Leistungsfähigkeit	Auswirkung der Arbeit auf das persönliche Erfolgserlebnis.

Hier einige Fragenbeispiele:

Emotionale Erschöpfung	Ich fühle mich von der Arbeit emotional ausgelaugt.
Depersonalisation	Seit ich diesen Job habe, bin ich gegenüber Menschen gefühlloser geworden.
Persönliches Erfolgserlebnis	Ich fühle mich belebt, nachdem ich mit meinen Kunden intensiv zusammengearbeitet habe.

Die Personalumfrage behandelt auch zwei andere persönliche Erfahrungsbereiche: körperliche Symptome, die oft mit Stress zusammenhängen (zum Beispiel Kopfschmerzen, Magenbeschwerden, Schlaflosigkeit) und die Bindung an das Unternehmen und den Beruf. Diese Aspekte der persönlichen Erfahrung werden mit dem Verhältnis von Burnout bis hin zur Identifikation in Bezug gestellt.

Körperliche Symptome	gesundheitliche Probleme in Zusammenhang mit Stress.

Bindung	Bekenntnis zu den Zielen der Organisation und zum eigenen Beruf.

Hier einige Fragenbeispiele:

Körperliche Symptome	Wie oft leiden Sie an Schlaflosigkeit?
Bindung	Ich bin mit dem Beruf, den ich gewählt habe, zufrieden.

Unstrukturierte Fragen

Eine Spalte für eigene Bemerkungen am Ende der Personalumfrage – „Bitte geben Sie einen Kommentar zu einem Thema bezüglich dieser Organisation ab, das für Sie wichtig ist" – ergänzt die Umfrage mit einer ganz anderen Art von Information. Im Allgemeinen schreiben 20 bis 30 Prozent der Befragten eine Bemerkung, die von einer Zeile bis zu mehreren Seiten reicht. In unseren Umfragen haben Menschen klare Pläne für Veränderungen in ihrem Bereich entworfen, die Abschnitte der Umfrage erweitert, auf wichtige, von der Umfrage vernachlässigte Themen hingewiesen, ihrer Frustration emphatischen Ausdruck verliehen und lehrreiche, moralische Geschichten erzählt.

Es kann Schwerstarbeit sein, die schriftlichen Kommentare auf nur einmal vorkommende qualitative Daten zu analysieren. Unserer Erfahrung nach ist es die Anstrengung wert, aber es ist zeitraubend und schwierig. Die vorhergehenden, stärker strukturierten Abschnitte der Personalumfrage produzieren eine Menge von Daten, die rasch gelesen und analysiert werden können. Sie stellen eine effiziente Methode dar, die Informationen von hunderten oder tausenden Menschen aus allen Bereichen des Unternehmens zu verarbeiten und ihnen innerhalb einiger Wochen eine Rückmeldung zu geben.

Die Verarbeitung der schriftlichen Kommentare dauert länger. Die Kommentare werden in eine Textverarbeitung eingetippt, vom Forschungsteam gelesen und mit Hilfe eines qualitativen Forschungsprogrammes analysiert. Diese Analyse ergibt einen Themenindex. Ein Leser kann ein Thema anwählen und bekommt alle Kommentare zu diesem Bereich mit Hinweis auf den Querbezug zu anderen Themen. Das Unternehmen erhält eine Zusammenfassung mit Kopien aller Kommentare. Das ist eine wertvolle Quelle für alle, die ein tieferes Verständnis für die der Umfrage zugrunde liegenden Themen erlangen wollen.

Die Resultate verwenden

Die ursprüngliche Umfrage liefert einen Bezugspunkt, anhand dessen man den weiteren Fortschritt in Richtung auf die Ziele des Unternehmens überprüfen kann. Nachfolgende Umfragen messen die Veränderung, zeigen auf, wo sich die Dinge gut entwickeln, wo es gemischte Erfolge gibt und wo der Fortschritt problematisch ist.

Die Umfrage macht die vorrangigsten Themen eines Unternehmens deutlich. Sie zeigt, welche Aspekte des Unternehmensumfeldes nicht synchron mit ähnlichen Unternehmen oder mit den Erwartungen der Arbeitnehmer verlaufen. Das Verhältnis der verschiedenen abgefragten Daten zueinander zeigt die Ansatzpunkte auf. Obwohl Manager die Gedanken und Gefühle der Belegschaft der ganzen Organisation nicht direkt beeinflussen können, können sie doch Richtlinien über die Entscheidungsfindung ändern, professionelle Entwicklungsprogramme für Vorgesetzte einrichten und die Arbeitslast umstrukturieren. Die Umfrage zeigt auf, welche Managementinitiativen geeignet sind, den größten positiven Einfluss auf das Personal auszuüben.

Kritische Themen

Die Ermittlung der vorrangigsten Themen ist ein entscheidender Beitrag der Umfrage. Manager haben eine begrenzte Kontrolle über ihren Verantwortungsbereich. Ihre Bereiche sind mit anderen Bereichen des Unternehmens verzahnt, so dass jeder Versuch einer Änderung Anlass zu Verhandlungen zwischen den Abteilungen gibt. Darüber hinaus betreffen die großen Themen immer Menschen, die alle ihren eigenen Kopf haben. Versuche, das Unternehmensleben zu verbessern, sind gespickt mit Schwierigkeiten und sie können genauso leicht unvorhersehbare und unerwünschte Folgen wie auch Chancen auf Erfolg haben. Manager haben eine begrenzte Anzahl von Möglichkeiten, Veränderungen einzuführen. Jede gescheiterte Initiative erhöht den Widerstand der Belegschaft, anderer Abteilungen oder des zentralen Managements gegen einen neuen Versuch. Erfolglose Änderungsmaßnahmen sind teuer und unbequem für viele Betroffene. Daher ist es wichtig, es gleich auf Anhieb richtig zu machen.

Drei Ergebnisse der Personalumfrage helfen den Managern, es richtig zu machen. Erstens: Die Analyse untersucht den Bezug zwischen den drei Kerndimensionen von Burnout und den sechs Bereichen des Unternehmenslebens. Diese Analyse macht die vorrangigsten Themen des Unternehmens deutlich und zeigt auf, wo die größten Missverhältnisse und Harmonien liegen. Zweitens: Die starke Wechselwirkung zwischen den sechs Bereichen und den Maßnahmen des Unternehmens kennzeichnet die Ansatzpunkte für das Management: Was unterliegt der Kontrolle der Manager und hat eine bedeutsame Auswirkung auf die Menschen? Drittens: Die persönlichen Kommentare der Befragten weisen oft auf produktive Strategien zur Umsetzung von Veränderungen hin. Sie drücken die Ideen jener Mitarbeiter aus, die die Arbeit machen. Sie geben einen Eindruck, welches Maß an Veränderung das Unternehmen zu tolerieren bereit ist.

Arbeitsgruppenprofile

Zusätzlich zu einem umfassenden Bericht über die gesamte Organisation kann die Personalumfrage als Bericht über die Profile der Arbeitsgruppen abgefasst sein. Diese Profile zeigen das Abschneiden einer Arbeitsgruppe auf dem Gebiet der persönlichen Erfahrung, den sechs Bereichen des Organisationslebens und dem Managementumfeld.

Abbildung 3 und 4 zeigen die Profile zweier Krankenhausabteilungen. Die Gedankenstriche im oberen Bereich der Profile stehen für die höchsten Ergebnisse, die Gedankenstriche im unteren Bereich für die niedrigsten Ergebnisse einer Abteilung des Krankenhauses. Die Balken in der Grafik stehen für das durchschnittliche Ergebnis einer Arbeitsgruppe zu diesem Thema. Das durchschnittliche Gesamtergebnis des ganzen Krankenhauses ist auf der Null-Linie der Grafik zu sehen.

Im ersten Beispiel (siehe Abbildung 3) hat die Arbeitsgruppe Probleme mit Burnout, wie aus dem hohen Wert bei Erschöpfung und Zynismus und dem niederen Wert bei Effizienz hervorgeht. Die Werte für Symptome und Bindung liegen nahe dem Gesamtdurchschnitt. Die sechs Bereiche des Unternehmenslebens deuten darauf hin, dass die vorrangigsten Themen dieser Gruppe Belohnung und Werte sind. Von allen Krankenhausangestellten beurteilte diese Gruppe diese Bereiche am negativsten. Die Beurteilung von Arbeitsumfang und Fairness lag leicht über dem Durchschnitt, die von Gemeinschaft darunter.

Diese Analyse deutet darauf hin, dass eine nur auf die Verringerung der Arbeitsbelastung gerichtete Intervention wahrscheinlich

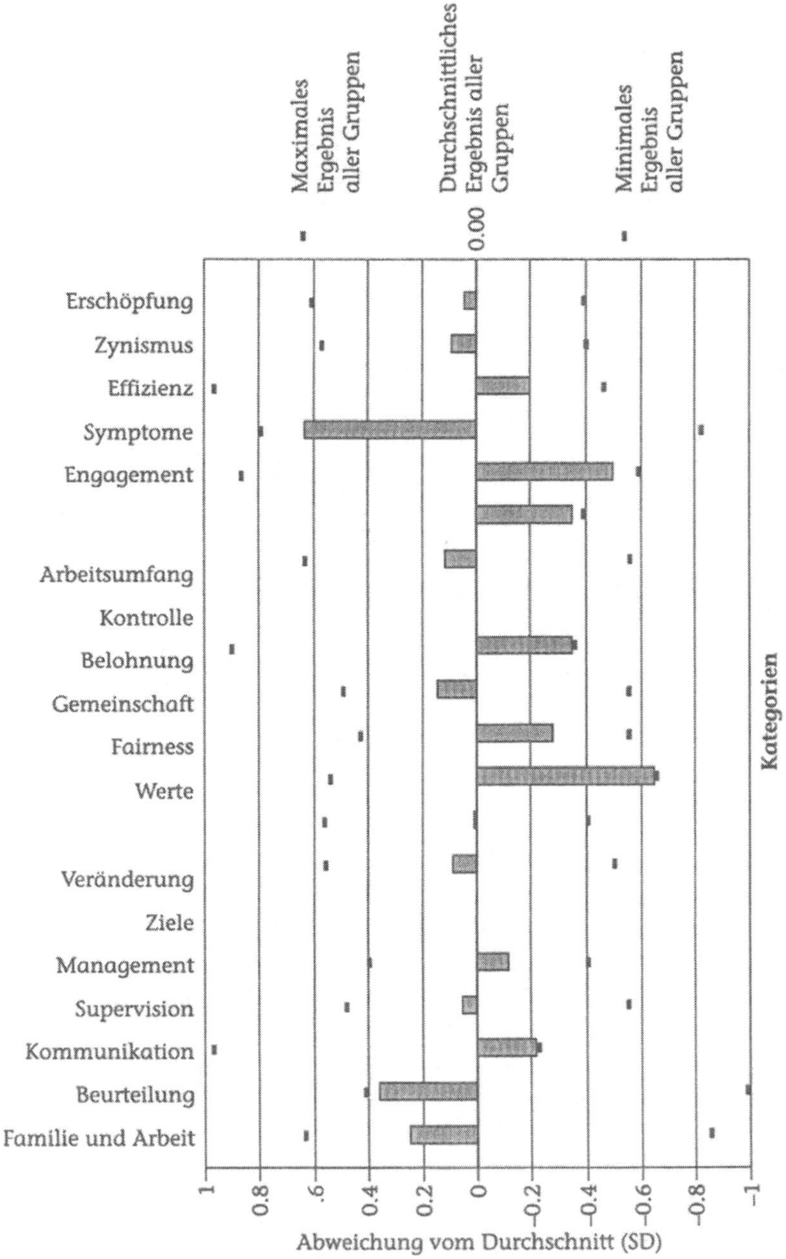

Abbildung 3. Gesamtprofil: Probleme mit Burnout

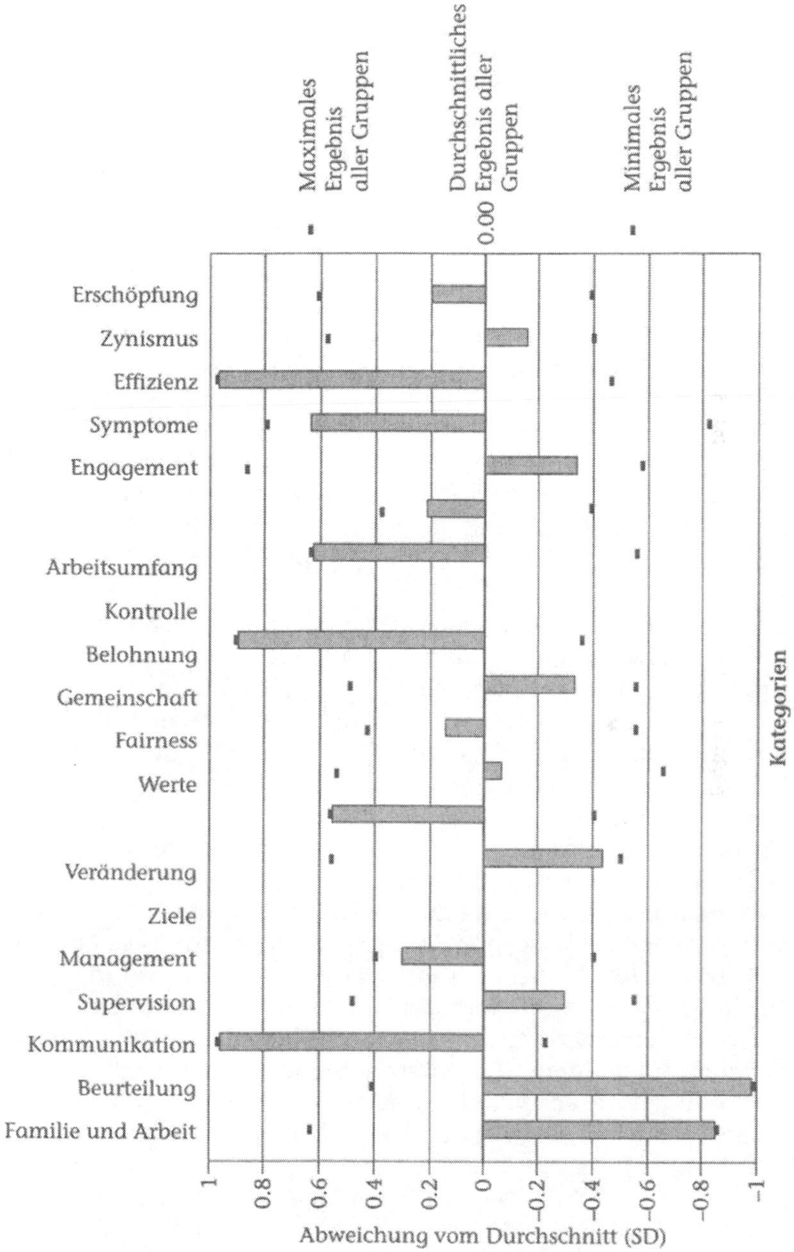

Abbildung 4. Gesamtprofil: Identifikation mit der Arbeit

wenig Einfluss auf das Verhältnis dieser Mitarbeiter zu ihrer Arbeit haben würde. Eine Initiative, die auf Belohnung und Werte ausgerichtet ist, scheint wesentlich Erfolg versprechender zu sein.

Die Beurteilung des Managementumfeldes legt nahe, dass der richtige Ansatzpunkt zur Verbesserung von Belohnung und Werten das Verhältnis der Abteilung zur übergeordneten Organisation ist. Die niedrige Bewertung, die diese Gruppe den Zielen des Unternehmens und dem zentralen Management gab, steht in krassem Gegensatz zur positiven Beurteilung der direkten Vorgesetzten und den neutralen Beurteilungen anderer Aspekte des Managementumfeldes. Die Gruppe scheint in ihrem Verhältnis zur übergeordneten Organisation in einer Krise zu stecken, wobei die Mitglieder ihren eigenen Werten und Zielen treu bleiben wollen und sich damit in direkter Opposition zur übergeordneten Organisation befinden. Dieses Verhaltensmuster sagt aus, dass die Oberschwester dieser Abteilung bei jedem Versuch, in dieser Gruppe Identifikation mit der Arbeit aufzubauen, die Schlüsselrolle spielen könnte.

Im zweiten Beispiel (siehe Abbildung 4) identifiziert sich die Gruppe mit ihrer Arbeit, wie man aus der niedrigen Bewertung bei Erschöpfung und Zynismus und der hohen bei Effizienz ersieht. Die Gruppe berichtet über seltenes Auftreten von Symptomen und starke Bindung. Die sechs Bereiche des Unternehmenslebens weisen darauf hin, dass die brennenden Themen dieser Gruppe Arbeitsumfang, Kontrolle, Fairness und Werte sind. Die Gruppe gab fast all diesen Bereichen die höchste Bewertung im ganzen Krankenhaus.

In der Beurteilung des Managementumfeldes werden die Ziele des Unternehmens leicht positiv und das Management leicht kritisch bewertet. Dafür gab es starke Zustimmung für die direkten Vorgesetzten und eine optimistische Meinung zur Veränderung. Die Mitglieder der Gruppe fühlten sich im Vergleich zu ihren Kollegen in anderen Abteilungen gut informiert, standen aber dem Leistungsbeurteilungssystem sehr skeptisch gegenüber, was mit ihrer neutralen Bewertung des Belohnungssystems des Unternehmens übereinstimmt.

Diese Abteilung kann als Idealbild des Verhältnisses von Mitarbeitern zu ihrer Arbeit gesehen werden. Sie belegt das Toleranzvermögen des Personals – die Dinge müssen nicht perfekt sein, um sich für die Arbeit zu engagieren, aber manche Bereiche sind entscheidend. Sie zeigt, wie wichtig es ist, dass manche Schlüsselbereiche – Arbeitsumfang, Kontrolle, Fairness und Werte – in Einklang mit den Arbeitnehmern stehen.

Die Arbeitsgruppenprofile aus den Antworten auf das MBI und die Personalumfrage ergeben ein Bild der Krisen und Chancen einer Gruppe.

Zielsetzungen des Prozesses

Die Personalumfrage ist so gestaltet, dass Bedenken der Mitarbeiter während der aktuellen Krise bezüglich der Art der Arbeit und des Arbeitsplatzes angesprochen werden. Der Prozess, seine Bedenken und Wahrnehmungen zu äußern, hilft der Belegschaft, sich aktiver an der Entwicklung ihres Arbeitsumfeldes zu beteiligen. Eine große Verbreitung der Umfrageberichte mit nachfolgenden offenen Treffen und Diskussionen über die Themen können ein kräftiger Katalysator bei der Entwicklung eines stärkeren Gemeinschaftsgefühls in einem komplexen Unternehmen sein.

Die Arbeitsgruppenprofile tragen zu einer Stärkung von Teams im ganzen Unternehmen bei. Sie vermitteln das Gefühl, eine einzelne Abteilung innerhalb eines breiteren Kontextes zu sein. Profilberichte heben sowohl die Werte hervor, die Abteilungen mit der übergeordneten Organisation gemeinsam haben, als auch die Punkte, über die sie ganz eigene Ansichten haben. Das ist die Art von Information, die ein Team verwenden kann, um seine Probleme zu lösen und Chancen wahrzunehmen.

Bibliographie

Leiter, M.P., und Robichaud, L. „Relationships of Occupational Hazards with Burnout: An Assessment of Measures and Models." *Journal of Occupational Health Psychology*, 1997, 2, 1–11.
Leiter, M.P., und Schaufeli, W.B. „Consistency of the Burnout Construct Across Occupations." *Anxiety, Stress, and Coping*, 1996, 9, 229–243.
Maslach, C., Jackson, S.E., und Leiter, M.P. (1996). *The Maslach Burnout Inventory*. (3. Auflage) Palo Alto, Calif.: Consulting Psychologists Press.

Für weiterführende Information über das MBI wenden Sie sich bitte an:
Consulting Psychologists Press
3803 East Bayshore Road
P.O.Box 10096
Palo Alto, California 94303
Tel: 001–(650)969–8901
Fax: 001–(650)969–8608
www.cpp–db.com

Für weiterführende Information über die Personalumfragen wenden Sie sich bitte an:
The Center for Organizatorial Research and Development
Acadia University
Wolfville, Nova Scotia, Canada B0P 1X0
Tel: 001–(902)585–1671
Fax: 001–(902)585–3323
http://ace.acadiau.ca/science/cor/home.html

Weiterführende Literatur

Nachstehende Hinweise geben einen umfassenderen Einblick in die Theorie und Forschung, auf denen unser Buch basiert. Im ersten Abschnitt beschreiben wir das aktuellste Quellenmaterial, beginnend mit unserer eigenen Arbeit und dann der unserer Kollegen. Im zweiten Abschnitt listen wir verschiedene frühere Bücher zum Thema Burnout auf.

Schaufeli, W., Maslach, C., Marek T. (Hrsg.). *Professional Burnout: Recent Developments in Theory and Research.* Washington, D.C.: Taylor & Francis, 1993.

Die Kapitel in diesem Sammelband wurden von einer internationalen Gruppe führender Wissenschaftler über Burnout geschrieben. Sie geben eine Übersicht theoretischer Ansätze zu Burnout, kommentieren den Stand der aktuellen Forschung und geben Anregungen, in welche Richtung zukünftige wissenschaftliche Arbeiten gehen sollen.

Maslach, C., Jackson, S.E., Leiter, M.P. *Maslach Burnout Inventory Manual* (3. Auflage). Palo Alto, Kalif., Consulting Pychologists Press, 1996.

Für alle, die sich für Burnout-Forschung interessieren, fasst dieses Handbuch die aktuellen empirischen Ergebnisse zusammen und skizziert die zukünftige Richtung weiterer Studien.

Cherniss, C. *Beyond Burnout.* New York, Routledge, 1995.

Dieses Buch präsentiert individuelle Fallstudien einer Gruppe von Fachkräften in Pflegeberufen, die zum ersten Mal vor zehn Jahren befragt worden waren. Der Verfasser bespricht die Schlüsselfaktoren, die sowohl für jene wichtig waren, die Burnout überwanden, als auch für jene, denen es nicht gelang.

Kleiber, D., Enzmann, D. *Burnout: An International Bibliography.* Göttingen, Deutschland, Hogrefe, 1990.

Dieses Referenzwerk listet alle Studien und Artikel auf, die in den 1970er und 1980er Jahren über Burnout veröffentlicht wurden. Es enthält eine knappe Zusammenfassung dieser Literatur (sowohl auf Englisch als auch auf Deutsch).

Potter, B. *Beating Job Burnout: How to Transform Work Pressure into Productivity.* Berkeley, Kalif., Ronin Publishing, 1993.

Potter, B. *Finding a Path with a Heart: How to Go from Burnout to Bliss.* Berkeley, Kalif., Ronin Publishing, 1995.

Die beiden Publikationen von Potter sind Selbsthilfebücher, die sich auf Erfahrungen aus den vom Autor geleiteten Workshops beziehen. Der Schwerpunkt liegt auf individuellen Strategien zur Bewältigung von Burnout. Beide Bücher enthalten zahlreiche Übungen, Zeichnungen, Geschichten, Cartoons und Zitate.

Frühere Bücher

Cedoline, A.J. *Job Burnout in Public Education.* New York, Teachers College Press, 1982.

Cherniss, C. *Professional Burnout in Human Service Organizations.* New York, Praeger, 1980a.

Cherniss, C. *Staff Burnout: Job Stress in the Human Services.* Thousand Oaks, Calif., Sage, 1980b.

Edelwich, J., with Brodsky, A. *Burnout: Stages of Disillusionment in the Helping Professions.* New York, Human Sciences Press, 1980.

Farber, B.A. (ed.) *Stress and Burnout in the Human Service Profession.* New York, Pergamon, 1983.

Freudenberger, H.J., Richelson, G. *Burnout: The High Cost of High Achievement.* Garden City, N.Y., Doubleday, 1980.

Gold, Y., Roth, R.A. *Teachers Managing Stress and Preventing Burnout.* Bristol, Pa., Falmer Press, 1993.

Golembiewski, R.T., Munzenrider, R.F. *Phases of Burnout: Developments in Concepts and Applications.* New York, Praeger, 1988.

Golembiewski, R.T., Munzenrider, R.F., Stevenson, J.G. *Stress in Organizations: Toward a Phase Model of Burnout.* New York, Praeger, 1986.

Jones, J.W. (ed.) *The Burnout Syndrome.* Park Ridge, Ill., London House Press, 1983.

Maslach, C. *Burnout: The Cost of Caring.* Englewood Cliffs, N.J., Prentice Hall, 1982.

McConnell, E.A. (ed.) *Burnout in the Nursing Profession.* St. Louis, Mosby, 1982.

Paine, W.S. (ed.) *Job Stress and Burnout.* Thousand Oaks, Calif., Sage, 1982.

Pines, A., Aronson, E. *Career Burnout: Causes and Cures.* New York, Free Press, 1988.

Pines, A., Aronson, E., Kafry, D. *Burnout: From Tedium to Personal Growth.* New York, Free Press, 1981.

Veninga, R.L., Spradley, J.P. *The Work/Stress Connection: How to Cope with Job Burnout.* Boston, Little, Brown, 1981.

Wessells, D.T., Kutscher, A.H., Seeland, I.B., Selder, F.E., Cherico, D.J., Clark, E.J. (eds.) *Professional Bournout in Medicine and the Helping Professions.* New York, Haworth Press, 1989.

Die Autoren

Christina Maslach ist Professorin für Psychologie an der Universität von Kalifornien in Berkeley, wo sie seit 1971 dem Lehrkörper angehört. Sie ist bekannt als eine der Pionierinnen auf dem Gebiet der Burnout-Forschung und sie entwickelte das Maslach Burnout Inventory (MBI), der am häufigsten angewendeten Forschungsmethode zur Messung von Burnout. Ihre Forschung bezog sich auf eine Reihe von Gebieten in der Sozial- und Gesundheitspsychologie.

Zusätzlich zu ihren zahlreichen Artikeln arbeitete Frau Dr. Maslach an diversen Büchern einschließlich *Burnout: The Cost of Caring* und dem Band *Professional Burnout: Recent Development in Theory and Research*, wo sie Mitherausgeberin war. In Anerkennung dieser Forschungstätigkeit verlieh ihr die „American Association for the Advancement of Science" die Mitgliedschaft und würdigte ihre „bahnbrechende Arbeit in der Anwendung der Sozialpsychologie auf zeitgenössische Probleme". Sie war Präsidentin der „Western Psychological Association" und bekam den „Distinguished Teaching Award" der Universität von Kalifornien in Berkeley verliehen. Vor kurzem würdigte die „American Psychological Association" ihre Leistung sowohl in der Forschung als auch in der Lehre, indem sie ihr die ehrenvolle Aufgabe übertrug, den G.-Stanley-Hall-Vortrag bei ihrem Jahrestreffen zu halten.

Frau Dr. Maslach erhielt den akademischen Grad eines A.B. magna cum laude in Sozialbeziehungen vom Harvard-Radcliffe College und ihren Ph.D. in Psychologie von der Stanford Universität.

Die akademische Karriere von Frau Dr. Maslach war eigentlich nicht ihre erste Berufswahl; sie wollte ursprünglich eine ausgebildete Tänzerin werden. Sie hat sich ihre Passion für die darstellende und bildende Kunst bewahrt und versucht, in ihr Leben so viel Musik und Theater wie möglich einfließen zu lassen.

Michael P. Leiter ist Professor für Psychologie und Dekan der Naturwissenschaftlichen Fakultät der Acadia Universität in Kanada. Er ist Direktor des „Center for Organizational Research and Development", das hochwertige Forschungsmethoden auf Probleme der Human Resourcen anwendet, mit denen Unternehmen konfrontiert sind. Er entwickelte die Personalumfrage, um zu ermitteln, wie Menschen komplexe Unternehmen wahrnehmen. Dieser Ansatz zum Leben in einem Unternehmen resultierte aus seiner ausgedehnten Arbeit mit Unternehmen in Nordamerika und Europa, die sich in einem großen organisatorischen Wandel befinden. Seine Forschungen, die stets finanziell vom „Social Sciences and Humanities Research Council of Canada" unterstützt wurden, wurden in bedeutenden Fachzeitschriften über Psychologie und Management veröffentlicht.

Er erhielt die akademischen Grade eines B.A. in Psychologie von der Duke Universität, eines M.A. von der Vanderbilt Universität und eines Ph.D. von der Universität Oregon. Er leitet Kurse über Unternehmenspsychologie und Stress an der Acadia Universität. Das Forschungszentrum bietet für ihn und seine Studenten eine lebendige Brücke zwischen Universitätsstudien und der Beratung von Unternehmen.

Eine von Leiters Hauptinteressen außerhalb des Unternehmenslebens ist die Musik. Er spielt Barockflöte und keltische Musik mit seinen Freunden in Nova Scotia und ist der Meinung, dass gute Musik viel mit einem harmonischen Leben in einem Unternehmen gemeinsam hat.

Index

Springer-Verlag und Umwelt

ALS INTERNATIONALER WISSENSCHAFTLICHER VERLAG sind wir uns unserer besonderen Verpflichtung der Umwelt gegenüber bewußt und beziehen umweltorientierte Grundsätze in Unternehmensentscheidungen mit ein.

VON UNSEREN GESCHÄFTSPARTNERN (DRUCKEREIEN, Papierfabriken, Verpackungsherstellern usw.) verlangen wir, daß sie sowohl beim Herstellungsprozeß selbst als auch beim Einsatz der zur Verwendung kommenden Materialien ökologische Gesichtspunkte berücksichtigen.

DAS FÜR DIESES BUCH VERWENDETE PAPIER IST AUS chlorfrei hergestelltem Zellstoff gefertigt und im pH-Wert neutral.

Printed by Publishers' Graphics LLC USA
SO20120406-040
2012